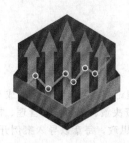

高等教育财会类
创新应用型系列教材

管理会计

王爱娜 主编　张丽　王洁　副主编

化学工业出版社
北京

内容简介

《管理会计》从管理会计的职能出发，详细阐述了现代管理会计的基本理论和方法，具体包括成本性态分析、变动成本法、本—量—利分析、经营预测、短期经营决策、长期投资决策、全面预算管理、标准成本法、作业成本法、责任会计、新领域的管理会计等内容。本书践行课程思政，每章以导入案例开篇，引导学生深入思考。书中广泛吸收了近年来管理会计研究和实践的新成果，特别是财政部2019年发布的《管理会计应用指引》的新成果，理论联系实际，线上线下学习结合，具有结构合理、内容新颖、难易分明、简明实用等特点。

本书适用于高等院校会计学、财务管理、审计学、大数据与会计、大数据与审计等专业学生学习管理会计相关理论知识和掌握专业技能之用，也可以作为财会类专业相关人员培训学习的参考用书。

图书在版编目（CIP）数据

管理会计/王爱娜主编；张丽，王洁副主编．—北京：化学工业出版社，2022.9（2023.6重印）
高等教育财会类创新应用型系列教材
ISBN 978-7-122-41711-4

Ⅰ.①管⋯　Ⅱ.①王⋯②张⋯③王⋯　Ⅲ.①管理会计-高等学校-教材　Ⅳ.①F234.3

中国版本图书馆CIP数据核字（2022）第107636号

责任编辑：王淑燕　金　杰　　　　　　　　　文字编辑：尉迟梦迪
责任校对：王　静　　　　　　　　　　　　　装帧设计：张　辉

出版发行：化学工业出版社（北京市东城区青年湖南街13号　邮政编码100011）
印　　装：北京天宇星印刷厂
787mm×1092mm　1/16　印张14¼　字数366千字　2023年6月北京第1版第2次印刷

购书咨询：010-64518888　　　　　　　　　　售后服务：010-64518899
网　　址：http://www.cip.com.cn

凡购买本书，如有缺损质量问题，本社销售中心负责调换。

定　　价：55.00元　　　　　　　　　　　　　　　　　　　　　　　版权所有　违者必究

前言

随着经济进入新常态，中国经济面临着深刻的调整和挑战，对我国企业的健康稳定发展提出了更加严峻的考验。基于对上述问题的思考和对企业管理的需要，本教材以描述企业发展规律为己任，以国家经济社会发展为引领，结合当前的思政要求，将企业中体现各种运行规律的系统关系归纳总结为各种相应模式，以充分地适应企业管理实务的需要。

本教材寻求企业管理会计发展规律与趋势，梳理并总结管理会计应具备的基本理论如成本性态和本—量—利分析等知识。其次，以实现管理会计的职能如预测分析、短期经营决策、长期股权投资决策、全面预算管理、成本控制和业绩评价等为主线设置本书主要框架内容。最后，立足管理会计将来的发展趋势，探讨战略管理会计和神经网络下的管理会计信息系统等新领域的管理会计知识。本教材的主要特色如下：

（1）知识与思政相结合。本教材在传统管理会计知识的基础上，添加导入案例，并在文内穿插思政式讨论，将思政教育与专业知识相结合，引导学生树立正确的社会观、人生观和价值观，培养高尚的道德情操和爱国主义精神等，坚持以立德树人为己任，不断深入教学改革。

（2）线下和线上相结合。本教材每章配有课后即测即评习题、部分拓展阅读和计算分析题等系列资源，通过设置二维码，实现线下和线上相结合的教学方式，提升学生的数字化体验感。

（3）法规和前沿相结合。本教材以财政部2019年发布的《管理会计应用指引》为基础，结合云计算和大数据等时代背景，尝试着新领域管理会计的探讨，特别提出了神经网络下管理会计信息系统的构建思路。

（4）理论与实用相结合。本教材在介绍相关理论时，引入大量的企业实际案例，以便提高学生分析问题和解决问题的实践能力。

本教材由电子科技大学成都学院王爱娜拟定提纲并担任主编，陈万江、张艳玲为编写指导，电子科技大学成都学院张丽、成都东软学院王洁担任副主编。其中，第一、四、五、九、十、十一等六章内容由王爱娜执笔，第三、七、八、十二章等四章内容由张丽执笔，第二、六章由王洁执笔。程秋芳、郭江、刁顺桃、王书君等老师提供相关资料并参与编写。本教材可供高等院校会计学、财务管理、审计学、大数据与会计、大数据与审计等相关专业在校学生使用，也可供其他会计工作者参考使用。

本教材在编写过程中参考了大量相关著作和文献资料等，在此一并向有关作者深表谢意！同时，衷心感谢四川省蜀通建设集团有限责任公司财务部部长杨越的参与和对企业案例资源的大力支持！由于编者水平有限，书中不妥之处在所难免，恳请同行专家、学者和广大读者批评指正。

编者

2022年3月

目录

第一章 总论 —— 001
学习目标 —— 001
导入案例 —— 001
第一节 管理会计的概念与发展 —— 001
一、管理会计的概念 —— 002
二、西方管理会计的形成发展 —— 003
三、管理会计在我国的发展 —— 005
第二节 管理会计的基本理论 —— 006
一、管理会计的职能 —— 006
二、管理会计的内容 —— 007
三、管理会计的学科性质 —— 008
第三节 管理会计与财务会计的关系 —— 009
一、管理会计与财务会计的联系 —— 009
二、管理会计与财务会计的区别 —— 010
第四节 管理会计师及其职业道德简介 —— 011
一、部分国家管理会计师简介 —— 011
二、管理会计师职业道德简介 —— 014
本章小结 —— 014
拓展阅读 —— 014
即测即评 —— 015
思考与练习 —— 015

第二章 成本性态分析 —— 016
学习目标 —— 016
导入案例 —— 016
第一节 成本及其分类 —— 016
一、成本的概念 —— 016
二、成本按经济用途分类 —— 017
第二节 成本按性态分类 —— 018
一、固定成本 —— 018
二、变动成本 —— 020
三、混合成本 —— 021
第三节 成本性态分析 —— 023
一、成本性态分析的含义 —— 023

二、成本性态分析的方法 ………………………………………………………… 023
本章小结 ……………………………………………………………………………… 029
拓展阅读 ……………………………………………………………………………… 029
即测即评 ……………………………………………………………………………… 030
思考与练习 …………………………………………………………………………… 030

第三章　变动成本法 —— 031

学习目标 ……………………………………………………………………………… 031
导入案例 ……………………………………………………………………………… 031
第一节　变动成本法概述 …………………………………………………………… 031
一、成本计算的含义 ……………………………………………………………… 031
二、成本计算的分类 ……………………………………………………………… 031
三、变动成本法的理论前提 ……………………………………………………… 032
第二节　变动成本法和完全成本法的比较 ………………………………………… 034
一、产品成本和期间成本的构成不同 …………………………………………… 034
二、存货成本和销货成本的构成不同 …………………………………………… 035
三、损益确定的程序不同 ………………………………………………………… 035
第三节　两种成本法对损益影响的变动规律 ……………………………………… 037
一、产量相等销量不等时的损益 ………………………………………………… 037
二、产量不等销量相等时的损益 ………………………………………………… 038
三、变动规律及损益差异的原因 ………………………………………………… 039
第四节　变动成本法的评价 ………………………………………………………… 040
一、变动成本法的优点 …………………………………………………………… 040
二、变动成本法的缺点 …………………………………………………………… 041
本章小结 ……………………………………………………………………………… 042
拓展阅读 ……………………………………………………………………………… 042
即测即评 ……………………………………………………………………………… 042
思考与练习 …………………………………………………………………………… 042

第四章　本—量—利分析 —— 044

学习目标 ……………………………………………………………………………… 044
导入案例 ……………………………………………………………………………… 044
第一节　本—量—利分析概述 ……………………………………………………… 044
一、本—量—利分析的含义 ……………………………………………………… 044
二、本—量—利分析的基本假设 ………………………………………………… 045
三、本—量—利分析的基本公式 ………………………………………………… 046
四、相关指标的计算 ……………………………………………………………… 046
第二节　盈亏临界点分析 …………………………………………………………… 047
一、盈亏临界点的含义 …………………………………………………………… 047
二、单一品种的盈亏临界点分析 ………………………………………………… 047
三、多品种的盈亏临界点分析 …………………………………………………… 048

四、影响盈亏临界点的相关因素分析 ·· 052
　　五、与盈亏临界点相关的指标 ·· 055
第三节　目标利润分析 ·· 057
　　一、实现目标利润的模型及应用 ·· 057
　　二、影响目标利润的相关因素分析 ··· 059
第四节　敏感性分析 ··· 060
　　一、敏感性分析的含义与目的 ·· 060
　　二、利润的敏感性分析 ··· 060
本章小结 ·· 061
拓展阅读 ·· 062
即测即评 ·· 062
思考与练习 ··· 062

第五章　经营预测 —————————————————————— 063

学习目标 ·· 063
导入案例 ·· 063
第一节　经营预测概述 ·· 064
　　一、经营预测的含义与作用 ··· 064
　　二、经营预测的内容与程序 ··· 065
　　三、预测分析的方法 ··· 066
第二节　销售预测 ·· 067
　　一、销售预测的意义与影响因素 ·· 067
　　二、定性分析法的应用 ··· 068
　　三、定量分析法的应用 ··· 069
第三节　成本预测 ·· 073
　　一、成本预测的意义及分类 ··· 073
　　二、成本预测的步骤 ··· 074
　　三、成本预测的方法 ··· 074
第四节　利润预测 ·· 077
　　一、利润预测的意义 ··· 077
　　二、利润预测的步骤 ··· 077
　　三、利润预测的方法 ··· 078
第五节　资金需要量预测 ··· 079
　　一、资金预测的意义 ··· 079
　　二、资金的预测方法——销售百分比法 ··· 080
本章小结 ·· 081
拓展阅读 ·· 081
即测即评 ·· 082
思考与练习 ··· 082

第六章　短期经营决策 ———————————————————— 083

学习目标 ·· 083

导入案例	083
第一节　短期经营决策分析概述	**083**
一、决策分析的含义	083
二、决策分析的分类	083
三、短期经营决策分析的步骤	084
四、短期经营决策分析的假设	085
第二节　经营决策分析中的成本概念	**085**
一、相关成本	085
二、无关成本	088
第三节　短期经营决策的方法	**089**
一、差别损益法	089
二、边际分析法	090
三、平衡点分析法	090
四、不确定条件下的生产决策	091
第四节　生产决策分析	**093**
一、新产品开发的品种决策	093
二、是否增产或转产的决策	095
三、亏损产品是否停产的决策	096
四、是否接受低价追加订货的决策	097
五、半产品是否深加工的决策	097
六、联产品是否深加工的决策	098
七、零部件自制或外购的决策	098
第五节　定价决策分析	**101**
一、影响产品定价的基本因素	101
二、以成本为导向的定价决策	102
三、最优售价决策	103
四、产品是否调价的决策	103
本章小结	105
拓展阅读	105
即测即评	105
思考与练习	105

第七章　长期投资决策　　107

学习目标	107
导入案例	107
第一节　长期投资决策概述	**107**
一、长期投资决策的含义	107
二、长期投资决策的特征	108
三、长期投资决策的相关概念	108
第二节　长期投资决策需考虑的因素	**109**
一、货币时间价值	109
二、现金流量	118
三、资金成本	121

第三节 长期投资决策的评价指标	123
一、静态评价指标	123
二、动态评价指标	124

第四节 长期投资决策的应用···126
　　一、独立方案的可行性评价···126
　　二、多个互斥方案的对比与选优·····································127
本章小结···130
拓展阅读···130
即测即评···130
思考与练习···130

第八章 全面预算管理 — 132

学习目标···132
导入案例···132
第一节 全面预算概述···132
　　一、预算与全面预算的含义···132
　　二、全面预算的内容及关系···133
　　三、全面预算的管理流程···133
　　四、全面预算的作用···135
第二节 预算编制的方法···136
　　一、固定预算与弹性预算···136
　　二、增量预算与零基预算···137
　　三、定期预算与滚动预算···139
第三节 全面预算的编制···141
　　一、业务预算的编制···141
　　二、专门决策预算的编制···146
　　三、财务预算的编制···147
第四节 预算控制原理···150
　　一、预算控制的含义···150
　　二、预算控制的措施···151
本章小结···151
拓展阅读···152
即测即评···152
思考与练习···152

第九章 标准成本法 — 155

学习目标···155
导入案例···155
第一节 标准成本及标准成本法概述·································156
　　一、标准成本法的产生···156
　　二、标准成本的概念及特点···156
　　三、标准成本的作用···157

|　　四、标准成本的种类 | 158 |

第二节　标准成本的制定 … 158
　　一、标准成本的制定原则 … 158
　　二、直接材料标准成本的制定 … 159
　　三、直接人工标准成本的制定 … 160
　　四、制造费用标准成本的制定 … 160
　　五、单位产品标准成本的制定 … 161

第三节　标准成本的差异分析 … 162
　　一、直接材料差异分析 … 162
　　二、直接人工差异分析 … 164
　　三、制造费用差异分析 … 165

第四节　成本差异的账务处理 … 167
　　一、成本差异核算使用的账户 … 167
　　二、期末成本差异的账务处理 … 167

本章小结 … 168
拓展阅读 … 168
即测即评 … 168
思考与练习 … 168

第十章　作业成本法 … 170

学习目标 … 170
导入案例 … 170

第一节　作业成本法基本原理 … 171
　　一、作业成本法概述 … 171
　　二、作业成本法的一般适用条件 … 174
　　三、作业成本法的发展 … 174

第二节　作业成本法计算 … 175
　　一、作业成本法的计算程序 … 175
　　二、作业成本法计算示例 … 175
　　三、作业成本法的优点与局限性 … 178

本章小结 … 180
拓展阅读 … 180
即测即评 … 180
思考与练习 … 180

第十一章　责任会计 … 182

学习目标 … 182
导入案例 … 182

第一节　责任会计概述 … 183
　　一、责任会计的产生 … 183
　　二、责任会计的含义 … 183
　　三、责任会计的内容 … 184

四、责任会计的原则 · 184
第二节　责任中心的业绩评价 · 185
　　一、责任中心概述 · 185
　　二、成本中心的业绩评价 · 186
　　三、利润中心的业绩评价 · 189
　　四、投资中心的业绩评价 · 191
第三节　内部转移价格 · 195
　　一、内部转移价格的含义 · 195
　　二、内部转移价格的作用 · 195
　　三、制定内部转移价格的原则 · 196
　　四、内部转移价格的类型 · 196
本章小结 · 198
拓展阅读 · 199
即测即评 · 199
思考与练习 · 199

第十二章　新领域的管理会计 — 200
学习目标 · 200
导入案例 · 200
第一节　战略管理会计概述 · 202
　　一、战略及战略管理的定义 · 202
　　二、战略管理会计的内涵 · 202
　　三、战略管理会计的目标 · 204
　　四、战略管理会计的循环阶段 · 204
　　五、战略管理会计的内容 · 205
第二节　战略管理会计的方法及运用 · 206
　　一、战略成本管理 · 206
　　二、竞争对手分析 · 208
　　三、预警分析 · 208
　　四、战略投资评价矩阵 · 209
　　五、平衡计分卡法 · 211
第三节　神经网络下管理会计信息系统 · 213
　　一、神经网络的概述 · 213
　　二、管理会计信息系统的概述 · 213
　　三、基于神经网络的管理会计信息系统构建 · 214
本章小结 · 216
拓展阅读 · 217
即测即评 · 217
思考与练习 · 217

参考文献 — 218

第一章
总　　论

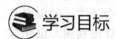 **学习目标**

专业目标：
了解管理会计的产生与发展。
理解管理会计的职能和内容。
掌握管理会计和财务会计的联系与区别。
职业素养目标：
树立正确的价值观，坚守廉洁自律、诚信从业、爱岗敬业等管理会计师的职业道德。

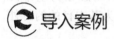 **导入案例**

管理会计与财务会计的关系

20××年11月，某公司现有产品销售不畅，公司管理会计部门预测本年度将发生巨大亏损。于是，公司今后的道路何去何从就摆在管理者面前。如是否需要对公司的经营目标进行调整，是否需要进行技术改造，是否需要重新对市场进行定位等，这些都是经营过程中面临的根本问题。

要解决以上问题，就需要了解公司的真实经营情况。为了分析当前的问题，管理会计部门向财务会计要了近3年的财务报告，同时要求管理会计部门所有人员重新梳理其他相关财务与非财务信息，真正掌握公司经营管理的运行规律。

根据上述资料，思考并回答以下问题。
（1）现实公司经营中，还存在哪些类似的经营难题？
（2）试分析仅通过梳理财务报告能解决以上问题吗？
（3）试分析管理会计与财务会计的关系。
（4）在处理以上问题时，应该遵守哪些管理会计职业道德要求？

第一节　管理会计的概念与发展

现代系统论认为，会计的本质是一个信息系统，是为了满足信息使用者能够据以作出有根据的决策行为需要而形成的一种加工生成有关信息，并加以反馈的认定、计量和传递经济信息的程序。强调对其信息使用者的决策提供支持是现代会计的一个重要特点。因此，会计常被看作是为经济决策提供信息支持的决策支持信息系统。基于信息使用者的不同需要，现代企业会计逐步形成两个相对独立的领域：财务会计和管理会计。

一、管理会计的概念

管理会计产生于十九世纪后半叶，成长于二十世纪上半叶，并于二十世纪五十年代得以基本成形。其基本成形表现为已经具有完整的理论架构和一个独特的、完善的方法体系，从而形成一个独立的学科。

会计学基本理论表明，会计活动是以资产、负债、所有者权益、收入、费用以及利润为基本的工作对象，尤其是在确认上述各会计要素间存在客观的经济关系基础上，进行的一系列管理活动。财务会计活动基本内容为：首先按一定的观念原则，对特定会计主体的资产及法定归属作出准确的货币计量，同时通过对收入、费用的确认和配比，计算出利润并以此解释特定期间的经营成果和特定时点的财务状况。会计信息外部使用者因远离企业生产经营的实体，主要是通过企业提供的财务报表来获得相关信息，自然要求财务会计站在"公正"的立场上，客观地反映情况，以保证有关的信息资料真实可靠。因此，财务会计在进行一系列会计活动时，必须遵守"客观性"准则。"客观性"准则要求会计在记录时必须以已发生的事项为记录内容，而不得以计划或预测资料来代替实际信息，同时，对各种信息的会计处理应保持不偏不倚的立场。一切为了对信息使用者产生特定影响，以使其符合其他意志的行为，都是违背财务会计准则的。所以，以公认会计准则为行动规范的财务会计活动，应该真实地反映特定会计主体的财务状况及经营成果的信息。

财务会计是以货币形式，运用复式记账原理，以反映企业生产经营活动过程为基本内容，以向外部信息使用者提供关于企业特定期间财务状况和经营成果信息为基本目的的对外报告型会计。

管理会计则是一种与财务会计具有不同特征的会计活动。管理会计是以将生产经营活动理解为一个有规律的连续过程为基础，以揭示各财务指标的数量关系为基本内容，从而对生产经营活动的管理建立在科学而不是经验基础上的一种经营管理型会计。它是为满足企业管理者信息使用需求而提供经营决策所需的和改善经营管理的相关信息，以发挥作为决策支持系统作用的内部管理型会计。

作为会计，管理会计仍然以会计基本要素为研究对象，但尤其是要以各要素之间的经济数量联系作为其工作对象。在管理会计的工作理念中，仍然坚持各会计要素间存在的客观联系，尤其是"收入－费用＝利润"这一等式中所表现的关系并在此基础上展开其理论和技术结构。管理会计的这种工作内容特点证明了管理会计中包含的会计基本特征。但是，在研究各会计要素的关系时，管理会计突破了传统的会计方法，吸收了经济学、管理学和数学的研究成果，借鉴工程技术研究和数理统计及分析等方法，以努力地实现满足管理活动的信息需求这一目标。

管理会计作为一种经营管理型的会计，在其理论与技术架构的构造理念上，表现出独特的性质特征。在管理会计的视野中，企业的经营活动是一个连续的、有规律可循的运动变化过程。作为其所发出的信息，并具体体现这一过程的各财务指标，表现出经济变量的特征，进而各财务指标作为变量又表现出规律性可知的特征。财务指标的规律性具体包括各财务指标之间存在质的相关性、互补性和指标之间的数量联系，以及财务指标的变化规律和相互之间的联系，也就是企业经营活动运动变化规律的实质性内容。

基于这一理解，管理会计的理论与技术结构体系表现如下特征：在努力探求财务指标体系中各财务指标的数量变化规律及相互间数量联系的基础上，表达出生产经营活动的运动变化规律，从而为企业的管理活动奠定一个定量化的科学基础。以这一理解为基础，管理会计的学科体系上还形成了一个重要特征，即其将各种基本的经济数量管理概括成一系列基本范畴，并构成管理会计的理论基础，进而构建出管理会计的理论架构与技术体系。应该指出，这一理论技术架构的特点决定了管理会计在理念上总是把对企业经营活动的管理视为一个动态的过程来加以理解，而不是像传统会计那样，总是静态地描述企业的生产经营活动。

基于所述，可以对管理会计的内容归纳如下：管理会计通过特定的信息加工方式生成相关信息，并提供给企业经营管理者，以支持其关于生产经营活动的管理。

综上所述，可以对管理会计定义如下：管理会计以表述企业经营活动的相关运动变化规律为基本工作内容，并将其提供给管理者以支持管理者的管理活动的决策支持系统，因而管理会计是一种经营管理型会计。

根据财会〔2014〕27号文件《财政部关于全面推进管理会计体系建设的指导意见》，管理会计可以这样定义：管理会计是会计的重要分支，主要服务于单位（包括企业和行政事业单位）内部管理需要，是通过利用相关信息，有机融合财务与业务活动，在单位规划、决策、控制和评价等方面发挥重要作用的管理活动。

二、西方管理会计的形成发展

管理会计的形成和发展大致经历了三个阶段。

（一）以成本控制为特征的内部成本管理阶段

管理会计这一发展阶段的背景是以泰罗的管理学说为典型代表内容的科学管理。泰罗的科学管理思想核心内容是基于自然科学的研究成果，制定经济活动过程各种指标的标准。并以此标准来对经济活动过程实施控制，以保证经济活动过程及其结果符合管理者的预期。同时，这种管理模式的另一个特点是其管理视野在于企业内部，即着眼于企业的内部管理。由于这种管理模式的核心是基于自然科学而制定指标，这些指标的自然科学依据非常严密和客观，所以也把这种管理模式称为硬管理。

在这一背景下的管理会计，其主要内容是企业内部的成本管理，以成本控制为基本特征，以提高企业的生产效率和工作效率为目的。基于此，管理会计的一个基本内容——标准成本制度形成了。标准成本制度的具体内容包括：标准成本的制定、以标准成本为基础的成本预算控制、成本差异的分析三个基本内容。

该阶段，将企业的会计工作重心从外部转移到内部，以改善企业的经营管理；体现了会计与管理最初的巧妙结合，为管理会计的产生奠定了基础，但并没有反映出企业的全局、企业与外界关系等重要问题。因此，这个时期的管理会计还只是一种局部性、执行性的管理会计，仍处于其发展历程的初级阶段。

（二）以企业全方位经济效益指标为管理内容的阶段

当参与经济活动过程的人还处在纯粹经济人状态时，同时市场竞争还没有形成企业所面临的主要风险，泰罗的科学管理模式就是有效的。但是，泰罗科学管理模式中的把人等同于自然物加以对待的思想理念，很快就暴露出其局限性。

20世纪20年代末至30年代的全球经济危机，使得企业管理者们和管理学家们，清楚地意识到了认识和把握市场在企业管理中的重要性。与此同时，在整个社会的经济技术水平进步和文化发展的条件下，人们的权益意识、人性意识已经完备，这就要求企业管理者不能再将企业的人力资源投入与物质资源等同对待。与这一现实情况相应的企业管理指导思想和理论学说最典型的就是广义的系统理论和基于心理学的行为科学理论。广义的系统论包括老三论和新三论。这些理论都是在基于系统这一基本范畴的研究。所谓系统是指由不同性质或功能的若干元素，按照特定的结构关系所构成的一个有机整体。

系统论思想对企业管理的第一个重要启示就是要全面看待企业，必须将企业的一切要素、企业经营活动全程的各个环节都纳入管理视野。这就形成了对前一阶段上只是重点强调成本管理之局限性的扬弃。在系统论的这一思想的引领下，企业管理不仅重视成本控制，也尤其强调营销和市场对企业的影响，同时也极为重视企业资本的管理。这些内容就形成管理会计的基本体系内容。

系统论思想对企业管理的另一个重要启示就是要特别地重视人的因素在企业经营活动过程中的作用。不能再将人这一活的要素等同于物的要素。人力资源这一因素是生产经营活动得以进行的真正动力。因此，如何调动人在生产活动中的积极性，是一个至关重要的问题。基于心理学的行为科学研究结论表明，我们只能在将人作为真正的活生生的人来对待，从人的内心世界找到人的行为动因，才能最终调动人的积极性。从人们的内心深处激发人们的积极性，就成为管理和管理会计模式体系中的核心指导思想。

在这一阶段上，管理会计形成了以全面损益内容为着眼点的本—量—利分析体系，并以此为基础形成了对完整经营活动进行预测、决策和控制的管理分析体系。尤其是开始引入了全面预算内容，从而把系统思想史无前例地在管理活动中得以完美地发挥，使得企业管理从思想理念上进入了一个全新的境界中。这种全新思想理念就是超越单纯的成本管理，形成全方位的企业损益——投入与产出的关系分析。

（三）以战略管理思想为指导的战略管理会计阶段

当以系统思想来指导对企业的管理时，具体地基于全面预算来实施对企业经营活动进行控制时，战略问题就自然而然地成为一个关键问题而呈现在企业管理者们面前。毫无疑问，战略管理会计是前述内容的正常逻辑延伸结果。

战略管理理论带给管理者们的最重要启示就是全面性和长期性，以及由此而产生的重大性与风险性。总之，就是对企业而言具有生死存亡或发展方向意义的问题。

以下四个方面的问题，构成了战略管理会计的基本内容。

1. 企业的目标确定

企业目标确定的问题是指基于行业选择和产品结构的选择，企业在未来能够达到的经济状态，包括质量与数量水平。具体表现主要是企业的经济价值水平。企业的经济价值，基础内容是指企业的财富创造能力，从而也是指企业的社会存在意义，基于这种社会存在的意义，每一个企业都具有一定的价值。而企业的具体价值水平则取决于社会——市场对一个企业的评价。

2. 企业的规模确定

当一个企业的战略目标已经确定，则相应地应该确定企业的规模。规模是企业实现其战略目标的物质或功能基础。规模的具体含义是指，相应于目标的实现而需要投入的资源总量。规模还可以以产出能力来加以表达。投入规模与产出规模存在着特定的相关性。

3. 企业的经济结构确定

在企业所需的资源总量已经得以投入后，企业必须按照特定结构关系将这些资源构造为一个有机整体。这里的特定结构关系，就是对企业具有至关重要影响的企业经济结构。具体内容包括资本结构、资产结构、成本结构，以及基于这些结构而产生的次级结构，诸如股权结构，债务结构等内容。企业的经济结构直接地影响并决定着企业的风险和经济效益。

4. 企业经营模式的确定

资金技术密集型和劳动密集型模式，高风险、高收益型和低风险、低收益水平型是在考虑经营模式时，必须面对的重要问题。

上述问题是关于一个企业发展中的基本问题。关于这些问题的对策和取舍，对企业的整体具有长期的影响，作用着企业的风险水平和成本代价水平，相应地决定着企业的盈利水平，从而对企业的经济效益具有根本的影响。这些问题的分析、判断并形成特定的专业价值判断，就构成战略管理会计的基本内容。

三、管理会计在我国的发展

我国对管理会计的研究和应用起步较晚，约开始于20世纪70年代末至80年代初，但在实践中早已开始应用。短短几十年时间，管理会计无论在理论上和实践上都取得了较大的发展，已逐步从数量、定额的管理过渡到成本、价值的管理，从项目、部门管理演变为全面管理、战略管理。我国管理会计的发展大致可以分为三个时期。

1. 计划经济时期

在新中国成立初期，我国实行计划经济体制，整个国家如同一个企业，而国营企业就如同巨型企业的一个生产车间。生产计划由国家统一确定下达，国营企业如同一个"成本中心"，成本计划及其完成情况便成为国家考核国营企业的重要手段。此外，企业的产品也由国家统一定价，特别是以成本为基础的定价方法使国家必须重视企业成本管理制度建设，确定企业成本项目和成本开支范围。否则，企业成本失控会导致产品价格失控。因此，以成本为核心的内部责任会计得到应用和推广，以期最大限度地降低成本，提高稀缺资源的使用效率。这种对以成本为核心的内部责任会计的重视体现在国家颁布的各种成本管理制度上。

2. 改革开放时期

中国管理会计的发展进入第二个时期是以党的十一届三中全会提出改革开放为标志的。十一届三中全会把工作重心转移到社会主义现代化建设的重大决策，给成本管理理论方法研究提出了新的任务与课题。工业企业从生产型转变为生产经营型，成本会计工作也从单纯的记录、核算转变为以成本控制和监督为重点。党的十四大明确指出：我国要建立社会主义市场经济体制，实行政企分开，企业成为独立的商品生产者和经营者。与这种新的环境和条件相适应，在管理会计方面也就自然而然地要求原有的执行性管理会计向决策性管理会计转变了。

从理论上，我国会计学术界适应当时的经济背景，对西方管理会计的研究投入巨大的精力，进行引进、消化和吸收工作，出版了大量的管理会计教材，各高校会计专业把管理会计作为主干课程学习。从实践上，许多大中型企业也积极采用管理会计的一些技术方法，包括预测、决策、责任会计和成本控制等，把目光转向市场和企业内部，向管理要效益，推动企业经济效益最大化，形成了研究和推广应用管理会计的热潮。从制度上，1984年3月，为了促进企业依法办事，加强成本管理，降低成本耗费，促进社会主义现代化建设，国务院颁布了《国营企业成本管理条例》。同年，为了促进各行业具体贯彻执行该条例，财政部还制定颁布了《国营商业、外贸企业成本管理实施细则》《国营工业交通运输企业成本管理实施细则》等行业成本管理实施细则。1992年11月财政部颁布了《企业财务通则》和《企业会计准则》（简称"两则"），并于1993年7月1日起在全国实施。

3. 经济全面发展时期

改革开放以来，特别是市场经济体制建立以来，我国会计工作紧紧围绕服务经济财政工作大局，会计改革与发展取得显著成绩：立足本国实际，借鉴国际先进经验，是我国会计改革与发展取得显著成绩的基本经验，也是管理会计体系建设必须要坚持的基本原则。管理会计源于实践，重在应用。全面推进管理会计体系建设，是顺应会计科学发展的必然选择，是实现中国特色会计体系的自我超越和自我完善的必要举措，是推动中国会计工作转型升级的重点所在。2014年10月，财政部印发了《关于全面推进管理会计体系建设的指导意见》；2016年6月，财政部印发了《管理会计基本指引》对管理会计工具方法做了介绍；2017年10月，财政部印发了首批22项《管理会计应用指引》，对目标成本法、标准成本法、变动成本法、作业成本法的适用行业、应用环境、应用程序进行了详细介绍，对各种方法的优缺点进行了评价。另外，从2011年的《会计改革与发展"十二五"规划纲要》、2016年的《会计改革与发展"十三五"规划纲要》到2021年的《会计改革与发展"十四五"规划纲要》都提出了管理会计工作的要点和发展之路，具体内容见本章的拓展阅读。

随着社会主要矛盾的改变，企业的产品生产模式更多地以顾客为中心，面对商业模式日益复杂，企业结合自身战略定位和市场环境，战略管理会计、作业成本法、动态成本管理、质量管理等方法得到推广应用。

十八大以来，我国互联网、大数据、云计算、人工智能等技术发展迅速，对基础性、规范性、结构化和重复性的财务工作产生了影响。在全面深化改革的要求下，经济前景一片光明，给管理会计带来机遇的同时也使其面临巨大挑战，我国的管理会计必将紧跟改革的步伐，为新时期经济的创新驱动发展做出贡献。

课堂讨论

财务会计向管理会计的转型

随着人工智能、大数据、云计算等新兴科技的兴起，全球经济产生了巨大变革。国内企业想要在竞争激烈的大环境中寻求出路，就需要依托于准确、真实的财务数据，这就要求财务人员具备较高的数据分析能力和管理能力。企业需要引进或者培养新型的管理会计人才，科学搜集、整理、管理各环节的财务信息，从而帮助管理层作出有利于企业发展的战略决策。由此可知，企业只有让财务会计向管理会计转型，才能适应瞬息万变的经济形势。据统计，中国的管理会计人才缺口达几百万，财务会计从业者面临着向管理会计转型的巨大挑战。

讨论：在财务会计向管理会计转型中，会遇到哪些难题和挑战？应该如何应对这些挑战，找到转型的合理途径？

第二节 管理会计的基本理论

一、管理会计的职能

管理会计是为企业管理服务的，对加强企业内部经营管理，提高经济效益有重要作用。它通过对企业的人、财、物等资源进行计划和控制，达到管理者对资源最优化使用的目标。管理会计的主要职能可以概括为预测、决策、规划、控制和考核评价等管理职能。

1. 预测职能

按照企业确定的经营目标和经营方针，在充分考虑经济规律的作用和经济环境的影响条件下，对利润、销售、成本及资金等重要经济指标进行科学的预测分析，为企业经营决策提供有用信息。

2. 决策职能

决策作为企业管理的核心，贯穿于企业管理的整个过程。管理会计发挥"决策"职能，就是参与经济决策。主要体现在根据企业的决策目标，搜集、整理有关的信息资料，选择科学的方法计算、评价决策方案的指标并做出正确的财务评价，选出最优方案。

3. 规划职能

管理会计的规划职能是通过编制各种计划和预算实现的。它是以经营决策为基础，将预先确定的经营目标从时间和空间两个角度进行分解，最终落实到企业经营活动各有关时间和各有关环节上，形成各种分部预算，从而科学合理地配置企业的各项资源，同时形成企业经营活动的运行规范，并为控制和业绩考核评价创造条件。

4. 控制职能

管理会计的控制职能是指将经济活动的事前控制和事中控制有机地结合起来。企业应监督计划的执行过程，并对执行过程中实际与计划的偏差进行分析，促使有关方面及时采取相应的措施，改进工作，确保经济活动按照计划的要求进行。

5. 考核评价职能

管理会计的"考核评价"职能，就是对企业各有关单位责任的落实与履行等业绩的考核与评价。根据各责任单位所编制的业绩报告，通过对比、计算并分析实际数与预算数的差异，来评价和考核各责任单位的绩效，奖优罚劣，保证经济责任制的贯彻执行。

二、管理会计的内容

管理会计的内容是指与其职能相适应的工作内容。根据上述管理会计的职能，其基本内容应包括预测与决策会计、规划与控制会计和责任会计三部分。

（一）预测与决策会计

预测与决策会计是指管理会计系统中为企业管理者预测经济前景和实施经营决策职能的管理会计子系统。它首先对企业会计信息系统和其他管理信息系统所提供的信息和数据进行预测分析，并利用专门的决策方法对企业经营投资等有关问题进行决策分析。然后采用预测和决策分析的各种专门方法，帮助管理者确定企业的经营目标、经营方针和经营方法，并通过全面预算将企业的总体规划具体化，使企业的各种生产要素和经济资源得到合理、有效地运用和最优配置，从而取得最佳的经济效益和社会效益。预测与决策会计主要包括预测、短期经营决策、长期投资决策和全面预算等。

1. 预测

利用财务会计信息和其他相关信息，通过调查研究和综合判断，对企业短期和长期的生产经营活动进行科学的预测分析。通过预测分析，就可以了解经济发展趋势和企业的生产经营前景，确定未来一定期间的各种经营目标，为企业的投资决策和经营决策提供依据。一般包括成本预测、销售预测、利润预测和资金预测等。

2. 短期经营决策

短期经营决策是指为了有效组织企业的日常生产经营活动，合理利用经济资源，根据企业的经营目标，通过对有关可行性方案的经济效益进行计量、分析和评价，以获取最佳的经济效益，为决策者提供最佳的可行方案。短期经营决策主要包括生产决策、存货决策和定价决策等。

3. 长期投资决策

长期投资决策是在合理确定预期投资报酬水平、考虑货币时间价值和投资风险价值的条件下，通过对企业长期的、资本性投资进行决策分析，选取技术引进、产品开发、设备购置与更新等方面的最佳方案。一般包括固定资产投资、固定资产更新决策和无形资产投资决策等。

4. 全面预算

通过编制全面预算，将企业预测、决策所确定的目标和任务以数量的形式表现出来，建立一个包括生产、销售、财务等在内的预算指标体系，从而使企业生产经营各环节能相互协调，保证企业经营目标的实现。一般包括业务预算、专门预算和财务预算三大类。

（二）规划与控制会计

运用各种控制手段，包括预防性控制、中馈控制与反馈控制等，在决策目标和经营方针已经明确的前提下，对执行既定的决策方案进行有关规划和控制，使之能达到或符合预定的目标或标准。规划与控制会计的内容主要包括存货控制和成本控制。

1. 存货控制

在保证企业生产经营活动对存货正常需要的前提下，尽量降低存货的成本费用，并通过对存货的成本构成及其相互关系的计量与分析，确定不同情况下最佳的存货储存和订购数量，并制定相应的存货控制制度与方法。

2. 成本控制

成本控制是根据历史成本资料和相关经济技术做出成本预测、成本预算以及标准成本的规划，并通过对实际成本与标准成本的差异进行比较、分析，达到降低产品成本、加强成本控制、完成成本目标和成本预算的目的。

（三）责任会计

责任会计是把经济责任与会计信息结合起来，以加强企业内部控制。从实质上看，责任会计是一种以人为对象的会计，以人的经济权力、利益和责任为核算对象的会计。在组织企业经营管理时，按照分权管理的思想将生产经营决策权在不同层次的管理部门及人员之间进行适当划分，并划分各个内部管理层次的相应职责、权限及所承担义务的范围和内容。即在企业内部建立若干层次的责任中心。责任中心的建立，就形成了责任会计的基础，利用会计信息对各个责任中心的业绩进行确认、计量、记录、评价和考核，以适应权、责、利相统一的要求。

责任会计体系应建立健全各项定额标准，明确各级责任中心，实行全面经济预算，把权、责、利落实到各责任中心。责任会计的核算过程一般包括划分责任中心、编制责任预算、对各责任中心的业绩进行计量、控制、评价和考核、调整经济活动等环节内容。

三、管理会计的学科性质

管理会计是现代会计的一个基本领域。管理会计同财务会计共同构成现代会计体系，因此管理会计和财务会计是现代会计的两个基本分支。

管理会计的出现是现代管理活动的需要，是现代管理理论同会计理论以及实践相结合的产物。这一历史渊源决定了管理会计既具有管理活动的特征，又具有会计的信息生成系统特征。正如有的学者所指出的一样：管理会计是以会计信息系统形式存在的决策支持系统。

首先，管理会计是以会计信息系统的形式存在的。管理会计的理论与技术架构决定了管理会计首先是进行信息加工。在管理会计的活动进程中，其目标和工作理念的实现，都必须体现为信息加工的过程和行为。在企业的经营活动过程中，各种资源要素在其被取得和使用的过程中，都呈现出一种资源流的状态。而这些资源流，无论是物质流还是资本流，都将形成流量与存量的结果状态。而这些经济要素流本身的确认和计量，又必然地表现为一定的信息以及信息流。依据对以决策为核心的管理是否有用而进行的信息流加工处理，从而再次生成更高层次和管理相关性更强的信息。这种对基本信息的处理就是管理会计作为一种信息系统的核心活动内容。

其次,管理会计又是一个典型的决策支持系统,从而表现出典型的管理活动特征。美国会计学会曾对管理会计的特征作了如下的概括:管理会计是运用适当的技巧和概念处理来分析企业的历史资料或预测的经济资料,以协助管理者制定经营目标、编制计划、做出各种决策、以达到企业经营目标的一种理论技术体系。从管理系统构成理论来看,企业管理大系统由决策计划制定系统、决策计划支持系统和决策计划执行系统所构成。决策支持系统是企业管理大系统中不可剥离的有机构成部分。因此,决策支持系统具有典型的管理活动属性。而管理会计是决策支持系统中的典型内容,所以管理会计也具有典型的管理活动属性。

第三节 管理会计与财务会计的关系

会计是随着社会生产的发展和经济管理的要求而产生、发展并不断完善的。随着市场经济的发展和管理水平的提高,企业会计逐步形成了两个相对独立的领域:管理会计和财务会计。管理会计和财务会计都是从传统会计中派生出来的学科,两者同源分流,所以它们之间既有联系又有区别,两者既相互补充又各具独特职能,两者共同为企业的信息使用者服务。

一、管理会计与财务会计的联系

按照现代会计理论的一般解释,管理会计从传统会计中分离出去,原会计体系中组织日常会计核算和期末对外报告的内容部分就形成现代财务会计系统,并与管理会计体系成为相互独立的两个体系。显然,管理会计与财务会计两者源于同一母体,虽相互独立,但又相互依存、相互制约、相互补充。这就使得这两个以信息的加工和反馈为基本内容的体系表现出了共性与联系。

1. 基本信息同源

管理会计和财务会计都是会计信息系统的一部分,它们的信息均来源于企业经济活动的原始信息。管理会计是通过分析、加工多种资料为企业管理服务的。这些资料包括会计资料、统计资料、业务活动的资料及其他有关的资料,其中最重要的还是会计核算资料。就是财务会计通过凭证、账簿所记录、汇总、整理的企业整个生产经营活动的有关数据。管理会计对这些数据进行加工整理,使之成为管理者规划、控制生产经营活动,考核工作业绩,作出正确决策的科学依据。这表明,它们的基本信息来源是相同的。

2. 管理会计的工作是财务会计工作的延续和发展

财务会计职能是正确记录经济业务发生的财务数据,按照国家规定的会计核算制度和规定格式正确编制企业财务报表,提供给公众报表使用人。而管理会计是在财务会计提供的财务数据基础上依据经营者的需要将有用的财务数据重新组合,运用统计、数学等方法,与企业预算相比较,分析完成和未完成原因,修正预算,提出改进措施,发挥财务计划、分析、监督和控制职能,变财务会计的事后反映为管理会计的事前预测、事中监督和控制、事后的分析和总结,成为企业经营者的参谋。

3. 最终目标相同

管理会计与财务会计虽然分别为企业内部和外部提供经济信息,但它们的最终目标都是为了提高企业的经济效益。财务会计对企业外部利益相关者提供财务报告的同时,也为企业内部提供了准确可靠的信息,这将有助于决策者进行合理的决策,有助于强化企业内部管理,进而达到提高企业经济效益的目标。而管理会计则直接参与企业的经营管理决策,以帮助企业改善经营管理和提高经济效益。

4. 发展趋势相同

管理会计与财务会计是由于企业所有权与经营权的分离而产生的，在此之前，管理会计与财务会计的概念并不存在，而只存在着会计的概念。但随着企业经营环境的迅速变化，越来越多的企业外部经济利害关系人逐步认识到管理会计所反映的企业重大经营决策控制行为的相关信息对保护各自经济利益的重要性。因此，将管理会计所体现的重要会计信息纳入财务报告范畴的呼声日渐增高。目前，财务会计报告中将诸如现金流量等许多的管理信息已经纳入其体系，管理会计信息的规范化和财务报告化也已成为趋势，这对管理会计未来发展会产生方向性的重大影响。

二、管理会计与财务会计的区别

管理会计虽是从传统会计中派生出来的，但是既然其与财务会计并列为会计学科的两大领域，当然也就有与财务会计的不同之处。这些不同，大致表现为如下五个方面。

1. 信息的相关性差异

财务会计是以货币为计量工具，运用复式记账原理，按照规定的程序，将特定企业生产经营活动中相关的业务数据进行性质变动的确认、数量增减的计量、并将确认和计量的全部内容经过分类整理并记录，最终加工成以会计报表形式承载的信息，并对外进行信息的反馈，以满足处于企业外部并与企业之间存在经济利益的利害关系主体的信息消费需求。企业提供一定期间的经营成果和财务状况信息，使前述的利害关系相关主体能够及时、准确地了解企业的生产经营状况，并能够对企业的经营状况做出准确的判断以确保其自身的经济利益。因此，习惯上把财务会计叫做"对外报告会计"。

管理会计的性质决定了管理会计侧重于为企业经营管理服务。如前所述，管理会计是以将生产经营活动理解为一个有规律的连续过程为基础，以揭示各财务指标的数量关系为基本内容，从而将对生产经营活动的管理建立在科学而不是经验基础上的一种经营管理型会计。它是为满足企业管理者信息使用需求而提供经营决策和改善经营管理所需的相关信息，以发挥作为决策支持系统作用的内部管理型会计。基于这一论断，通常也称管理会计为"内部会计"。

2. 信息的时间属性差异

财务会计总结历史，管理会计面向未来。

财务会计的基本准则内容就从原则上确定了财务会计的工作必须建立在已经发生的经济事项基础上，而决不允许以计划或定额一类的指标代替实际的经济数据。同时，财务会计总是以观念的货币为工具对已经发生的经营活动相关数据进行加工。所以，财务会计的工作表现出一个根本的特征就是对"历史"的观念总结。财务会计的这一工作特征表明，财务会计侧重于从观念上总结企业经营活动的历史。

作为经营管理型会计，管理会计主要表达企业经营活动的规律，从而为企业未来经营活动该如何进行提供科学的依据。显然，管理会计侧重于对企业未来的经营决策提供信息支持，因此，从时间上而言，管理会计的关注视野始终是在企业未来的经营活动。

3. 信息的空间范围差异

财务会计遵循的会计准则以其会计活动的假设为前提。而其中的主体假设是关于财务会计活动的空间范围的一个假设前提。这一假设使得财务会计的工作视野总是以一个企业整体作为关注的范围。在财务会计的工作中，即使是仅仅一笔业务，其实质也是在加工有关一个企业的整体财务信息而不是孤立的一笔业务的核算。财务会计的任何工作，都是反馈企业整体以会计报表所承载的最终会计信息的有机组成部分。所以,财务会计工作对象的主体层次是唯一的和确定的,也就是会计主体即企业整体。

但是,基于学科属性的特色,管理会计并不受到会计准则的约束。所以,管理会计并无类似于财务会计所必须遵循的会计主体的工作空间的约束。事实上,管理会计的工作空间范围是不确定的,它可以是企业整体,也可以是企业的某一具体部分,还可以是某一特定经营活动,甚至是某一经营活动的某一片段或环节。管理会计的工作空间范围是根据所解决的具体问题本身而相应确定的。

4. 信息的生产工作所遵循的规范差异

财务会计在其加工和反馈企业的相关经济信息时,必须遵循公认的会计准则。财务会计生产信息时的基本工作活动包括确认、计量、记录和报告(信息反馈)。对这些活动,公认会计准则都做出了相应的准则规定。会计确认应该遵循权责发生制;会计计量应该遵循历史成本原则并在适当的情况下可以采用公允价值计量属性;会计记录必须采用复式记账方法;会计报告应该采用公认的会计报表形式。这些规定已经囊括了财务会计的信息加工和报告的全过程。因此,财务会计的信息的生产工作方法体系是受到严格规范的,而且绝对不允许有随意违背公认会计准则的行为发生。之所以如此,是因为财务会计既然是一种对外报告会计,就存在一个取得外部利益相关主体信任的任务。而遵循公认会计准则,就为取得这样的信任奠定了一个理论与技术的基础。

同样道理,基于学科属性,作为企业决策支持系统的管理会计,主要任务是帮助企业管理者对未来的生产经营活动进行规划和控制。而这一活动单位,是一个主体内部的经济管理行为,并不存在需要取得外部其他市场主体信任的问题。因此,管理会计并不需要遵循类似于财务会计所必须遵循的公认会计准则问题。正是基于这一差异,在信息载体形式、信息的相关时间范围、信息的加工程序等在财务会计活动中必须遵循公认会计准则的事项上,管理会计完全是灵活多样而不受公认会计准则约束的。在这种灵活的信息生产活动中,管理会计唯一受到的约束是经营管理活动对信息的具体需求。

5. 法律责任不同

由于财务会计的学科属性特征是一种对外报告会计,因此财务会计的活动是涉及不同市场主体的一种活动。这些主体与企业之间存在经济利益的相关性。而财务会计的信息生产加工活动既然涉及不同的法律主体,因而就应该承担相应的法律责任。作为财务会计必须遵循的会计准则,本身也具有广义的法的性质。公认会计准则对财务会计活动的约束,本身也在表明财务会计的法律责任。

而管理会计作为一种内部会计,所提供的资料信息在形式上不是正式报告,不对外公开发表,只为企业内部管理者使用,所以不涉及其他法律主体,因而也不存在承担法律责任的问题。

第四节 管理会计师及其职业道德简介

一、部分国家管理会计师简介

(一)美国注册管理会计师

1. 简介

美国注册管理会计师(Certified Management Accountant,CMA)是国际通行的财务管

理者专业资格认证，是管理会计领域的资格认证，是美国绝大多数企事业单位财务从业者的必备证书，与美国注册会计师（USCPA）、特许金融分析师（CFA）一起被称为美国的三大财会认证，也是被国资委指定央企人员参加培训的财经类认证。近40年来，CMA一直被公认为国际财经领域中的黄金标准，享誉世界，被全球诸多国家和地区认可。

在我国，2009年，国家外国专家局培训中心与美国管理会计师协会签订战略合作协议，正式引进CMA认证。2010年，总会计师协会发布了有关CMA学习培训的通知，并同时设立了CMA认证项目培训管理协调办公室，推荐其全国各地方会员单位选拔优秀职员参加CMA培训。

CMA认证为财务专业人员以及组织决策者提供了与管理会计知识和能力相关的客观衡量指标。CMA认证在全球范围内被各种组织内的专业会计人员作为重要的资质证明，它已成为提升专业技能和扩展专业视野的一种重要途径。

2. 报考条件

（1）学历背景要求

① 研究生及以上（经过教育部认可的硕士或博士均可以接受）。

② 本科（只接受经过教育部认可的本科学位，只有学历证书将不予接受）。

③ 专科（包括自考、函授、脱产和业余等群体）。

（2）从业经验要求

考生必须要具有两年连续的在管理会计或者财务管理领域中的工作经验。

3. 考试科目及规则

CMA考试包括"财务规划、绩效与分析"与"战略财务管理"两门课程。其中"财务规划、绩效与分析"涵盖规划、预算编制与预测，绩效管理，成本管理，内部控制，职业道德，科技与分析等内容；"战略财务管理"涵盖财务报表分析，公司金融，决策分析与风险管理，投资决策，职业道德等。

（二）英国特许管理会计师

1. 简介

英国特许管理会计师是英国特许管理会计师公会（The Chartered Institute of Management Accountants，CIMA）职业认证的会计师。CIMA成立于1919年，是英国管理会计师的考试、管理与认证机构，总部设在英国伦敦，在中国、澳大利亚、新西兰、爱尔兰、斯里兰卡、南非、赞比亚、印度、马来西亚、新加坡等地均设有分支机构或联络处。CIMA大约拥有17万名会员和学员，遍布世界多个国家和地区。

CIMA资格不同于普通会计认证，它以会计为基础，涵盖了管理、战略、市场、人力资源、信息系统等方方面面的商业知识和技能。CIMA会员不仅精通财务而且擅长管理，除了在企业中担任财务总监、首席财务官等，还有许多会员成了跨国企业的总经理和首席执行官。

2. 报考条件

（1）学历要求

① 凡持有大专以上学历者，即可报名成为CIMA正式学员。

② 教育部认可的高等院校在校生，顺利通过第一年的所有课程考试且年龄在18岁以上者即可报名成为CIMA正式学员。

③ 凡持有会计类相关职业证书者，即可报名成为CIMA正式学员。

（2）英文水平

大学英语六级或雅思6.0分以上的英语水平。

3. 考试科目及规则

考试分为企业板块，绩效板块和财务板块三大板块；运营级，管理级和战略级三个层级。

九个科目全部采用客观题机考形式，每个层级通过三个科目考试后参加一个综合案例分析考试。

考试时间为：客观题随时考试，案例分析题每年四次考试，时间为2、5、8、11月。

证书获得：通过每个等级考试都有相应证书。通过运营级，获得CIMA管理会计证书；通过管理级，获得CIMA高级管理会计证书；通过战略级，并有三年工作经验，获得特许管理会计师（ACMA）和全球注册管理会计师（CGMA）认证证书。

（三）中国管理会计师

1. 简介

中国总会计师协会（以下简称"中总协"）依据协会章程及业务范围，组织开展管理会计师专业能力评价工作，探索基于业财融合的管理会计人才培养途径，自2015年推出管理会计师专业能力（PCMA）中级项目、2017年推出管理会计师专业能力（PCMA）初级项目，至2020年推出管理会计师专业能力（PCMA）高级项目，完成整体层级设计。经过多年实践探索，中总协集全国知名科研院所、高等院校和企业的管理会计专家、学者、企业管理者，根据财政部发布的《管理会计基本指引》和《管理会计应用指引》以及中总协制定并发布的《中国管理会计职业能力框架》，在国内外管理会计研究成果和企业实践案例的基础上，形成了具有中国特色的管理会计培训与教学体系。为来自企业、行政事业单位的财务和管理人员提供了系统、规范的管理会计专业能力培训，帮助企业、行政事业单位财务人员和管理人员了解和掌握管理会计最新工具方法，提升财务人员和管理人员的履职能力，加快促进财务人员转型，为促进企业转型升级，加强行政事业单位内部管理做出了有力贡献。

中总协根据《中华人民共和国国民经济和社会发展第十四个五年规划和2035年远景目标纲要》以及《会计改革与发展"十四五"规划纲要》（财会〔2021〕27号）、《会计行业人才发展规划（2021—2025年）》（财会〔2021〕34号）等相关文件精神，准确把握新发展阶段、深入贯彻新发展理念、加快构建新发展格局。以推动会计行业转型升级为己任，发挥管理会计在维护市场经济秩序、促进经济发展，推动会计改革发展的重要作用，在全面深化改革、深度融入经济全球化过程中，着力培养根植于中国本土且具备国际化视野的管理会计人才，助力新时代中国经济高质量发展。

2．申报条件

满足以下任意一项条件即可报名。

① 具备国家教育部门认可的大专及以上学历（含在校生）。

② 中专学历，具备3年及以上企业、行政事业单位财务类、管理类、统计类、计算机、工程类等岗位工作经验的人员。

③ 获得会计、审计、统计、计算机、工程类等经济类、管理类上岗证的人员。

3．报考科目及规则

管理会计师考试分为初级、中级和高级。下面主要介绍初级考试要求。

管理会计师专业能力（PCMA）初级项目培训采用全程在线学习形式。涵盖七个学习科目：管理会计职业道德、管理会计概论、中国管理会计职业能力框架、预算实务（含预算编制、预算执行、预算控制与分析）、成本管理（含成本控制方法、成本责任、标准成本系统、作业成本分配等）、预算实操、成本实操。考试未通过人员可在五年内（以首次参加考试日期为起始，连续五年内）申请 6 次不合格科目的补考。

二、管理会计师职业道德简介

（一）管理会计师职业道德的概念及特征

管理会计师职业道德是指在管理会计职业活动中应当遵循的、体现管理会计特征的、调整管理会计职业关系的职业行为准则和规范。它的特征主要有以下两点。

首先，管理会计师职业道德具有职业性和实践性的特征，必须在职业过程中体现，并指导于实践活动。

其次，管理会计师职业道德具有符合公众利益的特征。因为在管理会计参与各种管理活动和处理各种经济利益关系时，在使服务企业或机构获取利益的同时，其管理活动必须符合国家和社会公众的利益。

（二）管理会计师职业道德的基本原则

管理会计师职业道德准则有以下六项基本原则：正直、客观、职业能力、责任、保密以及诚信。

（1）正直：在处理任何职业或者商业关系时保持直率、诚实和信任。管理会计师不能和任何有重大错误的信息，或者不管是由于虚假陈述还是由于忽略而导致的误导信息有任何干系。

（2）客观：不存在偏见、利益冲突或被他人左右自己的专业判断，在下结论时，应不偏不倚、客观评价相关观点，对服务对象的经济活动按照信息披露的要求，在客观事实的基础上提出相关建议。

（3）职业能力：对自己的专业知识和能力不断精益求精，学习新的业界实践经验、法律法规以及工具技能等，并能遵守相关法律、法规和技术标准。

（4）责任：在实践活动中，要对客户和职业行为负责，是管理会计必须遵守的职业道德行为。它不仅需要对短期的利益负责，还需要考虑单位的长远利益；不仅考虑单位自身的利益，还不能损害国家和社会的利益。

（5）保密：除非经过同意或者有法律或职业的义务，否则，不得透露任何关于职业方面的信息；不得利用保密的信息获得不合法或不道德的利益。

（6）诚信：诚信是人们对财务从业人员包括管理会计人员的基本要求。它要求提供专业服务时，提供真实可靠的信息，以帮助管理层做出客观、正确的决策。

本章小结

财务会计与管理会计是现代会计的两大分支。财务会计属于外部会计，管理会计属于内部会计，其二者既有区别也有联系。

管理会计的职能主要在于预测、决策、规划、控制和考核评价，由其职能决定了管理会计的主要内容包括预测与决策会计、规划与控制会计、责任会计等。

管理会计在我国虽然起步较晚，但随着经济发展的需要，会计改革从未停止。同时，对管理会计人员的职业道德和从业要求也越来越高。

拓展阅读

1.《会计改革与发展"十二五"规划纲要》（2011 年）。

2.《会计改革与发展"十三五"规划纲要》(2016年)。
3.《会计改革与发展"十四五"规划纲要》(2021年)。

即测即评

第一章 总论即测
即评习题

第一章 总论即测
即评答案

思考与练习

一、思考题
1. 管理会计产生的前提是什么?
2. 管理会计的职能有哪些?其内容包括什么?
3. 管理会计与财务会计的区别和联系有哪些?

二、案例分析题
请搜集一篇关于管理会计未来发展的文章或一个关于管理会计职业道德问题的案例,并对其进行阅读与分析总结。

第二章
成本性态分析

学习目标

专业目标：
理解成本性态的概念。
掌握变动成本和固定成本分类的含义特点。
掌握成本性态分析的程序方法。
掌握混合成本的分解方法。
职业素养目标：
理解成本在企业管理中的现实意义。企业经营注重盈利性，但更重要的是要承担社会责任，有诚信，有担当。

导入案例

202×年12月的一天，某客户的两个工作人员来到A公司洽谈业务，洽谈结束后，A公司的李总经理带着销售部的王经理、财务部的张经理和办公室的小刘一行人来到本地五星级的大酒店接待来洽谈业务的两名工作人员。在五星级酒店消费后，办公室的小刘去结账，共计消费2 000元，并要求酒店提供发票。

根据上述资料，思考并回答以下问题。

（1）请问上述发票怎样开具才是合法合规的？其开具内容应该是什么？

（2）本次消费对核算产品成本有什么影响？该成本与业务量之间的关系是怎样的？

第一节　成本及其分类

一、成本的概念

成本在企业经营中占据着重要地位，成本是影响企业经济效益的重要因素之一。财务会计中对成本从广义和狭义两个方面来定义。广义的成本概念是指为了取得某项资产或达到特定的目的而付出的代价。如：购买固定资产所支付的代价构成固定资产的成本；购买原材料付出的代价构成原材料的成本。狭义的成本概念是指产品成本，即企业一定时期生产和销售一定数量的产品或提供一定数量的劳务所支出的费用总和。

管理会计与财务会计的职能不同，它主要是为企业管理部门的预测、决策、控制和业绩评价服务。要履行这些职能，所需要的信息各不相同，即：管理会计需要根据其职能的要求来核算和提供满足需要的成本信息。中心思想是"针对特定的决策需要确定特定的成本对象,计算特定内涵的成本"。在这样一个思想的基础上,可以将成本定义为:企业在生产经营过程中对象化的,以货币表现的为达到一定目的而应当或可能发生的各种经济资源的价值牺牲或代价。该定义主要强调形成成本的原因(目的性)和成本发生的必要性。成本的时态可以是过去时、现在时、完成时或将来时。因此,管理会计的成本范畴在时间和空间上都被进一步扩展,是广义的成本。

二、成本按经济用途分类

在实际工作中,我们可以根据不同的目的和需要对成本进行分类,从不同的角度对成本进行分类。成本按经济用途分类是财务会计中有关成本分类的最主要的方法。由于制造业发生的成本最完整、最典型,因此,通常按经济用途进行分类,可以将成本分为制造成本和非制造成本。

1. 制造成本

制造成本也称为生产成本或生产经营成本,是指企业为生产产品、提供劳务而发生的各项支出。在财务会计中制造成本通常被分摊到本期生产的产品中,通过产品的销售,将制造成本转化为产品销售成本。当期未售出的产品作为存货,相应的产品成本就构成了存货成本。

制造成本根据其具体的经济用途通常分为直接材料、直接人工和制造费用三类。

直接材料,是指在产品生产过程中,用于产品生产,并构成产品实体的原材料及半成品成本。

直接人工,是指直接在对原材料进行加工,使之成为产品的过程中所耗费的人工成本。

制造费用,是指在产品生产过程中发生的除直接材料、直接人工以外所有其他成本支出。如:车间管理费、车间照明、机器设备折旧费、维修费等。

2. 非制造成本

非制造成本也称为期间成本或期间费用,是指不构成产品实体的价值,而只与会计期间有关,并直接计入当期损益的成本,包括销售费用、管理费用和财务费用。

销售费用是指企业在销售商品、提供劳务等日常经营过程中发生的各项费用以及专设销售机构的各项费用,如运输费、装卸费、包装费、保险费、展览费、广告费,以及为销售本企业商品而专设的销售机构的职工工资及福利费等经常性费用。

管理费用是指企业为组织和管理企业生产经营活动所发生的费用,包括企业的董事会和行政管理部门在企业的经营管理中发生的,或者应当由企业统一负担的公司经费、工会经费、待业保险费、劳动保险费、董事会费、咨询费、诉讼费、业务招待费、无形资产摊销费、职工教育经费、房产税、车船使用税、土地使用税、印花税、技术转让费、研究与开发费、排污费等。

财务费用是指企业为筹集生产经营所需资金而发生的费用,包括应当作为期间费用的利息支出(减利息收入)、汇兑损失(减汇兑收益)以及相关的手续费等。

成本按经济用途分类,可以反映产品成本的构成,有利于分析成本升降的原因并寻找降低成本的途径。但是,这种分类不能反映成本发生的驱动因子,不利于企业管理者加强成本的规划和控制和挖掘企业内部潜力。而客观上成本与数量之间是存在着内在联系的,即成本的发生及金额的大小与数量的关系。如:产品数量对制造业人工总成本的影响、运输里程对运输公司的油料成本的影响等。因此,管理会计将成本按照与数量的关系来进行分类。

第二节　成本按性态分类

成本性态也称为成本习性,是指成本总额与业务量之间客观上所存在的依存关系。这里的业务量可以是生产量、销售量,也可以是作业量。由于成本与业务量之间的内在联系,我们可以根据其变动规律,将成本划分为固定成本、变动成本和混合成本。

一、固定成本

1. 固定成本的含义

固定成本是指在一定期间和一定业务量范围内（相关范围内）,成本总额不受业务量变动影响而保持固定不变的成本。例如,房屋和设备的租赁费、职工培训费、差旅费、保险费、广告费、劳动保护费、办公费、管理人员固定工资和按直线法计提的固定资产折旧费等,均属于固定成本。这类成本在企业正常经营的条件下,是必要发生的,并且在一定业务量范围内都保持稳定。

例 2-1　某企业只生产一种产品,其业务量与固定成本之间的关系如表 2-1 所示。

表 2-1　业务量与固定成本

业务量/件	固定成本总额/元	单位固定成本/元
<5 000	—	—
5 000	20 000	4.00
10 000	20 000	2.00
20 000	20 000	1.00
25 000	20 000	0.80
40 000	20 000	0.50
>40 000	—	—

在本例中,固定成本的业务量相关范围是 5 000~40 000 件。

2. 固定成本的特征

（1）相关范围内,固定成本总额的不变性。在一定期间、一定业务量范围内,固定成本总额不随业务量的变动而变动,固定不变。固定成本总额模型如图 2-1(a) 所示。

（2）相关范围内,单位固定成本的反向变动性。在一定期间、一定业务量范围内,随着业务量的变动,单位固定成本反比例变动。单位固定成本模型如图 2-1(b) 所示。

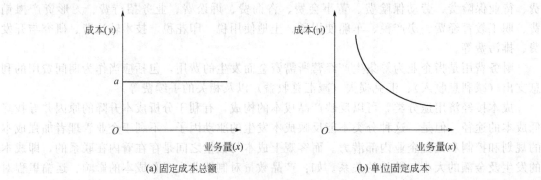

(a) 固定成本总额　　　　　　　　(b) 单位固定成本

图 2-1　固定成本习性模型

（3）固定成本总额保持不变不是绝对的，而是有相关范围的，超出一定期间和一定业务量的范围，固定成本总额仍然会发生变化，如图 2-2 所示。

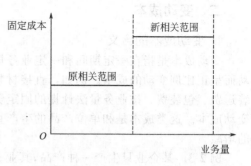

例 2-2 企业一生产线最大生产能力是 10 000 件产品，该生产线按直线法计提折旧额为 300 000 元。若产品市场容量扩大到 15 000 件，则需增加一条生产线。这样，按照直线法计提的折旧额将增加到 600 000 元。那么，也就是说，当生产量保持在 10 000 件以内，折旧费保持在 300 000

图 2-2 固定成本的相关范围

元，当生产量超过 10 000 件，折旧费将增加到 600 000 元。因此，固定成本总额保持不变是相对的，超过相关范围，其仍然会发生变化。

3. 固定成本的分类

固定成本按其支出额是否受企业管理者短期经营决策行为的影响，分为约束性固定成本和酌量性固定成本。

约束性固定成本是指企业管理者的短期经营决策行为不能改变其具体支出数额的固定成本。例如，房屋和设备的租赁费、按直线法计提的固定资产折旧费、管理人员固定工资和财产保险费等。这些固定成本一般是由既定的生产经营能力所决定的，是形成和维持企业正常生产经营必不可少的成本，是企业经营业务必须负担的最低固定成本，所以也称为"经营能力成本""能量成本"或"承诺性固定成本"。由于企业的生产经营能力一旦形成，在短期内就不应轻易削减，可能影响企业长远目标的实现，降低盈利能力，因此这类成本具有很大的约束性。降低约束性固定成本的基本途径，只能是合理利用企业现有的生产能力，提高生产效率，以取得更大的经济效益。

酌量性固定成本是指企业管理者的短期经营决策行为可以改变其支出数额的固定成本，也称抉择性固定成本或任意性固定成本。例如，广告费、职工培训费和新产品开发费等。这些费用的支出数额的大小取决于管理者的决策行为。一般是由管理者在会计年度开始前，斟酌计划期间企业的生产经营方针和财务负担能力，对这类固定成本项目的开支情况分别作出决策。酌量性固定成本并非可有可无，它关系到企业的竞争能力，因此，要想降低酌量性固定成本，只有厉行节约、精打细算，编制出积极可行的费用预算并严格执行，防止浪费和过度投资等。

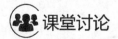 课堂讨论

如何降低企业的固定成本

小明毕业应聘到某公司做财务工作。公司由于去年效益不理想，在下一个预算周期内打算削减一些费用，领导将削减费用的工作交给小明来做。公司的成本费用中有以下几项：厂房租金、设备折旧费、保险费、技术研发费、管理人员的工资、广告费、外请顾问费、员工培训费等。

讨论并回答：假如你是小明，你会提出哪些成本费用可以削减呢？

二、变动成本

1. 变动成本的含义

变动成本是指在一定期间和一定业务量范围内（相关范围内），成本总额随业务量的变动而呈正比例变动的成本。例如，直接材料、直接人工、燃料和动力费用、外部加工费用、装运费、包装费、按业务量法计提的固定资产折旧费和按销售量支付的销售佣金等，均属于变动成本。这类成本是和单位产品的生产直接联系的，其总额会随着业务量的增减呈正比例的增减。

例 2-3 某企业只生产一种产品，其业务量与变动成本之间的关系如表 2-2 所示。

表 2-2 业务量与变动成本

业务量/件	变动成本总额/元	单位变动成本/元
10 000	820 000	82
20 000	1 600 000	80
30 000	2 400 000	80
40 000	3 200 000	80
50 000	4 000 000	80
60 000	4 980 000	83
70 000	5 950 000	85

在本例中，变动成本的业务量相关范围是 20 000～50 000 件（业务量每增加 10 000 件，变动成本总额增加 80 000 元）。

2. 变动成本的特征

（1）相关范围内，变动成本总额的正比例变动性。在一定期间、一定业务量范围内，变动成本总额随业务量变动呈正比例变动。变动成本总额模型如图 2-3(a) 所示。

（2）相关范围内，单位变动成本的不变性。在一定期间、一定业务量范围内，单位变动成本不受业务量的变动影响，固定不变。单位变动成本模型如图 2-3(b) 所示。

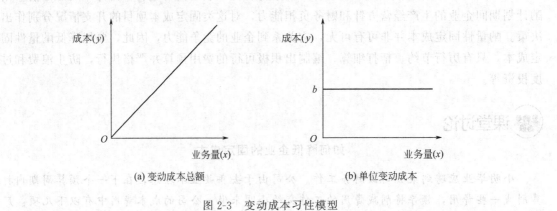

图 2-3 变动成本习性模型

（3）就变动成本而言，只有单位变动成本不变时，变动成本总额才会随着业务量的变动呈正比例变动。而单位变动成本只有在一定期间范围内和一定业务量范围内保持相对稳定，如图 2-4 所示。

3. 变动成本的分类

根据企业管理者的决策行为是否能改变其支出数额，变动成本可分为约束性变动成本和酌量性变动成本。

约束性变动成本是指企业管理者的决策行为无法改变其支出数额的变动成本。这类成本受客观因素影响，其消耗量由技术因素或设计关系决定，因此，也称为技术性变动成本。如生产一台汽车需要耗用一台引擎、一个底盘和若干轮胎等。

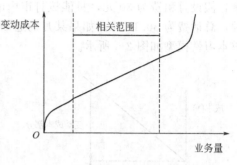

图 2-4　变动成本的相关范围

酌量性变动成本是指企业管理者的决策行为可以改变其支出数额的变动成本。这类成本的特点是其单位变动成本的发生额可由企业管理者的决策行为影响。如按销售收入的一定百分比支付的销售佣金、技术转让费等。

三、混合成本

(一) 混合成本的含义与特征

在现实经济生活中，有一些成本项目的成本总额会随业务量的变动而变动，但它们的变动又不能与业务量的变动保持着纯粹的正比例关系。我们把这种介于变动成本和固定成本之间，随业务量变动而呈非正比例变动的成本称为混合成本。例如，电话费、照明费、水电费、设备维修费、化验员和检验员的工资等。因此，混合成本具有变动成本和固定成本双重性质。

(二) 混合成本的分类

混合成本兼有固定和变动两种性质。按照混合成本的变动趋势，可以将其进一步细分为半固定成本、半变动成本、延期变动成本和曲线式混合成本。

1. 半固定成本

半固定成本也称阶梯式混合成本。这类成本在一定业务量范围内的发生额是固定的，但当业务量增长到一定限度，其发生额就突然跳跃到一个新的水平，然后在业务量增长的一定限度内，发生额又保持不变，直到另一个新的跳跃。例如，企业的管理员、运货员、化验员、检验员的工资等成本项目就属于这一类。以检验员的工资为例，假设 1 名检验员的工资为 5 000 元，如果产量在 10 万件以内，只需要 1 名检验员，工资总额为 5 000 元；产量在 10 万～20 万件，要 2 名检验员，工资总额为 10 000 元，以此类推。半固定成本的成本习性模型如图 2-5 所示。

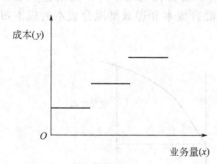

图 2-5　半固定成本习性模型

2. 半变动成本

半变动成本也称标准式混合成本，是指在没有业务量的情况下仍发生一定的初始量，当有业务量发生时，其发生额随业务量呈正比例变动的成本。这类成本的特点是：它通常有一个初始的非零基数，固定不变，这部分成本类似于固定成本；在此基数之上，成本总额会随着业务量的变动呈正比例变动，相当于变动成本。例如，水费、电费、煤气费、电话费等公共事业费用，就属于半变动成本。以固定电话费为例，假设月租费为 30 元，只能拨打市内电话，每分钟 0.10 元，则当某月的通话时间为 1 分钟，总话费为 30.10 元；如果某月的通话时间为 100 分钟，总话费为 40 元。半变动成本的成本习性模型如图 2-6 所示。

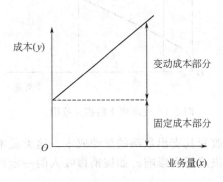
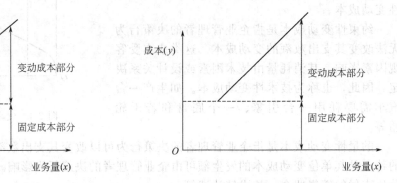

图 2-6　半变动成本习性模型　　　　图 2-7　延期变动成本习性模型

3. 延期变动成本

延期变动成本也称低坡式混合成本。这类成本在一定业务量范围内，其总额保持固定不变，当业务量增长超出了这个范围，其超额部分则随业务量的增长呈正比例变动。例如，职工的基本工资、手机流量费等，就属于延期变动成本。以常见的手机流量费为例，假设每月的套餐费为 50 元，流量限额为 5G，每月的流量超过 5G 之后，按照 0.1 元/M 收费，如果某月的总流量在 5G 之内，流量费为 50 元，如果超出 1M，则流量费为 50.1 元；如果超出 10M，则流量费为 51 元。延期变动成本的成本习性模型如图 2-7 所示。

4. 曲线式混合成本

曲线式混合成本在没有业务量的情况下通常有一个不变的初始量，相当于固定成本，当有业务量发生时，成本总额随业务量的变动而变动，但不呈直线关系，而是呈曲线关系。按照曲线斜率的不同变动趋势，这类曲线式混合成本可进一步分为递增型混合成本和递减型混合成本。递增型混合成本如累进计件工资、违约金、罚金等，随着业务量的增加，成本逐步增加，并且增加幅度是递增的。递减型混合成本如有价格折扣或优惠条件下的水电消费成本、"费用封顶"的通信服务费、热处理的电炉设备耗电成本等，用量越大则总成本越高，但增长越来越慢，变化率是递减的。递增型混合成本和递减型混合成本的成本习性模型如图 2-8 所示。

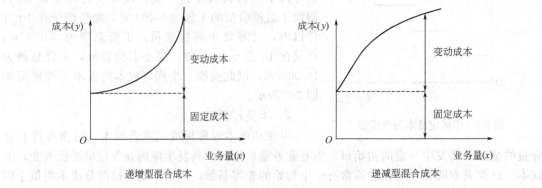

图 2-8　曲线式混合成本习性模型

第三节 成本性态分析

一、成本性态分析的含义

按照成本性态,成本可以分为固定成本、变动成本和混合成本,其中,混合成本又具有固定成本和变动成本双重性质。因此,在明确各种成本性态的基础上,最终可以将混合成本分解为固定成本和变动成本。

实际工作中,企业的总成本就是混合成本,其成本项目中有的可以直接归属为变动成本,有的可以直接归属为固定成本,剩下的归属为混合成本,这些混合成本项目中的变动成本和固定成本可以进行分解,分别归属到变动成本和固定成本。这个混合成本的分解过程,称为成本性态分析,即在成本性态分类的基础上,按照一定的程序和方法,将全部成本区分为固定成本和变动成本两大类,其步骤如图 2-9 所示。

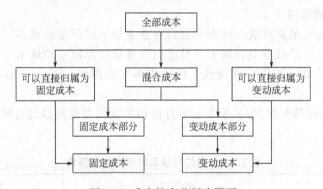

图 2-9 成本性态分析步骤图

二、成本性态分析的方法

在实际工作中,成本大多是以混合成本的形式存在,为了加强对企业经济活动进行计划和控制,加强成本管理,我们需对混合成本进行分解,把全部成本最终归属为固定成本和变动成本两大类。混合成本分解后,成本总额 y 就可以分解为固定成本部分(a)和变动成本部分(bx)。

从理论上说,我们应该针对不同的业务,逐笔、逐次地进行分析、分解来判断所发生的成本应该归属到哪一类成本范畴,这样无疑是最为准确的。但按照这种分析方法,实际操作太麻烦,工作量太大,也不容易做到。管理会计主要针对的是未来的经济活动,预测的是一种趋势,而不要求十分精准。因此,实际工作中对混合成本的分解,通常采用概略的方法。主要有历史成本法、账户分析法、合同确认法、工程分析法。

(一)历史成本法

历史成本分析法是对企业以往若干时期的实际成本数据和业务量数据进行收集、分析和计算,以完成成本性态分析的一种定量分析方法。这种方法是成本性态分析中最常用的方法,在生产流程和工艺设计变动较小时,历史数据可以比较准确地反映成本与产量的依存关系,这种关系也可以应用在未来相似业务。历史成本分析法包括高低点法、散布图法和回归直线法。

1. 高低点法

高低点法是根据过去某一会计期间的总成本和业务量资料，从中选取业务量最高点和业务量最低点，推算出固定成本和变动成本，得出成本性态的模型。采用高低点法计算较简单，但它只采用了历史成本资料中的高点和低点两组数据，代表性较差。

高低点法的基本原理：在相关范围内，固定成本是一个常数，业务量最高点和业务量最低点所对应的混合成本之差即是变动成本。由此，根据业务量变动的范围可以确定单位变动成本。在相关范围内，单位变动成本是一个常数，结合根据历史资料中任意时间点的资料，便可测算出固定成本总额。

高低点法分析步骤如下：

第一步：确定业务量最高点和业务量最低点。

第二步：计算单位变动成本 b。

$$\text{单位变动成本 } b = \frac{\text{最高点混合成本} - \text{最低点混合成本}}{\text{最高点业务量} - \text{最低点业务量}}$$

第三步：计算固定成本 a。

固定成本 a ＝ 最高点混合成本 － 最高点业务量 × 单位变动成本

或　　固定成本 a ＝ 最低点混合成本 － 最低点业务量 × 单位变动成本

第四步：将固定成本和单位变动成本代入成本性态模型：$y = a + bx$，即可完成成本性态分析。

例 2-4　设某公司某车间202×年1～12月份相关范围内的机器设备维修工时和维修费如表 2-3 所示。

表 2-3　公司的维修工时和费用明细表

月份	维修工时 x/工时	维修费 y/元
1	18	600
2	16	500
3	18	580
4	20	620
5	24	680
6	28	800
7	22	640
8	22	660
9	26	700
10	16	520
11	12	400
12	14	400

例题中机器设备维修费是一项混合成本，现采用高低点法对维修费进行分解。根据资料，确定业务量最高点为28工时，相应维修费为800元；业务量最低点为12工时，相应维修费为400元。

$$b = \frac{最高点混合成本-最低点混合成本}{最高点业务量-最低点业务量}$$

$$= \frac{800-400}{28-12} = 25(元/时)$$

$a=$ 最高点混合成本 $-$ 最高点业务量 $\times$ 单位变动成本

$\quad = 800 - 28 \times 25 = 100(元)$

或 $\quad a=$ 最低点混合成本 $-$ 最低点业务量 $\times$ 单位变动成本

$\quad = 400 - 12 \times 25 = 100(元)$

以上计算说明，该企业的维修费用中有 100 元属于固定成本，单位变动成本为每工时 25 元。机器设备维修费的成本模型为：

$$y = 100 + 25x$$

通过以上分析可见，利用高低点法进行成本性态分析，简便易懂。但是，由于这种方法没有利用所占有的全部数据来估计成本，只利用了极点业务量的数据。因此，计算结果可能受到偶然性因素的影响而不准确。所以，这种方法适用于历史资料中的混合成本变化较稳定的情况。

2. 散布图法

散布图法也称布点图法，是指将所收集的业务量和混合成本的历史数据，标注在坐标纸上，通过目测做出一条接近所有坐标点的直线，并据以确定混合成本中的固定成本和变动成本的一种成本性态分析方法。

散布图法的分析步骤如下。

第一步：建立直角坐标，以横轴代表业务量（X），以纵轴代表混合成本（Y），并将历史数据所反映的各种业务量水平和混合成本逐一标明在坐标图上。

第二步：通过目测，在各成本点之间画出一条反映成本变动平均趋势的直线。作直线时尽量使直线上下方分布的点数基本一致，且上下各点到直线的垂直距离之和大致相等。

第三步：分析坐标图，直线与纵轴 Y 的交点就是固定成本，再根据图中任意一点的坐标，利用总成本模型确定单位变动成本。

$$b = \frac{y-a}{x}$$

例 2-5 依据例2-4 的资料，采用散布图法对维修费进行成本性态分析。

首先建立直角坐标，以 X 轴代表维修工时，以 Y 轴代表维修费。然后将 1~12 月份的维修工时和维修费相应的各点在坐标中进行标注，如图 2-10 所示。用目测的方法作出一条

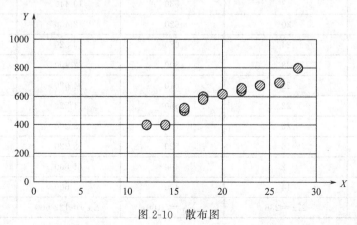

图 2-10 散布图

直线。直线与 Y 轴的交点约为 124 元，即固定成本可以确定为 124 元。再根据点（16，510）代入成本模型，求得单位变动成本为：

$$b=\frac{510-124}{16}\approx 24.13(元/时)$$

所以，维修成本 $y=124+24.13x$

散布图法的优点是通过画图比较直观明了，并且综合考虑了一系列观察点上成本与业务量的依存关系，可以排除偶然性因素的影响，因而较高低点法准确些。散布图法缺点是由于采用目测画出直线，难免使结果带有一定程度的主观性，与真实情况存在一定的误差。

3. 回归直线法

回归直线法是利用数理统计中常用的最小二乘法的原理，对收集的业务量和混合成本进行计算，确定出代表平均成本水平的直线，这条通过回归分析而得到的直线叫作回归直线，其截距就是固定成本 a，斜率就是单位变动成本 b。这种分析方法也称为最小二乘法。

回归直线法对混合成本进行分解的过程就是求取 a 和 b 的二元一次联立方程的过程。假设有 n 个 (x,y) 的历史数据，可以建立一组决定回归直线的联立方程式。

$$\sum y=na+b\sum x$$

也就是说有多条可以用 $y=a+bx$ 来描述的混合成本。我们假定有一条由 a 和 b 两个数值决定的直线能够使各观测值 y 与这条直线上相应各点的离差平方之和最小，那么，这条线就是各个离散点的回归直线。通过推导，可以用以下公式求取 a 和 b。

$$a=\frac{\sum y-b\sum x}{n}$$

$$b=\frac{n\sum xy-\sum x\times\sum y}{n\sum x^2-(\sum x)^2}$$

根据 a 和 b，建立成本性态模型：$y=a+bx$。

上述计算过程可使用计算机 Excel 软件来实现。

例 2-6 仍依据例 2-5 的资料，采用回归直线法对维修费进行成本性态分析。为使计算过程更方便、清晰，我们将计算 a 和 b 公式中所需的有关数据通过表 2-4 反映。

表 2-4 维修费用计算表

月份	维修工时 x/工时	维修费 y/元	xy	x^2
1	18	600	10 800	324
2	16	500	8 000	256
3	18	580	10 440	324
4	20	620	12 400	400
5	24	680	16 320	576
6	28	800	22 400	784
7	22	640	14 080	484
8	22	660	14 520	484
9	26	700	18 200	676
10	16	520	8 320	256
11	12	400	4 800	144
12	14	400	5 600	196
$n=12$	$\sum x=236$	$\sum y=7\ 100$	$\sum xy=122\ 600$	$\sum x^2=4\ 904$

将表中有关数据代入上面公式计算 a 和 b。

$$b=\frac{n\sum xy-\sum x\times\sum y}{x\sum x^2-(\sum x)^2}$$

$$=\frac{12\times 145\ 880-236\times 7\ 100}{12\times 4\ 904-236^2}=23.78$$

$$a=\frac{\sum y-b\sum x}{n}=\frac{7\ 100-25\times 236}{12}=123.99$$

则用回归直线法求得维修费用的成本性态模型为：$y=123.99+23.78x$

回归直线法相对于高低点法和散布图法而言较为麻烦，但与高低点法相比较，由于选择了所有历史数据，避免了偶然性；与散布图法相比较，用计算公式代替目测方法来确定直线，避免了人为的主观臆断。并且，利用最小二乘法的误差平方和最小的原理来进行分解，其计算结果较为准确，所以，回归直线法是一种较为理想的成本性态分析方法。不过，它的分析仍然具有一定的假设和估计的成分。

(二) 账户分析法

账户分析法是根据各个账户（包括明细账户）的本期发生额，通过直接判断或比例分配，对各成本项目进行成本性态分析的方法。

由于实际工作中各单位每个账户所记录的成本内容不同，或者成本估计要求的准确性不同，分别采用近似分类和比例分配两种具体做法。近似分类是将比较接近固定成本的项目归入固定成本，比较接近变动成本的项目归入变动成本。比例分配是将不宜简单归入固定成本和变动成本的项目，通过一定比例将其分解成固定成本和变动成本两个部分。

例 2-7 某企业的成本费用本期发生额如表 2-5 所示，要求采用账户分析法对各项成本进行成本性态分析。

表 2-5 成本费用本期发生额　　　　　　　　　　　　单位：元

项　目	总成本	变动成本	固定成本
产品成本	80 000	80 000	
工资	48 700	18 700	30 000
福利费	4 800		4 800
广告费	3 310	2 310	1 000
房地产租赁费	53 000		53 000
保险费	1 400		1 400
修理费	4 500		4 500
易耗品	1 000	300	700
水电费	5 000		5 000
利息	10 000	10 000	
折旧费	25 000		25 000
合计	236 710	111 310	125 400

首先，对每个项目进行分析，根据成本特性，结合企业具体情况，确定各项成本分别属于哪一项。上表 2-5 中，产品成本、利息与企业业务量关系密切，基本上属于变动成本。福利费、房地产租赁费、保险费、修理费、水电费、折旧费与企业业务量无关，可归为固定成本。

其次，剩下的工资、广告费、易耗品属于混合成本，对这些成本项目可分别采用历史成本分析法、合同确认法或工程分析法进行分析，确定其成本模型。账户分析法是成本性态分析中最简单的一种，因此，也是实际工作中运用较多的一种方法。但这种方法在很大程度上取决于分析人员的判断能力，因而在一定程度上也带有一定的片面性和局限性。

（三）合同确认法

合同确认法就是根据企业签订的契约或合同、既定的管理与预算制度，以及支付费用的规定等估算固定成本和变动成本的成本性态分析方法。

例 2-8 按供电局规定，某公司 202×年变压器维持费为 4 000 元/月，每度电费 0.6 元，用电额度每月 10 000 度，超额用电按正常电费的 10 倍计价。每件产品平均用电 2 度。照明用电每月 2 000 度。要求采用合同确认法对企业的电费进行成本性态分析。

$$用电额度内最大产量 = \frac{10\,000 - 2\,000}{2} = 4\,000（件）$$

产量在 4 000 件以内时，建立成本模型如下：

$$y = 0.6 \times (2\,000 + 2x) + 4\,000 = 5\,200 + 1.2x$$

产量在 4 000 件以上时，建立的成本模型如下：

$$y = (5\,200 + 1.2 \times 4\,000) + 0.6 \times 10 \times (x - 4\,000) \times 2$$
$$= -38\,000 + 12x$$

合同确认法适用于有明确计算办法的各项成本，不依赖于历史成本资料，但必须有相关的合同，且在合同中有较为详尽的规定。

（四）工程分析法

工程分析法又称技术估算法，是运用工业工程的研究方法来研究影响各有关成本项目数额大小的每个因素，并在此基础上直接估算出固定成本和单位变动成本的一种成本性态分析方法。

工程分析法是现代科学管理的一个重要组成部分，是随着现代化大生产的发展而逐步形成的，它所研究的范围涉及整个企业的经营管理。它以降低成本为目的，研究人、原材料和机器设备的综合系统的设计、改进和实施方案。在研究过程中，要综合利用数学、物理学、社会学及工程学等方面的专业知识和技术。它的核心内容是方法研究，即对所有生产活动和辅助生产活动进行详细分析，寻找改进工作方法的途径，找出最经济、最有效的程序和方法，使产品制造、工作效率和资源利用达到最优效果。

工程分析法分析成本的基本步骤如下。

第一步：确定研究的成本项目。

第二步：对导致成本形成的生产过程进行观察与分析。

第三步：确定生产过程的最佳操作方法。

第四步：以最佳操作方法为标准方法，测定标准方法下成本项目的每一个构成内容，并按成本性态分别确定为固定成本和变动成本。

例 2-9 对某企业车间的燃料成本进行分析。该车间燃料用于铸造工段的熔炉，具体分为点火（耗用木材和焦炭）和熔化铁水（耗用焦炭）两项操作。对这两项操作进行观测和技术测定，寻找最佳的操作方法。按照最佳的操作方法，每次点火要使用木柴 0.1 吨、焦炭 1.5 吨，熔化 1 吨铁水要使用焦炭 0.15 吨；每个工作日点火一次，全月工作 26 天。点火燃料属于固定成本；熔化铁水所用燃料与产量相联系，属于变动成本。木柴每吨价格为 100 元，焦炭每吨价格为 180 元。

每日固定成本＝0.1×100＋1.5×180＝280（元）
每月固定成本＝280×26＝7 280（元）
每吨铸件变动成本＝0.15×180＝27（元）
每月燃料总成本模型为 $y=7\,280+27x$。

工程分析法作为一种独立的分析方法，不需要依赖于历史成本数据，它是从投入与产出之间的关系入手的，可以排除一些无效支出或不正常的支出。采用此方法所得到的分析结果，更有利于标准成本的制定和预算的编制。但分析成本较高，且对于不能直接将其归属于特定投入与产出过程的成本，或不能单独进行观察的联合过程中的成本，如间接成本的分解，不能采用该方法。

课堂讨论

数据一定要精确吗？

在学习财务会计时，我们发现会计对数据的精确度要求比较高，比如编制报表时，一分钱的差异我们都不能放过。那在管理会计中是否也是这样呢？

在进行成本性态分析时，我们发现有些成本可以确定为固定成本，有些成本可以确定为变动成本，而有一些成本是混合成本。此时，我们就需要采用各种方法把混合成本分解为固定成本部分和变动成本部分。但没有一种方法可以做到最精确的分解。

讨论：结合管理会计的职能，说一说你对"管理会计对数据的要求达到准确就可以，不一定要精确"的理解。

本章小结

成本按经济用途进行分类，可以分为制造成本和非制造成本两大类；按成本与业务量的依存关系，成本可以划分为固定成本、变动成本和混合成本三类。

成本性态又称成本习性，是指成本总额与业务量之间的依存关系，进行成本性态分析就是要找出成本总额与相关业务量之间的规律性联系。

成本性态分析是指在各种成本性态的基础上，最终将企业的全部成本分为固定成本和变动成本两大类，并建立总成本模型：$y=a+bx$。

混合成本常用的分解方法有高低点法、散布图法和回归直线法。

拓展阅读

1. 《管理会计应用指引第 300 号——成本管理》。
2. 《企业产品成本核算制度（试行）》。
3. 《企业产品成本核算制度——钢铁行业》。

即测即评

第二章 成本性态
分析即测即评习题

第二章 成本性态
分析即测即评答案

思考与练习

一、思考题

1. 什么是成本性态？怎么理解相关范围？
2. 成本性态分类中，固定成本和变动成本的含义和特点分别是什么？
3. 什么是成本性态分析？混合成本的分解方法有哪几种？

二、计算分析题

某公司 20×1 年下半年各月的机器设备维修费资料如表 2-6 所示。

第二章 成本性态
分析计算分析题
答案

表 2-6 某公司 20×1 年下半年各月机器设备维修费

月份	业务量/机器小时	维修费/元
7	40	580
8	32	500
9	52	700
10	48	660
11	56	740
12	44	625

要求：

（1）根据上述资料分别采用高低点法和回归直线法将维修费分解为固定成本和变动成本，并写出成本公式。

（2）若 20×2 年 1 月该公司计划使用机器时数为 55 机器小时，则预计的机器设备维修费应为多少？

第三章
变动成本法

学习目标

专业目标：
熟悉完全成本法与变动成本法的区别。
能够用完全成本法和变动成本法进行成本的计算、利润表的编制。
了解完全成本法和变动成本法各自的优缺点。
职业素养目标：
树立正确的社会主义核心价值观，坚守廉洁自律、诚实守信等职业素养。

导入案例

某家具公司，为了提高家具的生产质量，花300万元购买了一台打磨设备。假设这个固定投入分摊到每把椅子的成本是35元，其他生产成本是45元，那么，当椅子的价格降低到70元的时候，这个家具公司是选择退出市场、不再生产了，还是选择继续生产？这就需要管理会计部门准确分析企业成本，科学地作出经营决策。

根据上述资料，思考并回答以下问题。

家具公司计算决策成本时，基于变动成本法还是完全成本法？说明理由。

第一节 变动成本法概述

一、成本计算的含义

成本计算在现代会计学中的概念有狭义和广义之分。狭义的成本计算是指一般意义上成本核算，即对成本的归集和分配的过程。在成本核算中主要是以产品成本计算为主要内容。广义的成本计算是指现代意义上的成本管理系统，包括成本核算、成本计划、成本控制和成本考核等。管理会计学中使用的是广义成本计算概念。

二、成本计算的分类

1. 按成本计算流程的不同进行分类

成本计算的流程主要取决于企业的工艺技术和生产组织的特点及管理上的要求，表现为成本归集对象及期末存货计价方法等方面的不同。以此为标志，可将成本计算分为按批量不定期进行的分批成本计算（简称分批法）和按加工步骤定期进行的分步成本计算（简称分步法）。

2. 按成本计算时态的不同进行分类

按成本计算时态的不同，可将成本计算分为事先进行的估计成本计算、事后进行的实际成本计算和介于两者之间的标准成本计算。估计成本计算是按照经验对未来可能发生的成本进行的预计和估算；实际成本计算则是基于客观性和相关性的原则，为满足事后成本核算及分析而发展起来的，又称实际成本制度；标准成本计算是将事前的成本估算、事后的成本核算同事中的成本控制结合起来，据此来实现对成本的全过程控制的一种成本计算，又称标准成本制度。

3. 按成本计算对象类型的不同进行分类

按成本计算对象类型的不同，可将成本计算分为业务成本计算、责任成本计算和质量成本计算。业务成本计算的对象是企业的业务活动，目的是提供反映业务活动成果的成本参数；责任成本计算是以责任中心为成本计算对象，目的是对责任中心及其责任的考核，提供评价企业经营业绩的成本参数；质量成本计算则是为确保产品或服务质量而于近 20 年发展起来的一种全新的成本计算。

4. 按成本计算手段的不同进行分类

按成本计算手段的不同，可将成本计算分为手工操作式成本计算和电算化成本计算。手工操作式成本计算的每一个数据的取得、处理、传递和报告，都是依靠人的手工进行的。随着电子计算机在会计中的广泛应用，复杂的成本计算也被纳入电算化会计系统内。这种分类是区分传统成本计算和现代成本计算的主要标志之一。

5. 按成本计算规范性的不同进行分类

按成本计算规范性的不同，可将成本计算分为常规成本计算和特殊成本计算。常规成本计算程序相对稳定，规范性较强，可纳入日常成本核算体系，它主要用来提供日常管理所需的成本信息；特殊成本计算程序比较灵活，缺乏规范性，是为满足管理上的特殊需要而进行的成本计算。产品成本计算属于前者，决策成本计算属于后者。

6. 按产品成本、期间成本口径的不同和损益确定程序的不同进行分类

按产品成本、期间成本口径的不同和损益确定程序的不同，可将成本计算分为完全成本计算和变动成本计算。完全成本计算是财务会计核算成本的基本方法，它是在计算产品成本（即生产成本）与存货成本时，把直接材料、直接人工、变动制造费用和固定制造费用全部包括在内的一种成本计算方法。变动成本计算是管理会计学中核算成本的基本方法，它是根据成本习性的特点核算成本，在计算产品的生产成本和存货成本时，不把生产过程中的固定制造费用包括在内，并将这一部分费用以期间成本方式处理，作为边际贡献的减除项，列入利润表。

三、变动成本法的理论前提

变动成本法又称直接成本法，起源于 20 世纪 30 年代的美国。第二次世界大战后，变动成本法已广泛应用于美国、日本和西欧各国的企业内部管理中，成为企业进行经营决策和成本控制的有效方法。在这种方法下，当计算产品生产成本和期末存货成本时，只包括直接材料、直接人工和变动制造费用，不把固定制造费用列入产品成本，而是作为期间成本直接计入当期损益。由于变动成本法的产生，为了加以区别，人们就把传统的成本计算方法统称为完全成本法。

我国的企业会计制度要求采用完全成本法计算产品成本。美国会计界的一些权威机构，

如美国会计师协会、美国证券交易委员会、美国国家税务局,也主张采用完全成本法计算产品的单位成本,确定存货和利润。企业编制的对外报表,现在还是采用完全成本计算法。所以,从目前来看,这两种方法并不能相互取代,而是同时使用。变动成本法是为满足面向未来决策、强化企业内部管理的要求而产生的。由于它能够科学地反映成本与业务量之间、利润与销售量之间有变化规律的信息,因而有助于加强成本管理、强化预测、决策、计划、控制和业绩考核等职能,促进以销定产,减少或避免因盲目生产而带来的损失。因为在不考虑其他因素的情况下,企业的营业利润从理论上说是单价、成本和销售量这三个要素的函数,所以当单价和成本水平不变时,营业利润应该直接与销售量挂钩,营业利润的变动趋势应该直接与销售量的变动趋势相联系,而这一规律只有在变动成本法下才能得到充分体现。

变动成本法计算的基本原理是:产品成本只包括产品生产过程中所消耗的直接材料、直接人工和变动制造费用,而把固定制造费用作为当期的期间费用,全部列入利润表,从当期收入中直接扣除。

变动成本法计算的基本原理可以概括为以下三个方面。

1. 变动成本构成了产品价值的直接基础

在产品生产中使用的直接材料、直接人工和变动制造费用等开支有两个特点:一是构成产品的实体,它在创造产品、创造价值中是必不可少的;二是在产品完成之后不会再度发生,是真正用于产品的成本。在产品生产过程中发生的固定制造费用则不具有这两个特点,虽然它也是生产产品有关的开支,但其开支并非绝对不可避免。

2. 固定制造费用作为期间费用从总收入中扣除

固定制造费用主要是为企业提供一定的生产经营条件而发生的,这些生产经营条件一经形成,不管其实际利用程度如何,有关费用照样发生,同产品的实际生产没有直接联系,不会随着产量的增减而增减。它只是与会计期间相联系,并随着时间的消失而逐渐减少。因此,其效益不应当递延到下一个会计期间,而应当在费用发生的当期,全额列作期间费用从本期的销售收入中直接扣除。

3. 固定制造费用不计入成本,会影响当期利润总额

一般来说,若固定制造费用不计入产品成本而全部作为当期收入的减除项目,势必增加当期的费用,减少当期的利润。但如果从长远来看,因为固定制造费用不计入产品成本。虽然当期的费用会增加,但库存产品的成本会相应地下降。当这些下降了的库存产品出售时,销售成本也会相应地降低,利润就会增加。如果对各个期间的利润进行统计,两种不同的成本计算方法确定的利润总额应当是大体相等的。

课堂讨论
某公司业绩分析——完全成本法的缺点

某公司宣布业绩考核报告后,车间负责人李杰情绪低落。原来他任职以来积极开展降低成本活动,严格监控成本支出,考核中却没有完成责任任务,严重打击了工作积极性。财务负责人了解情况后,召集了有关成本核算人员,寻求原因。

该公司一直以"重质量、守信用"为原则,经营效果较好。近期,公司决定实行全员责任制,寻求更佳的效益。公司根据三年来实际成本资料,制定了较详尽的费用控制方法。

材料消耗实行定额管理,产品耗用优质木材,单件定额6元;人工工资实行计件工资制,计件单价3元;在制作过程中需用专用刻刀,生产每件工艺品限领1把,单价1.30元;劳保手套每产10件工艺品领用1副,单价1元。当月固定资产折旧费为8 200元,摊销办

公费 800 元,保险费 500 元,仓库租赁费 500 元,当期计划产量为 5 000 件。

车间实际组织生产时,根据当月订单组织生产 2 500 件,车间负责人李杰充分调动生产人员的工作积极性,改善加工工艺,严把质量关,降低了废品率,最终使材料消耗定额由每件 6 元降到 4.5 元,领用专用刻刀 2 400 把,价值 3 120 元。但是,在业绩考核中他却没有完成任务,出现了令人困惑的结果。

请你运用管理会计的相关知识分析出现这一考核结果的原因。

第二节 变动成本法和完全成本法的比较

变动成本法与完全成本法对固定制造费用的不同处理,导致了两种方法的一系列差异。主要表现在产品成本和期间成本的构成不同、存货成本和销货成本的构成不同和损益确定的程序不同。

一、产品成本和期间成本的构成不同

1. 完全成本法的构成

完全成本法将所有成本分为制造成本(或称生产成本,包括直接材料、直接人工和制造费用)和非制造成本(包括管理费用、销售费用和财务费用)两大类。将制造成本"完全"计入产品成本,而将非制造成本作为期间费用,全部计入当期损益,如图 3-1 所示。

图 3-1 完全成本法下成本的构成

图 3-2 变动成本法下成本的构成

2. 变动成本法的构成

变动成本法则是先将制造成本按成本性态划分为变动制造费用和固定制造费用两类,再将变动制造费用和直接材料、直接人工一起计入产品成本,而将固定制造费用与非制造成本一起列为期间费用。当然,按照变动成本法的要求,非制造成本也应划分为固定和变动两个部分,但是与制造费用划分后分别归属不同的对象有所不同的是,非制造成本划分的无论是固定部分还是变动部分都计入期间费用,如图 3-2 所示。

例 3-1 某企业只生产一种产品,年初库存为 0,当年生产 400 件,销售 300 件,销售单价为 300 元。该产品制造成本和非制造成本有关资料如表 3-1 所示。

表 3-1 成本资料表　　　　　　　　　　　　　　　　单位:元

直接材料	10 000	固定制造费用	12 000
直接人工	3 000	变动销售及管理费用	4 000
变动制造费用	3 000	固定销售及管理费用	2 000

根据以上资料,分别采用完全成本法和变动成本法计算产品的生产成本和期间成本如表3-2所示。

表 3-2 成本计算表   单位:元

项目	完全成本法	变动成本法
产品成本:		
直接材料	10 000	10 000
直接人工	3 000	3 000
制造费用	15 000	3 000
其中:		
变动制造费用	3 000	3 000
固定制造费用	12 000	
产品成本总额	28 000	16 000
单位产品成本	70	40
期间费用:		
固定期间成本	2 000	14 000
变动期间成本	4 000	4 000
期间成本总额	6 000	18 000

从上表计算结果可见,完全成本法下产品的单位生产成本为70元,变动成本法下产品的单位成本为40元;完全成本法下的期间成本为6 000元,变动成本法下的期间成本为18 000元。

二、存货成本和销货成本的构成不同

由于变动成本法与完全成本法下产品成本构成内容的不同,所以产成品和在产品存货的成本构成内容也就不同。采用变动成本法,不论是库存产成品、在产品还是已销产品,其成本均只包括制造成本中的变动部分,期末存货计价也只是这一部分。而采用完全成本法时,不论是库存产成品、在产品还是已销产品,其成本中均包括了一定份额的固定制造费用,期末存货计价当然也包括了这一份额。

很显然,变动成本法下的期末存货计价必然小于完全成本法下的期末存货计价。前例中,按照完全成本法计算的期末存货成本为7 000元(100×70);按照变动成本法计算的期末存货成本为4 000元(100×40)。同理,变动成本法下的销货存货计价必然大于完全成本法下的销货存货计价,前例中,按照完全成本法计算的销货成本为21 000元(300×70);按照变动成本法计算的销货成本为12 000元(300×40)。

变动成本法与完全成本法下"产品成本的构成内容不同"与"存货成本和销货成本的构成内容不同"是相关联的两个问题,也可以说是同一问题的两个方面。产品成本的构成内容不同,自然存货成本的构成和销货成本内容也就不同,而存货成本上的差异又会对损益的计算产生影响。

三、损益确定的程序不同

完全成本法下的产品成本既包括变动成本又包括固定成本。换句话说,完全成本法下对固定成本的补偿是由当期生产的产品承担，期末未销售的产品与当期已销售的产品承担着相同的份额。

变动成本法下的产品成本只包括变动成本，而将固定成本当作期间费用，也就是说对固定成本的补偿应当由当期销售的产品承担。

根据完全成本法和变动成本法的特点，两种方法计算息税前利润的公式如下。

1. 完全成本法

销售毛利＝销售收入－销售生产成本
　　　　＝销售收入－（期初存货成本＋本期生产成本－期末存货成本）
税前净利＝销售毛利－期间成本
　　　　＝销售毛利－（管理费用＋销售费用＋财务费用）

2. 变动成本法

边际贡献（制造部分）＝销售收入－变动生产成本
边际贡献（全部）＝边际贡献（制造部分）－变动销售管理成本
税前净利＝边际贡献（全部）－固定成本
　　　　＝边际贡献（全部）－（固定制造费用＋固定销售管理费用）
　　　　＝销售收入－变动生产成本－全部销管成本－固定制造费用

例 3-2 以例 3-1 的资料，分别采用完全成本法和变动成本法计算出当期税前利润。按照以上公式计算息税前利润的过程如表 3-3 所示。

表 3-3 损益计算　　　　　　　　　　　　　　　　　　　单位：元

损益计算过程 \ 成本计算	完全成本法	变动成本法
销售收入	300×300＝90 000	300×300＝90 000
减：销售成本		
期初存货成本	0	0
本期生产成本	400×70＝28 000	400×40＝16 000
期末存货成本	100×70＝7 000	100×40＝4 000
销售成本	0＋28 000－7 000＝21 000	0＋16 000－4 000＝12 000
销售毛利	90 000－21 000＝69 000	90 000－12 000＝78 000
减：期间成本		
变动销售及管理费用	4 000	4 000
全部边际贡献		78 000－4 000＝74 000
固定销售及管理费用	2 000	2 000
固定制造费用		12 000
息税前利润	69 000－4 000－2 000＝63 000	74 000－2 000－12 000＝60 000

从表 3-3 可以看出，不同成本法下所计算出的息税前利润不同。采用变动成本法时，息税前利润为 60 000 元，采用完全成本法时，计算出的息税前利润为 63 000 元。两种方法计算结果相差了 3 000 元，这 3 000 元恰好是期末存货中所包含的固定制造费用部分（100×30），而在变动成本法下，这 3 000 元固定制造费用是作为期间费用在当期的损益中全部扣除了。换句话来说，这 3 000 元在完全成本法下被视为"一种可以在将来换取收益的资产"列入了

资产负债表，而在变动成本法下则被视为"取得收益而已然丧失的资产"列入了利润表。

课堂讨论

大华股份有限公司是生产化妆品的企业，本月发生的成本费用如下：生产产品耗用原材料 26 000 元，生产工人工资 30 000 元，生产设备折旧费 9 000 元，燃料和动力 7 000 元，广告费 5 400 元，销售人员工资 9 000 元，管理人员工资 7 000 元，差旅费 2 500 元，保险费 900 元，管理部门车辆折旧费 600 元，职工培训费 2 500 元，研发费 5 000 元，电话费 800 元。依据上述资料，思考并回答下述问题。

(1) 以上哪些成本和费用构成产品的生产成本？哪些属于非生产成本？
(2) 哪些成本与企业的业务量（产量或销售）有关？
(3) 思政德育思考：作为当代大学生，我们应该如何为自己的人生作一个合理的规划，如何逐步实现自己的人生目标？

第三节 两种成本法对损益影响的变动规律

上一节例题中固定成本处理方法上的不同，对两种成本计算方法下的损益计算产生不同影响，影响的程度取决于产量和销量的均衡程度，产销越均衡，两种成本计算法下所计算的损益相差就越小，反之则越大。只有当产成品实现所谓的"零存货"，即产销绝对均衡时，损益计算上的差异才会消失。事实上，产销绝对均衡只是个别的和理想化的，不均衡才是普遍的和现实的，这也是研究本问题的意义所在。

一、产量相等销量不等时的损益

例 3-3 假设某企业从事单一产品的生产，只生产甲产品，该产品最近 3 年有关资料如表 3-4 所示。

表 3-4 甲产品产销情况   单位：件

项目	第 1 年	第 2 年	第 3 年	合计
期初存货量	500	500	1 500	500
本期生产量	8 000	8 000	8 000	24 000
本期销售量	8 000	7 000	9 000	24 000
期末存货量	500	1 500	500	500

甲产品每件售价 12 元，单位变动生产成本 5 元，固定制造费用 24 000 元，固定销售及管理费用总额 25 000 元。分别采用变动成本法和完全成本法计算连续这 3 年的息税前利润。

采用变动成本法和完全成本法计算各年损益情况分别见表 3-5 和表 3-6。

表 3-5 变动成本法损益计算表   单位：元

序号	项目	第 1 年	第 2 年	第 3 年	合计
①	销售收入（销售量×12）	96 000	84 000	108 000	288 000
②	销售成本（销售量×5）	40 000	35 000	45 000	120 000
③	边际贡献①－②	56 000	49 000	63 000	168 000

续表

序号	项 目	第1年	第2年	第3年	合计
④	固定制造费用	24 000	24 000	24 000	72 000
⑤	固定销售及管理成本	25 000	25 000	25 000	75 000
⑥	固定成本④+⑤	49 000	49 000	49 000	147 000
⑦	税前净利	7 000	0	14 000	21 000

表 3-6 完全成本法损益计算表　　　　　　　　　　单位：元

序号	项 目	第1年	第2年	第3年	合计
①	销售收入（销售量×12）	96 000	84 000	108 000	288 000
②	销售成本	—	—	—	—
③	期初存货成本	4 000	4 000	12 000	4 000
④	本期生产成本	64 000	64 000	64 000	192 000
⑤	可供销售产品成本③+④	68 000	68 000	76 000	196 000
⑥	期末存货成本	4 000	12 000	4 000	4 000
⑦	销售成本⑤-⑥	64 000	56 000	72 000	192 000
⑧	销售毛利①-⑦	32 000	28 000	36 000	96 000
⑨	销售及管理成本	25 000	25 000	25 000	75 000
⑩	税前净利	7 000	3 000	11 000	21 000

通过以上计算结果可见，各年生产数量不变的情况下，第1年由于期初存货数量和期末存货数量一样，两种不同成本法计算的损益是一样的，都为7 000元。第2年由于销售量下降，期末存货成本增加了1 000件，从而使得采用完全成本法计算的损益比采用变动成本法计算的损益增加了3 000元，这3 000元恰好是期末增加的存货中所含有的固定制造费用（1 000×3）。第3年又扩大了销售，采用变动成本法计算的损益比采用完全成本法计算的损益增加了3 000元，这3 000元恰好是当年减少的存货1 000件所包含的固定制造费用。第3年末的存货数量与第1年年初存货的数量相等，表明这3年达到了产销平衡，从而使得这3年采用两种不同成本法计算的损益之和相等，均为21 000元。

以上计算结果是在各年生产量不变的情况下，那么，当各年生产量不同的情况下又将是什么结果呢？我们通过下面的例题来看看。

二、产量不等销量相等时的损益

例 3-4　某企业最近3年只生产一种甲产品，产销情况见表3-7。

表 3-7 甲产品产销情况　　　　　　　　　　单位：件

项 目	第1年	第2年	第3年	合计
期初存货量	0	0	2 000	0
本期生产量	6 000	8 000	4 000	18 000
本期销售量	6 000	6 000	6 000	18 000
期末存货量	0	2 000	0	0

甲产品每件售价 10 元，单位变动生产成本 4 元，固定制造费用 24 000 元，固定销售及管理费用总额 6 000 元。分别采用变动成本法和完全成本法计算连续这 3 年的息税前利润。

采用变动成本法和完全成本法计算各年损益情况分别见表 3-8 和表 3-9。

表 3-8　变动成本法损益计算表　　　　　　　　　　　　　　单位：元

序号	项　目	第 1 年	第 2 年	第 3 年	合计
①	销售收入（销售量×10）	60 000	60 000	60 000	180 000
②	销售成本（销售量×4）	24 000	24 000	24 000	72 000
③	边际贡献①－②	36 000	36 000	36 000	108 000
④	固定制造费用	24 000	24 000	24 000	72 000
⑤	固定销售及管理成本	6 000	6 000	6 000	18 000
⑥	固定成本④＋⑤	30 000	30 000	30 000	90 000
⑦	税前净利	6 000	6 000	6000	18 000

表 3-9　完全成本法损益计算表　　　　　　　　　　　　　　单位：元

序号	项　目	第 1 年	第 2 年	第 3 年	合计
①	销售收入（销售量×10）	60 000	60 000	60 000	180 000
②	销售成本	—	—	—	—
③	期初存货成本	0	0	14 000	0
④	本期生产成本	48 000	56 000	40 000	144 000
⑤	可供销售产品成本③＋④	48 000	56 000	54 000	144 000
⑥	期末存货成本	0	14 000	0	0
⑦	销售成本⑤－⑥	48 000	42 000	54 000	144 000
⑧	销售毛利①－⑦	12 000	18 000	6 000	36 000
⑨	销售及管理成本	6 000	6 000	6 000	18 000
⑩	税前净利	6 000	12 000	0	18 000

从上面的计算结果可见，由于各年的销量相同，所以按变动成本法计算的各年的息税前利润相等，均为 6 000 元。这是因为尽管各年的产量不同，但由于各年的固定制造费用全部作为固定成本进入了当期损益，所以，当其他条件不变时，息税前利润也就保持不变。由于各年的产量发生了变化，所以按照完全成本法所计算的各年的息税前利润完全不同。导致这种结果的原因就在于固定制造费用需要在所生产的产品中进行分摊。上例中第 2 年的息税前利润最大，这是因为第 2 年的产量 8 000 件，大于销量 6 000 件，期末产品存货 2 000 件成本中负担了相应份额的固定制造费用 6 000 元（2 000×3）。第 3 年的情况恰好相反，销量 6 000 件，大于产量 4 000 件。从而使得第 3 年采用变动成本法计算的利润大于采用完全成本法计算的利润。其原因是第 3 年的销售成本中不仅包括了由当年产品所负担的固定制造费用，还包括了伴随着年初存货的销售而"递延"到了本期的固定制造费用。

三、变动规律及损益差异的原因

通过分析以上例题，我们可以总结出以下规律。

（1）当期末存货量不为零，而期初存货量为零，完全成本法计算确定的税前净利大于变动成本法计算确定的税前净利。其差额＝本期单位固定制造费用×期末存货量。

（2）当期初存货量不为零，而期末存货量为零，完全成本法计算确定的税前净利小于变动成本法计算确定的税前净利。其差额＝期初存货单位固定制造费用×期初存货量。

（3）当期初存货量和期末存货量均为零，完全成本法计算确定的税前净利等于变动成本法计算确定的税前净利。

（4）当期初存货量和期末存货量均不为零，而且其单位产品包含的固定制造费用相等时，两种成本计算方法下的税前净利之间的关系取决于当期产品生产的产销平衡关系：

① 产销平衡时，完全成本法计算确定的税前净利等于变动成本法计算确定的税前净利；

② 产大于销时，完全成本法计算确定的税前净利大于变动成本法计算确定的税前净利；

③ 产小于销时，完全成本法计算确定的税前净利小于变动成本法计算确定的税前净利。

（5）当期初存货量和期末存货量均不为零，而且其单位产品包含的固定制造费用不相等时，两种成本计算方法下的税前净利的差额＝期末存货中固定制造费用－期初存货中固定制造费用。

第四节　变动成本法的评价

一、变动成本法的优点

变动成本法的产生有其客观必然性，随着社会经济的不断发展，变动成本法在企业的实际管理中发挥着越来越重要的作用。这是由于变动成本法具有完全成本法所不具有的优点，变动成本法的优点主要表现在以下几方面。

1. 变动成本法增强了成本信息的有用性，有利于企业的短期决策

企业的短期经营决策一般是不考虑生产经营能力的，而只是关注成本、产量、利润之间的消长关系。采用变动成本法能够揭示这种关系，提供各种产品的盈利能力、经营风险等重要信息。从前面的分析中可以看出，完全成本法下计算的利润受到存货变动的影响，而这种影响是不符合实际情况的：尽管产品的生产是企业实现利润的必要条件之一，但不是充分条件，只有产品销售出去，其价值才算为社会所承认，企业也才能取得收入和利润。而完全成本法下反映的是多生产即可多得利润，这种关系不符合逻辑。当然，在产销均衡的条件下，多生产会多得利润。这时变动成本法和完全成本法计算的结果是完全一致的。

2. 变动成本法更符合"配比原则"的精神

变动成本法将成本划分为两大类。一部分是直接与产品数量有联系的变动成本，包括直接材料、直接人工和变动制造费用。这部分成本需要按产品销售比例，将其中已销售的部分转作当期费用，同本期销售收入相配比，另外将未销售的产品成本转作存货成本，以便与未来预期获得的收益相配比。另一部分是同产品生产数量没有直接关系的固定成本，即固定制造费用，这部分成本是企业为维持正常生产能力所必须负担的成本，与生产能力的利用程度无关，既不会因为产量的提高而增加，也不会因为产量的减少而下降，只会随着时间的推移而减少，故应全部作为期间成本，同本期的收益相配比。

3. 变动成本法便于企业加强管理

成本升降主要有两种影响因素：一是产量；二是成本控制。变动成本法可以区分由于产量的变动所引起的成本升降和成本控制所引起的成本升降。通过制定标准成本和费用预算、

考核执行情况、兑现奖惩是达到加强企业管理这一目标的一种有效的做法。

4. 变动成本法有利于促使管理者重视销售工作，防止盲目生产

变动成本法下，产量的高低与存货的增减对税前净利都没有影响。在销售单价、单位变动成本、销售组合不变的情况下，企业的税前净利将只随销售量的增减变化发生同向变化。这样一种信息必然会使管理者更加重视销售环节，把注意力更多地集中在分析市场动态、开拓销售渠道、以销定产，从而防止盲目生产。

由于完全成本法重视生产，变动成本法重视销售，那么，随着生产力水平的不断提高，资本有机构成不断上升，设备折旧费这项固定制造费用在两种不同的成本方法下的"杠杆作用"也就会越来越大。即，它会使管理者在完全成本法下更重视生产，在变动成本法下更重视销售。

5. 简化成本计算工作，避免固定制造费用分配上的主观臆断性

在变动成本法下，固定制造费用被全部作为期间成本从当期的收益中全部扣除，从而省略了各种固定制造费用的分摊工作，这样做大大简化了产品成本的计算工作，也避免了固定制造费用分配中出现的主观臆断性。

6. 变动成本法为管理会计的系统方法奠定了基础

利用变动成本法的资料可深入进行本—量—利分析和日常的经营风险分析；有利于边际贡献分析方法的应用；有利于建立弹性预算、制定标准成本、实行责任会计。

二、变动成本法的缺点

与完全成本法相比较，变动成本法具有以上优点，但任何事物都有两面性，存在优点的同时也伴随着缺点。对于变动成本法，主要的缺点表现在以下几个方面。

1. 不符合传统产品成本概念的要求

传统的成本观念认为，产品成本是"一切可以计入存货的制造成本"，是"为了生产产品或为了销售而购置的产品所发生的成本"。那么，从这样的观念来认识产品成本的话，成本中就应该既包括固定成本又包括变动成本，也就是说，固定制造费用就应当作为成本的一部分，而变动成本法是把这部分作为期间费用来处理的。

2. 按成本性态进行成本的划分，其本身具有局限性

成本性态分析将成本划分成变动成本和固定成本只是一种粗略的计算，结果并不是十分精确，只能反映成本与业务量变动的大致趋势，况且，"相关范围"随着不同的时间、不同的产量、不同的企业在不断发生着变化，是一个动态的条件。人们把握变动的事物在一定程度上受人的判断能力影响，不同的人其判断的标准和能力存在着差异，这更决定了变动成本和固定成本划分的不准确性。

3. 不利于长期决策，特别是定价决策

由于成本性态分析的相关范围是一个动态的条件，从而也决定了变动成本法不适宜用于长期决策。因为长期决策要解决的是生产能力的增减和经验规模的扩大或缩减的问题，涉及的时间长，必然会不断地突破相关范围的限制。

变动成本与完全成本法相比存在着以上的优缺点，两种成本法的优缺点是相互弥补的。完全成本法的优点主要表现为：符合人们传统产品成本观念，反映了生产产品发生的全部耗费，以此确定产品实际成本和损益，满足对外提供报表的需要，容易被企业外部各界所接受。完全成本法反映的是生产量与利润之间的关系，生产量越多，企业利润越大，有助于刺激企业加速生产发展的积极性。

但是，完全成本法也存在着不足，主要表现为：用完全成本法计算出来的单位产品成本不仅不能反映生产部门的真实业绩，反而掩盖或夸大了他们的生产业绩；采用完全成本法计算所确定的分期损益，其结果往往难于为管理部门所理解，甚至会鼓励企业片面追求产量，盲目生产，造成积压和浪费；由于成本未按照成本性态将变动成本和固定成本分开，不利于预测、决策分析，不利于弹性预算的编制；在产品成本计算时，对于固定制造费用的分摊有许多方法可以使用，难免受到会计主管人员主观判断的影响，带有一定的主观随意性。

本章小结

变动成本法与完全成本法最大的区别就是固定制造费用是否计入产品成本，变动成本法不计入，完全成本法计入。

两种成本计算方法下的税前净利之间的关系取决于当期产品生产的产销平衡关系：

产销平衡时，完全成本法计算确定的税前净利等于变动成本法计算确定的税前净利；

产大于销时，完全成本法计算确定的税前净利大于变动成本法计算确定的税前净利；

产小于销时，完全成本法计算确定的税前净利小于变动成本法计算确定的税前净利。

变动成本法最大的优点在于促使管理者重视销售工作，防止企业进行盲目生产。

拓展阅读

1.《管理会计应用指引第 303 号——变动成本法》。
2.《强化战略研判产业协同降本》。
3.《变动成本法和完全成本法的结合应用》。

即测即评

思考与练习

一、思考题

1. 什么是完全成本法？在完全成本法下，产品成本和期间费用是由哪些成本构成的？
2. 什么是变动成本法？在变动成本法下，产品成本和期间费用是由哪些成本构成的？
3. 完全成本法和变动成本法各有什么优缺点？
4. 完全成本法和变动成本法计算税前净利的程序有什么不同？

二、计算分析题

已知某企业本期有关资料如下：单位直接材料成本 10 元，单位直接人工成本 5 元，单位变动制造费用 7 元，固定制造费用总额 4 000 元，单位变动销售与管理费用 4 元，固定销售与管理费用 1 000 元。期初存货为零，本期生产量 1 000 件，销售量 600 件，单位售价 40 元。要求：分别按两种成本法的有关公式计算下列指标:(1)单位产品成本;(2)期间费用;(3)销货成本;(4)营业利润。将计算结果填入表 3-10 中。

表 3-10　两种成本法计算指标　　　　　　　　　　　　　单位:元

方法 项目	变动成本法	完全成本法
单位产品成本		
期间费用		
销货成本		
营业利润		

第四章 本—量—利分析

学习目标

专业目标:
理解本—量—利分析的概念和假设条件。
掌握本—量—利分析的基本公式和相关指标的计算。
掌握保本分析和保利分析的模型。
掌握利润的敏感性分析及应用。
职业素养目标:
树立正确的价值观,勇于承担社会责任;厉行节约,高效、合理利用资源,促进企业和社会的和谐、可持续发展。

导入案例

小李同学是一名会计专业的学生,在大四找工作过程中屡屡碰壁,后来结合自己的兴趣和家庭经营餐厅的经验,决定自主创业开一个抄手店。经过调研,获得以下数据。

房租 4 000 元/月,办理卫生许可证等费用 1 000 元,装修费 5 000 元,购买桌椅、电扇、空调等固定资产 3 000 元,雇工人 2 人,每月包吃住工资 2 000 元/人,水、电、煤 1 000 元/月,税费等 500 元/月。抄手价格:10 元/碗,每碗抄手的变动成本 4.2 元。

根据上述资料,思考并回答以下问题。

(1)每天平均要卖多少碗抄手可保本?
(2)若要实现 6 000 元/月的利润,每天需要卖多少碗抄手?
(3)根据消费者的不同需求,小李决定把抄手分为大、中、小碗三种规格,其每碗的价格分别为 14 元、12 元和 10 元,请问要想保本,每种规格需要卖多少碗?
(4)大学生创业的相关优惠政策有哪些?大学生应具备哪些素质和能力?大学期间如何提升自身的职业素养?

第一节 本—量—利分析概述

一、本—量—利分析的含义

本—量—利分析(cost-volume-profit analysis)是成本—业务量—利润依存关系分析的简称,也称为 CVP 分析。它是在成本性态分析和变动成本法的基础上,运用数学模型或图形，通过对成本、业务量、利润等因素进行综合分析，揭示变量之间的内在规律性，为会计预测、决策、规划和业绩考评提供必要的财务信息的一种定量分析方法。

早在1904年，美国就已经出现了最原始的有关CVP分析图的文字记载。1922年，美国哥伦比亚大学的一位会计学教授提出了完整的盈亏临界点分析理论。20世纪50年代以后，CVP分析技术在西方会计实践中得到了广泛应用，其理论更加完善，成为现代管理会计学的重要组成部分，是管理会计的核心内容。

本—量—利分析所提供的原理和方法在管理会计中有着广泛的应用。它与预测相结合，进行盈亏临界点、目标利润实现的业务量预测；也可以与风险分析相联系，可促使企业努力降低经营风险；还可以用于生产决策、定价决策，在全面预算、成本控制和责任会计中也发挥着积极的作用。

二、本—量—利分析的基本假设

为了便于揭示成本、业务量及利润三者之间的数量关系，本—量—利分析主要以下述假定为基本前提。

（一）成本性态分析假设

假设企业的全部成本已经依照成本性态划分为变动成本和固定成本两大类，有关成本性态模型已经建立起来。

（二）线性假设

假设在一定时期内，业务量总是在保持成本水平和单价水平不变的范畴内变化的，于是固定成本总额的不变性和单位变动成本的不变性在相关范围内能够得以保证，成本函数表现为线性方程。该假设具体包含以下几个方面的内容。

1. 固定成本保持不变假设

在本—量—利分析中，固定成本在相关范围内保持不变。在一定生产能力、一定时期，这一假设成立；但若超出相关范围，如企业增大规模或新增设备，就会使固定成本增加。

2. 变动成本与产量（销量）呈完全线性关系假设

在本—量—利分析中，变动成本总额和业务量呈正比例的变动关系，即单位产品变动成本保持不变。但这一假设也只是在相关范围内才能成立，超过了这一范围，单位变动成本就会发生变化，则成本与业务量的线性关系需要重新构建。

3. 销售收入与销售量呈完全线性关系假设

在本—量—利分析中，通常都假设产品的单价固定不变，且产品销售收入同销售量之间呈正比例的变动关系。但在市场条件下，产品的价格受多种因素制约，价格往往不相等。如果没有这一假设，预计销售收入和实际销售收入之间会产生很大的差异，本—量—利分析的预测行为将会失去意义。

（三）产销平衡假设

假设当期产品的产量与业务量相一致，不考虑产品存货水平变动对利润的影响。即假设每期生产的产品总量总是能在当期全部销售出去，产量和销售数量相等，实现产销平衡。

（四）产品品种结构不变假设

本—量—利分析假设在生产和销售多种产品的企业中，各种产品的边际贡献相同时，本—量—利分析将不受产品品种结构变化的影响。

若假设各种产品的品种结构保持不变，即各种产品在销售中所占的比重保持不变，可以使多品种的本—量—利分析在单一品种结构下进行，从而有利于在相关范围内揭示各变量之间的内在规律。

(五) 变动成本法假设

假设产品成本是按照变动成本法计算的。即产品成本中只包含变动生产成本，而所有的固定成本总额均作为期间成本处理。

三、本—量—利分析的基本公式

基于上述假设，将成本、业务量和利润三者之间的关系用方程式来呈现，就是本—量—利基本公式：

$$营业利润 = 销售收入 - 成本总额$$
$$= 销售收入 - 变动成本总额 - 固定成本总额$$

如果企业只产销单一品种产品时，上述公式可展开为：

$$营业利润 = 单价 \times 销售量 - 单位变动成本 \times 销售量 - 固定成本$$
$$= (单价 - 单位变动成本) \times 销售量 - 固定成本$$

即：$TP = (p - b)x - a$

式中，TP 表示营业利润；p 表示单价；b 表示单位变动成本；x 表示销售量；a 表示固定成本总额。

本—量—利分析就是围绕上述基本公式，对各因素之间变动导致的影响进行系统的分析。

四、相关指标的计算

(一) 边际贡献相关指标

在本—量—利分析中，边际贡献是一个十分重要的概念。边际贡献有边际贡献总额、单位边际贡献、边际贡献率三种表现形式。

1. 边际贡献总额 (TCM)

边际贡献总额是指产品的销售收入与相应变动成本之间的差额。反映的是一定业务量的销售收入在补偿了变动成本之后，对固定成本补偿和创造利润的贡献。只有一定业务量的销售收入补偿完变动成本之后，才可能补偿固定成本，为企业提供利润。

$$边际贡献总额 = 销售收入 - 变动成本 = px - bx$$
$$= 单位边际贡献 \times 销售量$$
$$= (p - b)x = cm \cdot x$$
$$= 销售收入 \times 边际贡献率 = px \cdot CMR$$
$$= 固定成本 + 营业利润$$

式中，p 表示单价；x 表示销售量；b 表示单位变动成本；cm 表示单位边际贡献；CMR 表示边际贡献率。

2. 单位边际贡献 (cm)

单位边际贡献是指产品的销售单价减去单位变动成本的差额

$$单位边际贡献 = 单价 - 单位变动成本 = p - b$$
$$= \frac{边际贡献总额}{销售量} = \frac{TCM}{x}$$

3. 边际贡献率 (CMR)

边际贡献率：是指边际贡献总额占销售收入总额的百分比。

$$边际贡献率=\frac{边际贡献总额}{销售收入}=\frac{TCM}{px}$$

$$=\frac{单位边际贡献}{单价}=\frac{cm}{p}$$

$$=1-变动成本率$$

(二) 变动成本率

与边际贡献率紧密关联的指标是变动成本率。变动成本率是指变动成本占销售收入的百分比,也可表示为单位变动成本占单价的百分比。

$$变动成本率=\frac{变动成本}{销售收入}\times 100\%=\frac{bx}{px}\times 100\%$$

$$=\frac{单位变动成本}{单价}\times 100\%=\frac{b}{p}\times 100\%$$

变动成本率与边际贡献率的关系如下式所示:

$$变动成本率(bR)=1-边际贡献率(CMR)$$

可见,两者属于互补性质,企业或产品的变动成本率高,则其边际贡献率低,创利能力低;反之,变动成本率低,则其边际贡献率高,创利能力高。

例 4-1 甲企业只生产 A 产品,单价 100 元/台,单位变动成本 60 元/台,本期实现销售 500 台,发生固定成本 10 000 元。

要求:(1) 计算 A 产品的单位边际贡献、边际贡献总额和边际贡献率;

(2) 计算企业的营业利润;

(3) 计算 A 产品的变动成本率;

(4) 验证变动成本率与边际贡献率关系。

解析:(1) 单位边际贡献 $cm=p-b=100-60=40$(元/台)

边际贡献总额 $TCM=(p-b)x=40\times 500=20\ 000$(元)

边际贡献率 $CMR=\frac{cm}{p}=\frac{40}{100}=40\%$

(2) 营业利润=边际贡献-固定成本=$20\ 000-10\ 000=10\ 000$(元)

(3) 变动成本率 $bR=\frac{60}{100}\times 100\%=60\%$

(4) $40\%+60\%=1$

第二节 盈亏临界点分析

一、盈亏临界点的含义

盈亏临界点又称保本点,是指企业收入和成本相等时的一种经营状态。在盈亏临界点,边际贡献正好抵偿全部固定成本,利润为零,企业处于既不盈利也不亏损的状态。

保本点通常有两种表现形式:一是保本点销售量,简称保本量;二是保本点销售额,简称保本额。

二、单一品种的盈亏临界点分析

预测单一品种盈亏临界点的方法通常有两大类:公式法和图解法。

1. 公式法

盈亏临界点就是使利润等于零时的销售量，据此，本—量—利分析的基本模型可转换成：

营业利润＝单价×销售量－单位变动成本×销售量－固定成本

0＝(单价－单位变动成本)×盈亏临界点的销售量－固定成本

由此可以得到，盈亏临界点计算的基本模型：

$$盈亏临界点的销售量＝\frac{固定成本}{单价－单位变动成本}＝\frac{固定成本}{单位边际贡献}$$

盈亏临界点的销售额＝盈亏临界点销售量×单价

又因：$$边际贡献率＝\frac{边际贡献}{销售收入}$$

营业利润＝边际贡献－固定成本

0＝边际贡献率×销售收入－固定成本

$$盈亏临界点的销售额＝\frac{固定成本}{边际贡献率}＝\frac{固定成本}{1－变动成本率}$$

例 4-2 甲公司销售 M 产品 800 000 件，单位售价为 200 元，单位变动成本 100 元，固定成本为 500 000 元，

要求：(1) 计算 M 产品的盈亏临界销售量。
(2) 计算 M 产品的盈亏临界销售额。

解析：

(1) $$盈亏临界点销售量＝\frac{固定成本}{单位售价－单位变动成本}＝\frac{500\ 000}{200－100}＝5\ 000（件）$$

$$边际贡献率＝\frac{单位边际贡献}{单位售价}＝\frac{200－100}{200}＝50\%$$

(2) $$盈亏临界点销售额＝\frac{固定成本}{边际贡献率}＝\frac{500\ 000}{50\%}＝1\ 000\ 000（元）$$

2. 图解法

图解法就是将盈亏临界点分析反映在直角坐标系中，并且能够运用图形进行分析。具体步骤分为以下三步。

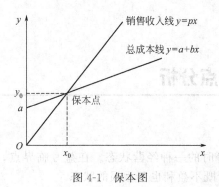

图 4-1 保本图

(1) 画销售收入线 $y＝px$。

(2) 画总成本线 $y＝a＋bx$。

(3) 交叉点即为保本点，x_0 为保本量，y_0 为保本额。

保本图如 4-1 所示。

三、多品种的盈亏临界点分析

现实生活中，企业不可能只产销一种产品，往往以多品种形式生产。当企业产销多种产品时，由于多品种产品的实物计量、销售单价、单位变动成本等方面存在差异，实物量指标之间不具有可比性，因此，盈亏临界点通常不能表现为用实物量指标来计量的盈亏临界点销售量，往往表现为用货币量指标来计量的盈亏临界点销售额。在多品种条件下，盈亏临界点常用计算方法很多，主要有联合单位法、综合边际贡献率法、分算法等。

1. 联合单位法

联合单位法是指在事先掌握多品种之间客观存在的相对稳定产销实物量比例的基础上，确定每一联合单位的单价和单位变动成本，进行多品种条件下本—量—利分析的一种方法。

该方法主要适用于有严格产出规律的联产品生产企业。例如企业同时生产L、M、N三种产品，经过多年的销售经验发现，这三种产品之间的销量长期保持比较稳定的比例关系，这三种产品的产销量比为1∶2∶3。则这1件L产品、2件M产品和3件N产品之间就构成了一组产品，简称联合单位。

该方法的实质是将多种产品盈亏临界点的计算问题转换为单一产品盈亏临界点问题的计算。根据存在稳定比例关系的产品之间的销量比，可以计算出每一联合单位的联合单位边际贡献和联合单位变动成本，并以此计算整个企业的联合盈亏临界点销售量以及各产品盈亏临界点销售量。其计算方法为：

企业综合盈亏临界点销售额＝盈亏临界点联合单位×联合单位售价

某产品的盈亏临界点销售量＝盈亏临界点联合单位×该产品的产销量比

其中：

$$盈亏临界点联合单位 = \frac{企业固定成本总额}{联合单位边际贡献}$$

联合单位边际贡献＝联合单位售价－联合单位变动成本

联合单价＝Σ各产品单价×各产品比重

联合单位变动成本＝Σ各产品变动成本×各产品比重

例 4-3 某企业计划期内生产经营甲、乙、丙三种产品，其销售量规律体现了三者之间存在稳定的比例关系，固定成本投资总额为 300 000 元。其他有关资料如表 4-1 所示。

要求：用联合单位法计算企业的综合盈亏临界点销售额和各产品的盈亏临界点销售量。

表 4-1 某企业产品资料表

项目	甲产品	乙产品	丙产品
预计产销数量/件	2 000	4 000	6 000
产品单位售价/元	40	30	50
单位变动成本/元	30	15	30
单位边际贡献/元	10	15	20

解：

（1）确定产品销量比。

甲∶乙∶丙＝2 000∶4 000∶6 000＝1∶2∶3

（2）确定联合单位边际贡献。

联合单位边际贡献＝40×1＋30×2＋50×3－(30×1＋15×2＋30×3)＝100（元）

或者联合单位边际贡献＝10×1＋15×2＋20×3＝100（元）

（3）确定盈亏临界点联合单位。

$$盈亏临界点联合单位 = \frac{300\ 000}{100} = 3\ 000（联合单位）$$

（4）确定企业的综合盈亏临界点销售量。

联合单位售价＝40×1＋30×2＋50×3＝250（元）

综合盈亏临界点销售额＝3 000×250＝750 000（元）

（5）确定各产品盈亏临界点销售量。

甲产品的盈亏临界点销售量＝3 000×1＝3 000（件）
乙产品的盈亏临界点销售量＝3 000×2＝6 000（件）
丙产品的盈亏临界点销售量＝3 000×3＝9 000（件）

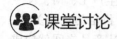课堂讨论

联合单位法在生活中的应用

通常，大多数企业在生产经营中都会同时生产和销售多种产品，并且产品的销量之间存在着稳定的比例关系，如：1辆小汽车配4个轮子，1副眼镜配2个镜片等。那么我们是否可以尝试分析出汽车制造厂和眼镜生产商的多品种盈亏平衡问题呢？

讨论：1. 试想生活中还有哪些产品之间具备稳定的销量关系？是否可以将其按照稳定的比例换算为联合单位？

2. 在当前的电子商务平台销售中，是否可以利用大数据分析获得相关产品之间是否存在稳定的销售比例关系？试举例说明。

2. 综合边际贡献率法

综合边际贡献率法又称加权平均法。在产品品种结构稳定不变的情况下，企业可以在计算综合边际贡献率的基础上确定综合盈亏临界点以及各种产品的盈亏临界点。综合边际贡献率法是指以各种产品的边际贡献为基础计算加权平均边际贡献率，然后，再据以计算综合盈亏临界点销售额的计算方法。其具体计算方法为：

$$\text{企业的综合盈亏临界点销售额} = \frac{\text{固定成本总额}}{\text{综合（加权平均）边际贡献率}}$$

$$\text{综合（加权平均）边际贡献率} = \sum \text{某产品的边际贡献率} \times \text{该产品的销售比例}$$

$$\text{某产品的销售比例} = \frac{\text{该种产品的销售收入}}{\text{全部产品的销售收入合计}}$$

$$\text{某产品盈亏平衡点销售额} = \text{综合盈亏平衡点销售额} \times \text{该产品销售比例}$$

$$\text{某产品盈亏平衡点销售额} = \text{某产品盈亏平衡点销售额} / \text{单价}$$

例 4-4 某企业计划期生产并销售A、B、C三种产品，其单价、成本和销量数据如表 4-2 所示，计划期内企业固定成本总额为 21 200 元。

要求：运用综合边际贡献率法计算该企业 A、B、C 三种产品的保本销售额与销售量。

表 4-2 产品资料表

项目	A 产品	B 产品	C 产品
单价	60 元	20 元	10 元
单位变动成本	48 元	15 元	6 元
预计销量	1 500 件	3 000 套	5 000 台

解析：

（1）计算各种产品的边际贡献率。

A 产品的边际贡献率 $= \dfrac{60-48}{60} = 20\%$

B 产品的边际贡献率 $= \dfrac{20-15}{20} = 25\%$

C产品的边际贡献率＝$\dfrac{10-6}{10}$＝40％

（2）计算该企业的加权平均综合边际贡献率。

预计全部产品的销售总额＝60×1 500＋20×3 000＋10×5 000＝200 000（元）

A产品销售比重＝60×$\dfrac{1\ 500}{200\ 000}$＝45％

B产品销售比重＝20×$\dfrac{3\ 000}{200\ 000}$＝30％

C产品销售比重＝10×$\dfrac{5\ 000}{200\ 000}$＝25％

综合边际贡献率＝20％×45％＋25％×30％＋40％×25％＝26.5％

（3）采用加权平均法计算该企业的综合保本销售额。

综合保本销售额＝$\dfrac{21\ 200}{26.5\%}$＝80 000（元）

（4）计算各产品的保本销售量。

A产品保本销售额＝80 000×45％＝36 000（元）
A产品保本销售量＝36 000÷60＝600（件）
B产品保本销售额＝80 000×30％＝24 000（元）
B产品保本销售量＝24 000÷20＝1 200（套）
C产品保本销售额＝80 000×25％＝20 000（元）
C产品保本销售量＝20 000÷10＝2 000（台）

3. 分算法

所谓分算法是指在一定的条件下，将企业的固定成本总额按一定标准在各产品之间进行分配，分别确定各产品的固定成本数额，再按单一品种盈亏临界点的计算方法计算各产品的盈亏临界点的一种方法。

该方法的关键是要合理地进行固定成本的分配。在分配固定成本时，对于专属某种产品的固定成本应直接计入产品成本；对于应由多种产品共同负担的共同性固定成本，则应选择适当的分配标准（如产品重量、长度、体积、工时、销售额、边际贡献、材料耗用量等）在各产品之间进行分配。

例4-5 以例4-3的资料为例。要求：用分算法计算企业各产品的盈亏临界点销售额（假设固定成本按销售额的比重分配）和企业的综合盈亏临界点销售额。

解析：

（1）计算各产品应分配的固定成本。

固定成本分配率＝$\dfrac{300\ 000}{80\ 000+120\ 000+300\ 000}$＝0.6

甲产品应负担的固定成本＝80 000×0.6＝48 000(元)
乙产品应负担的固定成本＝120 000×0.6＝72 000(元)
丙产品应负担的固定成本＝300 000×0.6＝180 000(元)

（2）计算各产品的盈亏临界点销售额。

甲产品的盈亏临界点销售额＝$\dfrac{48\ 000}{40-30}$×40＝192 000(元)

乙产品的盈亏临界点销售额＝$\dfrac{72\ 000}{30-15}$×30＝144 000(元)

$$\text{丙产品的盈亏临界点销售额} = \frac{180\,000}{50-30} \times 50 = 450\,000 \text{(元)}$$

(3) 计算企业的综合盈亏临界点销售额。

$$\text{综合盈亏临界点销售额} = 192\,000 + 144\,000 + 450\,000 = 786\,000 \text{(元)}$$

四、影响盈亏临界点的相关因素分析

在本—量—利分析中，一般假设固定成本、单位变动成本、产品的销售单价以及产品品种结构在相关范围内不变，而在现实中，这些因素在企业的生产经营过程中往往又是经常变动，并由此引起盈亏临界点的相应变动。显然，上述诸因素的变动与盈亏临界点之间存在内在的必然联系。通常情况下，固定成本、变动成本上升，销售单价下降，则盈亏临界点的取值变大；反之亦然。可见，产品的单位售价、单位变动成本、固定成本以及产品的品种结构等因素的变动都会对盈亏临界点产生一定的影响。

1. 单位售价变动对盈亏临界点的影响

产品单位售价的变动是影响盈亏临界点的一个重要因素。在一定的成本水平条件下，当产品的单位售价上升时，边际贡献和边际贡献率会增加，盈亏临界点降低，同样销售量下实现的利润也就越高；当产品销售价格下降时，边际贡献和边际贡献率会降低，盈亏临界点上升，同样销售量下实现的利润也就越低。

例 4-6 假设甲产品的销售单价为 50 元，单位变动成本为 30 元，固定成本总额为 50 000 元。按实物计算的盈亏临界点销售量为：盈亏临界点销售量 $= \dfrac{50\,000}{50-30} = 2\,500$（件）。在其他条件不变的情况下，企业打算将产品单位售价从原来的 50 元提高到 70 元。

要求：计算提价后的盈亏临界点销售量。

解： 提价后的盈亏临界点销售量 $= \dfrac{50\,000}{70-30} = 1\,250$（件）

当产品售价从 50 元提高到 70 元后，盈亏临界点销售量从 2 500 件下降到 1 250 件，在盈亏临界图上，销售单价表现为销售收入线的斜率，当成本水平一定时，销售单价上升，则销售收入线的斜率加大，盈亏临界点降低，同样的销售量实现的利润也就越多。产品单位售价变动前后的盈亏临界点变动如图 4-2 所示。

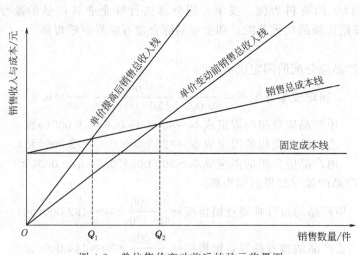

图 4-2 单位售价变动前后的盈亏临界图

2. 单位变动成本变动对盈亏临界点的影响

在其他因素不变的前提下，当产品单位变动成本上升时，单位边际贡献和边际贡献率降低，盈亏临界点上升；单位变动成本下降时，单位边际贡献和边际贡献率会增加，盈亏临界点下降。

例 4-7 仍以例4-6的资料为例。假设由于原材料采购成本上升，导致产品单位变动成本从 30 元上升到 40 元，其他因素保持不变。

要求：计算单位变动成本上升后的盈亏临界点销售量。

解析：单位变动成本上升后的盈亏临界点销售量 $=\dfrac{50\,000}{50-40}=5\,000$（件）

当产品单位变动成本从 30 元上升到 40 元后，盈亏临界点销售量由 2 500 件上升到 5 000 件。在盈亏平衡图中，单位变动成本表现为总成本线的斜率，在其他因素不变的条件下，单位变动成本提高，则变动成本线的斜率加大。由于新的变动成本线的斜率大于原变动成本线的斜率，因此，盈亏临界点上升，利润减少。产品单位变动成本变动前后的盈亏临界点变动如图 4-3 所示。

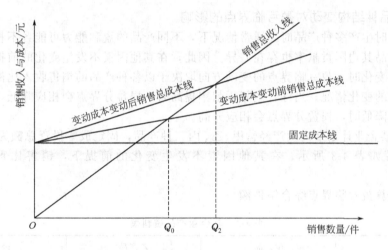

图 4-3 单位变动成本变动前后的盈亏临界图

3. 固定成本变动对盈亏临界点的影响

通常固定成本线是总成本线的起点，在单位变动成本不变的前提下，固定成本的高低直接决定着总成本线的高低变化，因而也会对盈亏临界点产生影响。在其他因素不变的前提下，固定成本上升，盈亏临界点上升，盈利减少，或亏损增加；固定成本下降，盈亏临界点下降，盈利增加或者亏损减少。

例 4-8 仍以例4-6的资料为例，假设企业进行固定资产的更新改造，使得生产该产品的年固定成本总额从 50 000 元上升到 60 000 元，其他因素保持不变。

要求：计算固定成本上升后的盈亏临界点销售量。

解析：固定成本上升后的盈亏临界点销售量 $=\dfrac{60\,000}{50-30}=3\,000$（件）

当固定成本从 50 000 元上升到 60 000 元后，盈亏临界点销售量由 2 500 件上升到 3 000 件。如果其他因素不变，则当固定成本总额上升时，在盈亏平衡图中，会使成本线的位置平行上移，导致盈亏临界点上升。固定成本变动前后的盈亏临界点变动如图 4-4 所示。

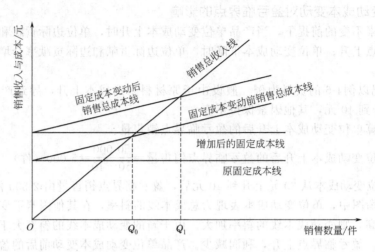

图 4-4　固定成本变动前后的盈亏临界图

4. 产品品种结构变动对盈亏临界点的影响

当企业同时生产多种产品时，通常情况下，不同产品的盈利能力可能各不相同，而盈利能力不同的产品其边际贡献率也存在差异。因此，在其他因素不发生变化的前提下，当产品品种结构发生变化时，盈亏临界点的变动方向取决于以各种产品的销售收入比例为权数的综合边际贡献率的变化情况。当综合边际贡献率提高时，损益分界点会相应降低，反之，当综合边际贡献率降低时，损益分界点会相应升高。

例 4-9　某企业计划期内生产经营甲、乙、丙三种产品，固定成本投资总额为 123 750 元。其他有关资料如表 4-3 所示。在其他因素不发生变化的前提下，销售比重变为 40%、30%、30%。

要求：计算盈亏临界点综合销售额。

表 4-3　某企业产品资料表　　　　　　　　　　单位：元

项目	甲产品	乙产品	丙产品
预计产销数量/件	20 000	20 000	30 000
产品单位售价/元	70	40	60
单位变动成本/元	35	30	24
单位边际贡献/(元/件)	35	10	36

解：

根据上述资料，相关计算步骤如下：

（1）计算三种产品的边际贡献率与销售比重。

甲产品：边际贡献率 $= \dfrac{70-35}{70} = 50\%$

销售比重 $= \dfrac{1\,400\,000}{1\,400\,000 + 800\,000 + 1\,800\,000} = 35\%$

乙产品：边际贡献率 $= \dfrac{40-30}{40} = 25\%$

$$销售比重=\frac{800\ 000}{1\ 400\ 000+800\ 000+1\ 800\ 000}=20\%$$

丙产品：边际贡献率$=\frac{60-24}{60}=60\%$

$$销售比重=\frac{1\ 800\ 000}{1\ 400\ 000+800\ 000+1\ 800\ 000}=45\%$$

综合边际贡献率$=50\%\times35\%+25\%\times20\%+60\%\times45\%=49.5\%$

$$综合盈亏临界点销售额=\frac{123\ 750}{49.5\%}=250\ 000（元）$$

（2）甲、乙、丙三种产品原有的品种结构为35％、20％、45％，当品种结构变为40％、30％、30％时，计算现行结构下的综合边际贡献率。

综合边际贡献率$=50\%\times40\%+25\%\times30\%+60\%\times30\%=45.5\%$

$$综合盈亏临界点销售额=\frac{123\ 750}{45.5\%}=271\ 978（元）$$

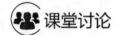 课堂讨论

甲公司何去何从？

甲公司生产的A产品在今年正式投放市场，在投放市场之初就迅速得到消费者的高度认可，呈现出供不应求的态势。该公司为了能在市场中进一步占据有利地位，管理层决定继续扩大销量，但需要考虑以下问题，请试图帮助解决。

（1）企业的生产能力应怎样予以提高？
（2）产品销售收入应达到怎样的水平才能实现保本？
（3）如何有效地实现企业经营目标？

五、与盈亏临界点相关的指标

1. 安全边际

除了计算保本点，企业还应关注经营的安全程度，即安全边际指标。

安全边际是指实际或预计销售量（额）超过盈亏临界点销售量（额）的差额。由于固定成本总额已被盈亏临界点所弥补，所以安全边际越大，企业的抗风险能力越强，发生亏损的可能性越小，其经营越安全；反之，安全边际越小，其抗风险能力越差，发生亏损的可能性也越高，经营的安全程度越低。

安全边际可以用绝对数与相对数两种形式来表现。用绝对数来表现，称为安全边际量（额）；用相对数来表现称为安全边际率，它是指安全边际量（额）与实际或预计销售量（额）之比。

其计算模型如下：

安全边际量(额)＝实际(或预计)销售量(额)－盈亏平衡点销售量(额)

安全边际额＝安全边际量×单位售价

$$安全边际率=\frac{安全边际量}{实际（预计）销售量}\times100\%=\frac{安全边际额}{实际（预计）销售额}\times100\%$$

西方企业通常采用安全边际率这一指标来评价企业经营安全与否。表4-4为安全边际率与评价企业经营安全程度的一般性标准，该标准只能作为企业评价经营安全与否的参考。

表 4-4　安全边际率与评价企业经营安全程度的一般标准

安全边际率	10%以下	10%~20%	20%~30%	30%~40%	40%以上
安全程度	危险	值得注意	较安全	安全	很安全

例 4-10　甲企业销售 A 产品 10 000 件，单位售价为 100 元/件，单位变动成本为 60 元/件，固定成本为 200 000 元。

要求：（1）计算 A 产品的安全边际量。

（2）计算 A 产品的安全边际率。

解析：

（1）计算 A 产品的安全边际量。

$$A \text{ 产品的盈亏临界点销售量} = \frac{\text{固定成本}}{\text{单位售价} - \text{单位变动成本}} = \frac{200\,000}{100 - 60} = 5\,000 \text{（件）}$$

A 产品的安全边际量 = 10 000 − 5 000 = 5 000（件）

（2）计算 A 产品的安全边际率。

$$A \text{ 产品的安全边际率} = \frac{\text{安全边际量}}{\text{实际（预计）销售量}} \times 100\% = \frac{5\,000}{10\,000} = 50\%$$

2. 盈亏临界点作业率

以盈亏临界点为基础还可以得到另一辅助性的指标即盈亏临界点作业率。

盈亏临界点作业率，亦称盈亏临界点的开工率。它是指盈亏临界点销售量（额）占正常经营（或开工）情况下的销售量（额）的百分比。所谓正常经营销售量是指在正常的市场环境和企业正常开工情况下产品的销售数量。其计算模型如下：

$$\text{盈亏临界点作业率} = \frac{\text{盈亏临界点销售量（额）}}{\text{正常经营销售量（额）}} \times 100\%$$

盈亏临界点作业率表明企业保本的销售量在正常经营销售量中所占的比重。该指标可以提供企业在保本状态下生产能力利用程度的信息。

例 4-11　依据例 4-10 的资料及有关计算结果并假定该企业正常经营条件下销售量为 8 000 件。

要求：计算其盈亏临界点作业率。

解： $\text{盈亏临界点作业率} = \dfrac{5\,000}{8\,000} \times 100\% = 62.5\%$

或　$\text{盈亏临界点作业率} = \dfrac{500\,000}{800\,000} \times 100\% = 62.5\%$

上述计算结果表明，该企业盈亏临界点作业率必须达到 62.5%，即销售量必须达到正常经营业务量的 62.5%方可保本；要想盈利，作业率必须达到 62.5%以上；否则，低于这一比率，企业将会发生亏损。

3. 安全边际率与销售利润率

当企业的销售量达到盈亏临界点时，其固定成本已全部得到补偿。因此，只有盈亏临界点以上的销售额（即安全边际部分）才能为企业提供利润。所以，安全边际与利润之间的关系用模型表示为：

$$\text{销售利润} = \text{安全边际量（额）} \times \text{单位边际贡献（率）}$$

将等式两边同时除以销售收入，则

$$\text{销售利润率} = \text{安全边际率} \times \text{边际贡献率}$$

例 4-12 依据例4-10资料及有关计算结果，要求：计算其销售利润及销售利润率。

解析： 销售利润＝5 000×(100－60)＝200 000(元)

或 销售利润＝500 000×$\frac{100-60}{100}$＝500 000×40％＝200 000(元)

销售利润率＝50％×$\frac{100-60}{100}$＝20％

第三节 目标利润分析

一、实现目标利润的模型及应用

目标利润分析是指在保证目标利润实现的前提下开展的本—量—利分析。前述的盈亏临界点分析是建立在企业处于不盈不亏的状态即利润为零时的基础上进行的分析，但保本经营并非企业的最终目的，确定盈亏临界点只是为管理者建立一道经营的预警线，企业的最终目的还是为了获取利润。因此，企业应在盈亏临界点分析的基础上进一步开展目标利润分析，即分析为实现目标利润应完成的业务量、应控制的成本水平以及应达到的价格水平等，也可以推导出实现税后利润时的模型。

(一) 实现税前利润的模型

1. 实现目标利润应完成的业务量

实现目标利润应完成的业务量，又称"保利点业务量"。它通常有下述两种表现形式，即实现目标利润的销售量和实现目标利润的销售额。

其计算模型如下：

$$实现目标利润的销售量=\frac{固定成本总额+目标利润}{单位售价-单位变动成本}=\frac{固定成本总额+目标利润}{单位边际贡献}$$

$$实现目标利润的销售额=\frac{固定成本总额+目标利润}{边际贡献率}$$

或 实现目标利润的销售额＝实现目标利润的销售量×单位售价

例 4-13 甲企业生产 M 产品，单位售价为 100 元/件，单位变动成本为 60 元/件，固定成本总额为 40 000 元。

要求：若计划年度目标利润确定为 240 000 元，试计算为实现上述目标应完成的销售量和销售额。

解析：

$$实现目标利润的销售量=\frac{40\ 000+240\ 000}{100-60}=7\ 000(件)$$

$$实现目标利润的销售额=\frac{40\ 000+240\ 000}{(100-60)\div 100}=700\ 000(元)$$

或 实现目标利润的销售额＝7 000×100＝700 000(元)

2. 实现目标利润应控制的成本水平

在企业目标利润已定的情况下，若产品的单位售价与销售量受到市场的限制，而且按照当前的生产销售水平又无法实现目标利润，为了保障目标利润的顺利实现，此时应考虑将成本降低并控制在一定的水平之上。由于成本按照性态可划分为变动成本与固定成本两大类。因此，对实现目标利润应控制的成本水平，可分别从单位变动成本与固定成本总额两方面加以确定。

其计算模型为：

$$\text{实现目标利润应控制的单位变动成本水平} = \frac{\text{销售收入} - \text{固定成本总额} - \text{目标利润}}{\text{销售量}}$$

$$= \text{单位售价} - \frac{\text{固定成本总额} + \text{目标利润}}{\text{销售量}}$$

实现目标利润应控制的固定成本 = 销售收入 − 变动成本总额 − 目标利润

= 边际贡献 − 目标利润

= 单位边际贡献 × 销售量 − 目标利润

例 4-14 仍以例4-13的资料为例，并假定该企业当期最大的产量仅为 6 400 件，其他有关单位售价、固定成本及目标利润情况不变。

要求：计算实现目标利润应控制的单位变动成本水平。

解析：

$$\text{应控制的单位变动成本水平} = \frac{100 \times 6\,400 - 40\,000 - 240\,000}{6\,400} = 56.25(\text{元}/\text{件})$$

假如该公司生产 M 产品的单位变动成本已无法降低，则实现目标利润应控制的固定成本水平为：

$$(100 - 60) \times 6\,400 - 240\,000 = 16\,000(\text{元})$$

3. 实现目标利润的价格水平

在企业目标利润已定的情况下，若销售量与成本分别受到市场需求与企业生产条件的限制而无法改变，此时就应考虑以怎样的销售价格才可实现目标利润。实现目标利润的销售价格的计算可按照以下模型进行：

$$\text{实现目标利润的产品销售单价} = \frac{\text{变动成本} + \text{固定成本} + \text{目标利润}}{\text{销售数量}}$$

$$= \text{单位变动成本} + \frac{\text{固定成本} + \text{目标利润}}{\text{销售数量}}$$

例 4-15 仍以例4-13的资料为例，并假定该企业因受市场萎缩的影响当期只能产销产品 6 400 件，其他有关单位变动成本、固定成本及目标利润等情况不变。

要求：计算实现目标利润的价格水平。

解：

$$\text{实现目标利润的产品销售单价} = 60 + \frac{40\,000 + 240\,000}{6\,400} = 103.75(\text{元}/\text{件})$$

（二）实现税后利润的模型

前面所讲的目标利润均为所得税前利润，而所得税费用作为企业一项必要的开支，在分析利润模型时也是必须要考虑的。但计算的原理基本相同，本书只从实现税后利润的销售量和销售额进行分析。其计算模型为：

$$\text{实现税后利润的销售量} = \frac{\text{固定成本总额} + \dfrac{\text{税后利润}}{1 - \text{所得税税率}}}{\text{单位售价} - \text{单位变动成本}} = \frac{\text{固定成本总额} + \dfrac{\text{税后利润}}{1 - \text{所得税税率}}}{\text{单位边际贡献}}$$

$$\text{实现税后利润的销售额} = \frac{\text{固定成本总额} + \dfrac{\text{税后利润}}{1 - \text{所得税税率}}}{\text{边际贡献率}}$$

例 4-16 假定在例 4-13 中的其他条件不变，企业的税后目标利润是 300 000 元，所得税税率为 25%。

要求：计算实现税后利润的销售量和销售额。

解析：

$$实现税后利润的销售量 = \frac{40\,000 + \dfrac{300\,000}{1-25\%}}{100-60} = 11\,000(件)$$

$$实现税后利润的销售额 = \frac{40\,000 + \dfrac{300\,000}{1-25\%}}{(100-60)/100} = 1\,100\,000(元)$$

$$或实现目标利润的销售额 = 11\,000 \times 100 = 1\,100\,000(元)$$

二、影响目标利润的相关因素分析

实现目标利润的计算是保本点分析的延伸和拓展，导致保本点变化的因素对保利点同样会产生影响。此外，在进行目标利润分析时还会考虑企业所得税税率的影响，具体分析过程如下文所述。

1. 单位售价变动的影响

依据前面实现目标利润的模型分析，其他因素不变时，当单价上升，单位边际贡献上升，实现目标利润时的销售量即保利量下降；单价下降时，保利点上升。

例 4-17 甲企业生产 M 产品，单位售价为 100 元/件，单位变动成本为 60 元/件，固定成本总额为 40 000 元，预计销售产品 2 000 件。则计划年度的目标利润为：

$$目标利润 = (100-60) \times 2\,000 - 40\,000 = 40\,000(元)$$

若上述条件不变，价格提高到 11 元，为保持目标利润不变，应达到的销售量为：

$$实现目标利润的销售量 = \frac{40\,000 + 40\,000}{110 - 60} = 1\,600(件)$$

由此看出，当销售价格提高时，销售量由 2 000 件下降到 1 600 件，可以实现目标利润。

2. 单位变动成本变动的影响

依据前面实现目标利润的模型分析，其他因素不变时，当单位变动成本上升，单位边际贡献下降，保利点上升；单位变动成本下降时，保利点下降。

例 4-18 假如例 4-17 中的其他条件不变，单位变动成本由 60 元上升为 80 元，为实现目标利润 40 000 元不变，其销售量为：

$$实现目标利润的销售量 = \frac{40\,000 + 40\,000}{100 - 80} = 4\,000(件)$$

由此看出，当单位变动成本提高时，销售量由 2 000 件上升到 4 000 件才能实现目标利润。

3. 固定成本变动的影响

依据前面实现目标利润的模型分析，其他因素不变时，当固定成本上升，单位边际贡献不变，保利点上升；固定成本下降时，保利点下降。

例 4-19 假如例 4-17 中的其他条件不变，固定成本由 40 000 元上升为 50 000 元，为实现目标利润 40 000 元不变，其销售量为：

$$实现目标利润的销售量 = \frac{50\,000 + 40\,000}{100 - 60} = 2\,250(件)$$

由此看出，当固定成本提高时，销售量由 2 000 件上升到 2 250 件才能实现目标利润。

4. 所得税率变动的影响

依据前面实现税后利润的模型分析，其他因素不变时，当所得税税率上升，实现税后利润不变时的销售量即保净利点上升；所得税税率下降时，保净利点下降。

例 4-20 假如例4-17中的其他条件不变，假设企业所得税税率由原来的20%上升至25%时，其原来的税后利润为：

$$税后目标利润 = [(100-60) \times 2\,000 - 40\,000] \times (1-20\%) = 32\,000(元)$$

$$实现税后利润的销售量 = \frac{40\,000 + \dfrac{32\,000}{1-25\%}}{100-60} = 2\,067(件)$$

由此看出，当所得税税率提高时，销售量由 2 000 件上升到 2 067 件才能实现目标利润。

第四节　敏感性分析

一、敏感性分析的含义与目的

敏感性分析不仅应用于本—量—利分析，在其他领域也广泛应用。它主要研究周围条件的变化对系统变化大小的影响程度。本书主要研究影响利润的因素变动对利润指标的影响程度，即利润敏感性分析。

利润敏感性分析是分析影响利润的有关因素对利润指标影响强弱的一种相关程度分析。分析各个因素的变化对利润变化影响的敏感程度，可以促使管理层科学地做出相应的决策。对影响较大的因素可以进行重点控制，当出现变化迹象时，能及时采取有效措施，调整经营计划，以实现目标利润最大化。

二、利润的敏感性分析

影响利润的主要因素有：单位售价（p）、单位变动成本（b）、销售量（x）和固定成本总额（a）。而确定这些因素对利润的影响大小的指标是敏感系数。

根据本—量—利分析的基本方程式：$P = px - (a + bx)$，可以得到敏感系数公式如下：

$$某一因素的敏感系数 = \frac{含有某一因素的项}{目标利润项}$$

具体地有：

$$价格的敏感系数 = \frac{px}{P}$$

$$单位变动成本的敏感系数 = \frac{bx}{P}$$

$$业务量的敏感系数 = \frac{px - bx}{P}$$

$$固定成本的敏感系数 = \frac{a}{P}$$

现举例说明利润的敏感系数的运用。

例 4-21 甲企业经营 N 产品,已知单位售价为 40 元，单位变动成本为 30 元，固定成本为 200 000 元。销售量为 100 000 件。如果产品的单位售价、单位变动成本、销售量和固定成本分别上升10%。

要求：计算各因素的敏感系数和对利润的影响程度。

解析：

$$利润 = 40 \times 100\,000 - (200\,000 + 30 \times 100\,000) = 800\,000(元)$$

（1）假设单位售价上升10%：

$$利润对单价的敏感系数 = \frac{px}{P} = \frac{40 \times 100\,000}{800\,000} = 5$$

$$利润的变动率 = 10\% \times 5 = 50\%$$

由此说明，本例中的单位售价变动1%，利润就会变动5%，而本例中假设单价将上升10%，那么利润就将上升50%。

（2）假设单位变动成本上升10%：

$$利润对单位变动成本的敏感系数 = \frac{bx}{P} = \frac{30 \times 100\,000}{800\,000} = 3.75$$

$$利润的变动率 = 10\% \times 3.75 = 37.5\%$$

由此说明，本例中单位变动成本变动1%，利润就会变动3.75%，而本例中单位变动成本的变动值为10%，所以利润将下降37.5%。

（3）假设销售量上升10%：

$$销售量的敏感系数 = \frac{px - bx}{P} = \frac{40 \times 100\,000 - 30 \times 100\,000}{800\,000} = 1.25$$

$$利润的变动率 = 10\% \times 1.25 = 12.5\%$$

由此说明，本例中销售量变动1%，利润就会变动1.25%，本例中销售量的变动值为10%，所以利润将上升12.5%。

（4）假设固定成本上升10%：

$$固定成本的敏感系数 = \frac{a}{P} = \frac{200\,000}{800\,000} = 0.25$$

$$利润的变动率 = 10\% \times 0.25 = 2.5\%$$

由此说明，本例中固定成本变动1%，利润只变动0.25%，本例中固定成本的变动值为10%，所以利润只变动2.5%。

因此，将上述四个因素按其敏感系数的绝对值大小排列，其顺序依次是单位售价（5）、单位变动成本（3.75）、销售量（1.25）、固定成本（0.25）。其中，影响利润最大的因素是单位售价和单位变动成本，其次才是销售量和固定成本。利润对各因素的敏感程度由相应敏感系数的大小来决定。在企业正常盈利的条件下，若各因素的变动确定为1%的话，各因素敏感系数的大小顺序及相关关系有如下规律：

① 单位售价的敏感系数总是最高且大于1；
② 单位售价的敏感系数与单位变动成本的敏感系数之差等于销售量的敏感系数；
③ 销售量的敏感系数与固定成本的敏感系数之差等于1；
④ 销售量的敏感系数不可能最低。

本章小结

本—量—利分析是管理会计的基本方法之一，它所提供的分析原理、分析方法在管理会计中有着广泛的应用。通过本章的学习，学生应掌握单一品种和多品种经营状态下盈亏临界点的计算和分析，理解各因素的变动对盈亏临界点的影响，掌握边际贡献、安全边际、保本作业率等相关指标的计算方法等内容。

敏感性分析用来确定各因素变化对实现目标的影响及其敏感程度的一种常见的分析方法。通过本章的学习，学生应掌握销售价格、变动成本、固定成本、销售量的敏感系数，并能运用到实践工作中。

 拓展阅读

1. 《管理会计应用指引第 401 号——本—量—利分析》。
2. 《管理会计应用指引第 402 号——敏感性分析》。
3. 《管理会计应用指引第 403 号——边际分析》。

 即测即评

第四章 本—量—利
分析即测即评习题

第四章 本—量—利
分析即测即评答案

 思考与练习

一、思考题

1. 什么是本—量—利分析？其基本公式是什么？
2. 本—量—利分析的基本假设是什么？
3. 经营安全程度的评价指标内容及其计算？
4. 多品种盈亏临界点分析模型有哪些？

二、计算分析题

企业为生产和销售单一产品的企业，当年数据资料如下：

销售产品 3 000 件，产品单价 60 元，单位变动成本 50 元，固定成本总额 10 000 元，实现利润 20 000 元，计划年度目标利润 40 000 元。

要求：

1. 计算实现目标利润的销售量。
2. 计算销售量、销售单价、单位变动成本、固定成本的敏感系数。

第四章 本—量—利
分析计算分析题
答案

第五章
经营预测

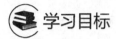 学习目标

专业目标:
了解经营预测的含义、内容和方法等。
掌握销售、成本和利润预测的方法及应用。
掌握资金预测的方法及应用。
职业素养目标:
引导大学生践行社会主义核心价值观目标,发扬爱国主义精神,将个人的发展与社会的发展相结合,敬业勤奋,坚持尽职尽责的道德操守。

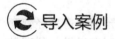 导入案例

新零售业的崛起

随着互联网经济的发展,传统电商由于互联网和移动互联网终端大范围普及所带来的用户增长以及流量红利正逐渐萎缩,传统电商所面临的增长"瓶颈"开始显现。一方面,随着移动支付等新技术的普及开拓了线下消费场景智能终端,移动支付、大数据、虚拟现实等技术革新,进一步开拓了线下场景和消费社交,让消费不再受时间和空间制约。另一方面,消费人群也有显著的变化。接受过高等教育、追求自我提升的新中产阶级成为主流消费人群。新中产消费观的最大特征是理性化倾向明显。相较于价格,他们更在意质量,对于高质量的商品和服务,他们愿意为之付出更高的代价。这些因素都促使零售方式的快速变革。

因此,探索运用"新零售"模式来启动消费购物体验的升级,推进消费购物方式的变革,构建零售业的全渠道生态格局,必将成为传统电子商务企业实现自我创新发展的又一次有益尝试。

新零售是指运用人工智能及大数据等先进的技术手段,将线上服务和线下体验完美融合的零售新模式。此时,企业将拥有自己线上物权交易平台+线下个性体验门店+新物流的生态体系。

在新零售的主要业态中,生鲜电商是主要的形态之一。如生鲜供应商圣农集团、蔬菜网等,生鲜电商平台美菜、叮咚买菜、京东生鲜等,仓储物流如顺丰、安鲜达和京东物流等。

根据前瞻产业研究院统计，2019年中国生鲜电商行业市场交易规模达2 796.2亿元，较上一年增长36.7%。2020年受疫情影响，在"非接触经济"的加持下，消费者对于生鲜到家的需求显著提高，生鲜电商市场交易规模将会有显著的提升。预计到2023年，生鲜电商市场交易规模将超过8 000亿元。

根据上述资料，思考并回答以下问题。

（1）你认为新零售业发展的动因有哪些？

（2）若让你预测新零售企业未来5年的销售情况，您会选择哪些方法？

（3）新零售业的发展必须贯彻新发展理念，深入实施创新驱动发展战略、科教兴国战略、人才强国战略"三大战略"。你认为对于企业来说，应该如何做？

（4）对于当代大学生来说，如何强化自身的创新意识、提高自身的创新能力？

第一节　经营预测概述

预测通常是在掌握历史和现有信息的基础上，依照一定的科学方法和规律对未来事情发展的趋势进行测算。本章主要讨论经营预测的相关内容。

一、经营预测的含义与作用

1. 经营预测的含义

经营预测是指企业根据现有的经济条件和掌握的历史资料以及客观事物的内在联系，对生产经营活动的未来发展趋势和状况进行的预计和测算。

管理会计中的预测分析，是指运用专门的方法对企业的经营过程进行预测。通过经营预测，以减少对未来经营发展趋势认识的不确定性，以减少盲目决策带来的不良后果，从而做出科学的经营决策。

2. 经营预测的作用

经营预测对于提高公司经营管理水平和经济效益有着十分重要的作用。具体表现在以下几方面。

（1）经营预测是企业进行经营决策的基础和重要依据

管理的关键在决策，决策的关键是预测。通过经营预测为决策的各种方案提供依据，以供决策者权衡利弊，进行正确选择。当公司进行经营决策时，必然要涉及成本费用、收益以及资金需要量等问题，而这些大多需要通过经营预测进行估算。凡事预则立，不预则废。因此，经营预测直接影响到经营决策的质量。

（2）经营预测是提高公司管理水平的重要手段

经营预测不仅为科学的财务决策和财务计划提供支持，也有利于培养管理人员具有超前性、预见性的思维，使之居安思危，未雨绸缪。同时，经营预测中涉及大量的科学方法以及现代化的管理手段，这无疑对提高管理人员的能力大有裨益。

（3）经营预测有利于提高企业的竞争能力

随着市场经济的发展和市场竞争的加剧，销售管理作为企业管理"重中之重"的地位越来越显著。企业做好准确的销售预测，有利于企业制定出科学的营销政策，合理安排生产，合理利用企业的资源，加速资金周转，改善财务状况，是促进以销定产，以产促销，产销结合，提高企业竞争力的重要措施。

二、经营预测的内容与程序

(一) 经营预测的内容

经营预测的内容主要包括以下四个方面。

1. 销售预测

销售预测是其他预测（成本预测、利润预测以及资金预测等）的前提，是指对未来特定时期内，全部产品或特定产品的销售量与销售额进行科学的预计和测算。销售预测根据产品的历史销售数据，充分考虑未来各种影响因素的基础上，结合企业当前可利用的资源，通过科学的分析方法提出切实可行的销售目标。同时也为做出科学的经营决策提供良好的基础。

2. 成本预测

成本预测是指运用一定的科学方法，对企业未来成本水平和变动趋势进行的预测。通过成本预测，掌握未来的成本水平和变动趋势，有助于减少决策的盲目性，使经营者做出正确决策；同时可以为编制成本计划、进行成本控制、成本分析和成本考核提供依据，有利于企业全面管理目标的实现，为提高企业的经济效益提供切实有力的保证。

3. 利润预测

利润预测是按照企业经营目标的要求，通过销售收入、营业成本费用及其他影响利润变化的因素进行综合分析与研究，对未来一定时期内可以实现的利润水平和变化趋势所进行的预计和测算。通过利润预测，可以明确经营目标，指导和调节经营行为，促使企业采取切实有效的经营策略和措施，不断寻求提高利润的途径，从而实现企业价值最大化。

4. 资金预测

资金预测又称资金需要量预测，是根据相关资料，运用一定的科学方法对企业经营活动以及扩展业务等所需资金的估计和测算。资金预测是企业经营预测中必不可少的组成部分。通过资金预测可以使企业保证合理的资金供应，既能满足生产经营的需要，又不会导致资本闲置。

(二) 经营预测的程序

1. 确定预测目标

预测目标的确定是做好预测分析的前提，是根据企业经营的总体目标来设计和确定的，是制订预测计划、确定信息资料来源，选择预测分析方法的重要依据。

2. 收集并整理相关资料

预测目标确定后就应着手收集及整理经济方面、市场方面及技术方面等的信息资料。既要考虑同行业的横向信息，也应考虑企业不同历史时期的纵向信息，有时也要将国内外经济发展趋势一并考虑。然后在这些信息的基础上进行整理、分析、归纳与总结，找到与预测目标有关的各因素之间的依存关系及规律。

3. 选择预测方法并建立预测模型

预测方法有各自的适用性，不同的预测对象，收集的信息不同，采用的预测方法也是不同的。选择适当的预测方法并根据各影响因素之间的关系建立预测模型，是提高预测结果可靠性的前提条件。

4. 实施预测并分析预测结果

运用选定的预测方法和建立的预测模型对预测对象进行预测，求出预测结果，并对预测的结果进行比较、分析和评定，检查其结果正确与否、误差大小是否在合理范围，最后确定预测结果的可靠程度及适用范围。

5. 修正预测结果并报告预测结论

一般用定量方法进行的预测，常会由于数据不足或某些因素无法定量而影响预测的精度，必要时可以采用定性的方法，以修正定量预测的结果。而对于定性预测的结果也常常采用定量方法加以补充、修正，以使结果更接近实际。只有经过这样的反复修正，预测结果才会更加完善。

三、预测分析的方法

预测分析的方法有很多，不同的分类依据，得到的结果也是不同的。

按预测内容分为销售预测、利润预测、成本预测、资金预测，前面已做详细介绍。

按预测时间长短不同，预测分析可以分为短期预测、中期预测与长期预测。短期预测指对计划年度或季度经济发展前景的预测，是制订年度、季度、月度等计划，明确一年以内经济活动具体任务的依据。中期预测是指对一年以上、五年以下经济活动的预测。长期预测的预测期一般为五年，为制定远景规划及重大的经营管理决策提供依据。

按预测性质不同，预测分析可以分为定性预测与定量预测。下文做详细介绍。

（一）定性分析法

定性分析法又称为非数量分析法，是依靠预测人员的个人经验、主观判断和自身的分析能力，并结合预测对象的特点进行综合分析，对事物未来的性质和发展趋势做出推测的一种基本方法。它通常包括判断分析法与统计调查分析法。

判断分析法是指有经验的销售人员首先根据自己对市场的了解进行估计，然后由销售主管人员进行汇总，综合分析预测出企业整体销售量和销售额的一种方法。它包括相关人员判断法、综合判断法及专家判断法等，其中专家判断法又包括专家个人意见集合法、专家小组法与德尔菲法。

统计调查分析法是运用统计理论和方法，在广泛收集、整理、分析销售资料的基础上，对有关产品的未来销售变动趋势和结果进行计量、测算的一种方法。通常用于对有代表性顾客的消费意向进行调查，了解市场需求的变化趋势，进行销售预测。统计调查法有：全面调查法、重点调查法、典型调查法与随机抽样调查法。

（二）定量分析法

定量分析法又称数量分析法，主要应用数学方法和各种现代化计算工具对经济信息进行科学加工处理，建立预测分析数学模型，揭示各有关变量之间的规律性联系，并作出预测结论。按照对数据资料的处理方式，定量分析法可以分为以下两种类型。

1. 趋势分析法

趋势分析法也称为时间序列分析法或外推分析法，它是将预测对象的历史数据按时间顺序排列，应用数学方法处理，借以预测其未来发展趋势的一种分析方法。它的实质是根据事物发展的"延续性"，采用数理统计的方法，预测事物发展的趋势。

趋势分析法中常用的方法有算术平均法、移动平均法、加权平均法、趋势平均法、指数平滑法等。

2. 因果分析法

因果分析法是根据预测对象的某项指标与其他相关指标之间的相互依存、相互制约的规律性联系，建立因果数学模型进行预测分析的方法。它的实质是根据事物发展的"相关性"，推测事物发展的趋势。

因果分析法中常用的分析方法有本—量—利分析法、回归分析法、投入产出分析法、经济计量法等。其中，回归分析法又包括直线回归法和曲线回归法。

第二节 销售预测

一、销售预测的意义与影响因素

（一）销售预测的意义

销售预测是指对未来特定时期内，全部产品或特定产品的销售量与销售额进行科学的预计和测算。进行销售预测不仅可以了解产品的社会需求量及销售前景，为企业制定出科学的销售目标；也是编制各项生产计划、存货计划等的前提，有利于企业顺利开展生产；同时可以对产品品种决策，生产规模决策，成本决策以及利润决策起到一定的指导作用。

（二）销售预测的影响因素

在现代市场经济条件下，企业的生存不仅仅取决于上级主管的意志与决策，同时也取决于市场对企业的接纳程度、市场的竞争状况、消费者的购买水平等，具体的外在因素有以下几点。

1. 企业的外在环境

企业所处的外在环境和经济发展速度，制约着社会的需求和消费水平，也影响着企业经营活动的安排与实施。因此，要进行科学的销售预测，首先需要了解企业的政治环境、经济环境、社会环境和技术环境，以了解所在行业适用的具体经济、法律、税收等各种方针、政策以及可供使用和分配的各种资源等。

2. 社会购买力水平

社会购买力水平是衡量一定时期内社会上购买商品的能力和国内外市场容量大小的重要标志。为做出符合企业实际情况的销售预测，正确把握产品销售的变化趋势，需要对居民的生活水平、收入状况、资金状况等与社会购买力水平相关的因素进行全面了解和分析。

3. 市场竞争态势

了解企业的市场竞争态势，有利于企业合理安排生产、控制成本、提高产品质量及销售量。因此，进行销售预测时，需要了解同行业竞争对手的产品和相关策略；了解替代产品的优势和劣势；了解潜在进入者的发展状况；了解供应商的政策和议价能力以及了解消费者的议价能力等，做到知己知彼，制定出强有力的对应策略和措施，以保证目标任务的完成。

4. 市场价格变化趋势

市场价格的变动取决于市场供求关系的变化，市场价格的变动又会直接引起市场需求的变动。因此，进行销售预测时，必须深入了解市场价格变动的影响因素及变动趋势、市场的供求关系以及消费者对市场价格的信赖程度和承受能力，以制定出合理的商品价格，保证理想的销售水平。

5. 消费结构与消费倾向

消费结构与消费倾向是影响市场需求的重要因素。它们的变动主要取决于经济发展水平、科学文化观念、居民收入水平和消费心理等因素。因此，进行科学的销售预测，需要在综合考虑以上因素的基础上，密切关注消费者对商品的品种、规格、质量、性能、款式等方面提出的各种新观点和新理念。

二、定性分析法的应用

上节中已经介绍了定性分析法的内容,这里不再重复。下面用两个实例来说明判断分析法和调查分析法的应用。

1. 判断分析法

这里主要介绍德尔菲法。它是由美国兰德公司发展的一种新型专家预测方法。通过寄发调查表的形式征求专家的意见,专家在提出意见后以不记名的方式反馈回来;组织者将得到的初步结果进行综合整理,然后反馈给各位专家,请他们重新考虑后再次提出意见;经过几轮的匿名反馈过程,专家意见基本趋向一致;组织者依此得出预测结果。

例 5-1 已知:某公司准备推出一种新产品,由于该新产品没有销售记录,公司准备聘请专家共 7 人,采用德尔菲法进行预测,连续三次预测结果如表 5-1 所示。

表 5-1 德尔菲法专家意见汇总表　　　　　　　　　　　　单位:件

专家编号	第一次判断			第二次判断			第三次判断		
	最高	最可能	最低	最高	最可能	最低	最高	最可能	最低
1	2 500	2 200	1 600	2 400	2 000	1 600	2 500	2 100	1 700
2	1 800	1 500	900	1 900	1 600	1 300	1 900	1 600	1 200
3	2 300	1 600	1 400	2 200	1 700	1 300	2 300	1 800	1 400
4	3 000	2 200	1 800	3 600	1 900	1 500	3 000	2 100	1 400
5	1 500	1 000	900	1 700	1 300	1 100	1 600	1 400	1 200
6	2 200	1 600	1 300	2 100	2 000	1 100	2 100	1 900	1 200
7	1 600	1 300	1 100	1 700	1 500	1 000	1 800	1 600	1 200
平均值	2 129	1629	1 286	2 229	1 729	1 271	2 172	1 714	1 329

公司在此基础上,按最后一次预测的结果,采用算术平均法确定最终的预测值是 $(2\,172+1\,714+1\,329)/3 \approx 1\,738$ 件。

2. 调查分析法

此处主要介绍调查分析法中的市场调查法。它主要通过对消费者的消费意向进行调查,了解市场需求,然后根据企业的市场占有率等情况进行销售预测。

例 5-2 A 公司开发了一种新产品,在上市之前,通过对家庭年收入、家庭户数和每户年均购买量等因素进行市场调查,结合本公司的市场占有率等指标,对某地区的销售量进行了预测。具体数据如表 5-2 所示。

表 5-2 A 公司销售调查结果统计表

家庭年收入/(万元,取整)①	家庭户数/万户②	每户年均购买量/盒③	总需求量/万盒 ④=②×③	本公司市场占有率⑤	本公司销售量预测/万盒 ⑥=④×⑤
10 以下	15	20	300	25%	75
11~15	10	40	400	20%	80
16~20	5	100	500	15%	75
21~25	4	150	600	10%	60
26 以上	2	200	400	5%	20
合计	36	—	2 200	—	310

根据上表可以看出，该地区的销售量预测值为 310 万盒。

未来的母婴市场

随着"三孩政策"以及人们生活水平的提高，中国母婴市场有着较大的拓展和发展空间。数据显示，2018 年到 2021 年，中国母婴市场规模呈现增长趋势，截止到 2021 年 12 月，中国母婴市场规模为 4.9 万亿元，同比增长率为 19.5%。预计在接下来的三年，中国母婴市场规模继续扩大，到 2024 年中国母婴市场规模预计达到 7.6 万亿元。但由于市场的饱和以及人们的消费升级，母婴品牌将会随着社会市场发展的变化而变化。随着人们消费水平的提高以及家庭培养方式的改变，未来的母婴消费者市场将会提升对产品专业性的要求，进行多品类、多渠道、分区域、分人群的精细化销售。

讨论：如果让你预测某品牌的奶粉在某地区未来三年的销售量，你将用什么方法？请提出你解决该问题的思路。

三、定量分析法的应用

（一）趋势分析法

本节主要介绍算术平均法、加权平均法、移动平均法、趋势平均法、指数平滑法等的应用。

1. 算术平均法

算术平均法是简易平均法的一种，是以过去若干期的销售量或销售额的算术平均数作为计划期的一种简单的时序预测法。其计算公式为：

$$销售量（额）预测数 = 各期销售量（额）之和 / 期数$$

例 5-3 已知：某公司生产一种产品，20×0 年 1～12 月销量资料（单位：吨）如表 5-3 所示，按算术平均法预测 20×1 年 1 月的销售量。

表 5-3　某公司 20×0 年 1～12 月份产品销售量　　　　　　单位：吨

月份	1	2	3	4	5	6	7	8	9	10	11	12
销量	25	23	26	29	24	28	30	27	25	29	32	33

$$20×1 年 1 月预测销售量 = (25+23+26+29+24+28+30+27+25+29+32+33)/12$$
$$= 27.58（吨）$$

这种方法的优点是计算简单、方便易行；缺点是没有考虑销售量在不同时期的变动情况及对预测的影响程度差异，尤其是没有考虑近期的变动趋势对预测结果产生的误差。这种方法适用于销售量或销售额比较稳定的商品，对于某些没有季节性的商品十分适用。但当产品的销售量或销售额在选定的历史时期呈现出明显的上升或下降变动趋势时，采用这种方法就变得十分不科学。

2. 加权平均法

加权平均法是对过去若干期的销售量或销售额，按其距离预测期的远近分别进行加权，将计算出的加权平均数作为预测期的销售预测值。在该方法下，确定适当的权数是进行销售预测的关键所在。由于接近预测期的实际销售情况对预测值的影响较大，故所加权数应大些，而远离预测期的销售情况对预测值的影响较小，故所加权数应小些。这里又可以分为两种情形。

(1) 权数为自然数：

$$预测期销售预测值 = \frac{\Sigma 各期销售量（额）\times 该期权数}{各期权数之和}$$

$$= \sum_{t=1}^{n} X_t W_t / \Sigma W_t$$

(2) 权数为饱和权数：

$$预测期销售预测值 = \Sigma 各期销售量（额）\times 该期权数$$

$$= \sum_{t=1}^{n} X_t W_t$$

式中，X_t 为第 t 期的观察值；W_t 为第 t 期的观察值的权数，其中 W_t 应同时满足下面两个条件：

①$\Sigma W_t = 1$；②$W_1 < W_2 < W_3 < \cdots < W_n$。

例 5-4 仍按例 5-3 中的销量资料。要求：(1) 用自然权数加权平均法预测 20×1 年 1 月的销售量；(2) 利用最后 3 期销售量按饱和权数加权平均法预测 20×1 年 1 月的销售量，令 $W_1 = 0.2$，$W_2 = 0.3$，$W_3 = 0.5$。

解：(1) 在自然权数加权平均法下：

$$\sum_{t=1}^{n} X_t W_t = 25 \times 1 + 23 \times 2 + 26 \times 3 + 29 \times 4 + 24 \times 5 + 28 \times 6 + 30 \times 7 + 27 \times 8 +$$

$$25 \times 9 + 29 \times 10 + 32 \times 11 + 33 \times 12$$

$$= 2\ 242$$

$$\Sigma W_t = \frac{(1+12) \times 12}{2} = 78$$

20×1 年 1 月的预测销售量 $= \dfrac{2\ 242}{78} = 28.74$（吨）

(2) 在饱和权数加权平均法下：

20×1 年 1 月的预测销售量 $= 29 \times 0.2 + 32 \times 0.3 + 33 \times 0.5 = 31.9$（吨）

3. 移动平均法

移动平均法是用一组最近的实际数据值来预测未来一期或几期内公司产品的销售量或销售额等的一种常用方法。它适用于即期预测，特别是当产品需求不存在明显波动或不存在季节性因素时，该方法能有效地消除预测中的随机波动。

具体操作方法是从 n 期的时间数列值中选择一组 m 期的数据作为观察期数据，求出算术平均数，并不断向后续期间移动，以最后一组的平均数作为未来销售预测值。其计算公式为：

$$销售量（额）预测数 = 最后 m 期销售量或销售额的算术平均数$$

$$= \frac{最后 m 期销售量（额）之和}{m}$$

例 5-5 已知：仍按例 5-3 中的销量资料。要求：按移动平均法（不考虑趋势值）预测 20×1 年 1 月的销售量（假定 $m = 5$）。

解：20×1 年 1 月预测销售量 $= \dfrac{27 + 25 + 29 + 32 + 33}{5} = 29.2$（吨）

移动平均法对原序列有修匀或平滑的作用，使得原序列的上下波动被削弱了，而且平均的时距项数 N 越大，对数列的修匀作用越强。当序列包含季节变动或周期变动时，移动平均的时距项数 N 应与季节变动或周期变动的长度基本一致，才能消除季节变动或周期变动带来的影响。

但有人认为这样计算的平均值只反映预测期前一期的销售水平，还应在此基础上，按趋势值进行修正。趋势值 b 的计算公式为：

$$趋势值 b = 最后移动期的平均值 - 上一个移动期的平均值$$

修正的移动平均法按以下公式进行预测：

$$预测销售量 = 最后 m 期的算术平均销量 + 趋势值$$

4. 趋势平均法

趋势平均法指在移动平均法计算出的移动平均值的基础上，进一步计算趋势值的移动平均值，进而利用特定基期销售量移动平均值和趋势值移动平均值来预测未来销售量的一种方法。其计算公式为：

$$预测销售量 = 基期销售量移动平均值 + 基期趋势值移动平均值 \times 基期与预测期的时间间隔$$

趋势平均法的特点是没有假设特定的模式，而只是通过移动平均，从而提供比随机系列较为平滑的趋势系列。同时为了尽量减少因素对预测结果的影响，本方法是以最近若干时期的平均值作为计算预测值的基础。下面举例说明该方法的应用。

例 5-6 仍按例5-3中的销量资料，假定销售量的移动期 m 为 5，趋势平均值 s 移动期为 3，时间序列期数 n 为 12。要求：按趋势平均法预测 20×1 年 1 月的销售量。

解：依题意计算各期销售量 5 期移动平均值、变动趋势值和趋势值 3 期移动平均值，其结果如表 5-4 所示。

表 5-4 某公司 20×0 年 1～12 月份产品销售量变动表   单位：吨

时间 t	销售量观测值 Q_t	销售量 5 期移动平均值	变动趋势值 b_t	趋势值 3 期移动平均值
1	25			
2	23			
3	26	25.4		
4	29	26.0	+0.6	
5	24	27.4	+1.4	0.73
6	28	27.6	+0.2	0.27
7	30	26.8	-0.8	0.13
8	27	27.8	+1.0	0.33
9	25	28.6	+0.8	0.80
10	29	29.2	+0.6	
11	32			
12	33			

$$基期的序数值 = 时间序列期数 n - \frac{销售量移动时期数 m + 趋势值移动时期数 s - 2}{2}$$

$$= 12 - \frac{5+3-2}{2} = 9$$

第 9 期销售量移动平均值 = 28.6

第 9 期趋势值移动平均值 = 0.80

基期与预测期的时间间隔 = 4

20×1 年 1 月的预测销售量＝28.6＋0.80×4＝31.8（吨）

5. 指数平滑法

指数平滑法是利用平滑指数，对前期的实际销售量或销售额和原来对其预测的值进行加权计算，作为计划期的销售预测值的一种预测方法。其计算公式如下：

$$F_t = aD_{t-1} + (1-a)F_{t-1}$$

式中，F_t 为 t 期的预测值；D_{t-1} 为 t 期前一期的实际值；F_{t-1} 为 t 期前一期的预测值；a 为平滑系数，其取值范围为：$0 \leqslant a \leqslant 1$。

例5-7 仍按例5-3中的销量资料，假设 20×× 年 12 月份的实际销售量为 33 吨，对其的预测值为 28.71 吨，平滑系数为 0.3，请计算 20×1 年 1 月份的销售量。

解： 20×1 年 1 月份的预测销售量＝0.3×33＋(1－0.3)×28.71＝30(吨)

近期实际销售量对预测结果影响的大小取决于平滑常数的大小，通常由预测者根据过去销售实际数与预测值之间差异的大小来确定，所以具有一定的主观性。平滑系数越大，则近期实际数对预测结果的影响越大；反之，平滑系数越小，则近期实际数对预测结果的影响越小。a 的取值范围一般为 0.3～0.7。一般情况下，销售量波动比较大或进行短期预测时，选择较大的平滑常数；反之选择较小的数值。这个方法的优点是，采用一个平滑系数，在确定其数值时，可以结合考虑某些可能出现的偶然因素的影响，从而使预测值更符合实际。

（二）因果预测分析法

因果预测分析法也叫相关预测分析法，是利用事物发展的因果关系来推测事物发展趋势的方法。它是根据销售量（额）与其影响因素之间的因果关系，建立相应的数学模型，据以预测计划期的销售量或销售额。例如，某些工业品的销售在很大程度上取决于相关工业的销售，如玻璃与建筑、轮胎与汽车、纺织面料与服装、推土机与基本建设的土方工作量等，而且都是前者的销售量取决于后者的销售量。利用这些变量间的函数关系，选择最恰当的相关因素建立起的数学模型，往往会比采用趋势预测分析法获得更为理想的预测结果。

因果预测分析法所采用的具体方法较多，最常用而且比较简单的是最小二乘法，亦即回归分析法。本书只介绍简单的线性回归模型的应用。

简单线性回归是根据直线方程，按照数学上的最小二乘法来确定自变量与因变量之间的关系。其具体做法是，以 x 表示预测对象的相关因素变量即自变量，以 y 表示预测对象的销售量或销售额即因变量，建立模型如下：

$$y = a + bx$$

其中，$a = (\sum y/n) - b(\sum x/n) = \dfrac{\sum y - b\sum x}{n}$，$b = \dfrac{n\sum xy - \sum x \sum y}{n\sum x^2 - (\sum x)^2}$。

应用相关预测法，一般还应进行相关程度测定，即通过计算相关系数来检验预测变量与相关因素变量间的相关性，以判断预测结果的可靠性。相关系数 R 的计算公式如下：

$$R = \dfrac{n\sum xy - \sum x \sum y}{[(n\sum x^2 - \sum x \sum x)(n\sum y^2 - \sum y \sum y)]^{1/2}}$$

相关系数 R 的取值范围为：$-1 \leqslant R \leqslant 1$。$R$ 的绝对值越接近 1，相关关系越密切。一般可按如下标准加以判断：

$0.7 \leqslant R \leqslant 1$，高度相关。

$0.3 \leqslant R \leqslant 0.7$，中等程度相关。

$0 \leqslant R \leqslant 0.3$，低度相关。

例 5-8 某汽车轮胎厂专门生产汽车轮胎,而决定汽车轮胎销售量的主要因素是汽车销量。假如中国汽车工业联合会最近五年汽车与轮胎的销售量统计资料如表 5-5 所示。

表 5-5 汽车与轮胎销售量统计资料

项目	20×1年	20×2年	20×3年	20×4年	20×5年
汽车销售量/万辆	10	12	15	18	20
轮胎销售量/万只	64	78	80	106	120

假定中国汽车工业联合会预测 20×6 年汽车的销售量为 25 万辆,该轮胎生产企业的市场占有率为 35%,要求采取最小二乘法预测该企业 20×6 年轮胎的销售量。

解:(1)编制计算表,如表 5-6 所示。

表 5-6 计算表

年份	汽车销售量 x/万辆	轮胎销售量 y/万只	xy	x^2	y^2
20×1	10	64	640	100	4 096
20×2	12	78	936	144	6 084
20×3	15	80	1 200	225	6 400
20×4	18	106	1 908	324	11 236
20×5	20	120	2 400	400	14 400
$n=5$	$\sum x=75$	$\sum y=448$	$\sum xy=7\,084$	$\sum x^2=1\,193$	$\sum y^2=42\,216$

(2)计算 a 与 b,并计算预测值。

$$b=\frac{n\sum xy-\sum x\sum y}{n\sum x^2-(\sum x)^2}=\frac{5\times 7\,084-75\times 448}{5\times 1\,193-75\times 75}=5.35$$

$$a=\frac{\sum y-b\sum x}{n}=\frac{448-5.35\times 75}{5}=9.35$$

$$y=a+bx=9.35+5.35x$$

20×6 年轮胎的总销售量 $=9.35+5.35\times 25=143.1$(万只)

20×6 年该企业轮胎的销售量 $=143.1\times 35\%=50.085$(万只)

第三节 成本预测

一、成本预测的意义及分类

1. 成本预测的意义

成本预测是指运用一定的科学方法,根据企业目前的经营状况和发展目标,利用定量和定性分析的方法,对企业未来成本水平及其变动趋势作出科学的估计。

成本预测是成本管理的重要环节,是企业进行产品设计方案的选择、零件自制或外购、是否增加新设备等决策的基础。通过成本预测,掌握未来的成本水平及其变动趋势,有助于减少决策的盲目性,有利于加强成本控制,提高决策的预见性,同时可以为编制成本计划、进行成本分析和成本考核提供依据,为提高企业的经济效益提供切实有力的保证。

2. 成本预测的分类

按预测的期限分类，成本预测可以分为长期预测和短期预测；长期预测指对一年以上期间进行的预测，如三年或五年；短期预测指一年以下的预测，如按月、按季或按年。

按预测的内容可以分为四类：①产品设计阶段的成本预测；②制订计划或方案阶段的成本预测；③预测执行阶段的成本预测；④技术升级阶段的成本预测。

二、成本预测的步骤

成本预测是一个动态的过程，具体步骤如下。

1. 根据企业总体目标提出初步成本目标

目标成本是指企业为实现目标利润所应达到的成本，也是企业根据目前的技术水平和经营状况所应控制的成本水平。在实务中企业比较常用的目标成本可以为本企业历史的先进成本水平，也可以是国内外同类产品的先进成本水平，甚至可以是标准成本或计划成本。

2. 初步预测在目前情况下成本可能达到的水平，找出达到成本目标的差距

其中初步预测，就是不考虑任何特殊的降低成本措施，按目前主客观条件的变化情况，预计未来时期成本可能达到的水平。

3. 考虑各种降低成本方案，预计实施各种方案后成本可能达到的水平

降低成本可以从以下几方面着手。

（1）改进产品设计，控制各种资源的投入，如降低原材料、燃料及动力费的投入等。

（2）改善采购、生产经营管理，合理组织生产，如使用采购代理降低采购成本；提高现有设备利用率和提高生产效率等降低生产成本。

（3）建立费用控制制度，严格控制费用开支，努力减少管理费用。

（4）树立保证质量的前提下，降低产品成本的企业文化。

4. 对各成本方案进行技术经济分析，选取最优成本方案，预计实施后的成本水平，正式确定成本目标

以上成本预测程序表示的只是单个成本预测过程，而要达到最终确定的正式成本目标，这种过程必须反复多次。也就是说，只有经过多次的预测、比较以及对初步成本目标的不断修改、完善，才能最终确定正式成本目标，并依据本目标组织实施成本管理。

三、成本预测的方法

（一）历史资料预测法

所谓历史资料分析法通常是根据本企业已经掌握的产品成本的有关历史资料，按照成本习性的原理，建立总成本模型 $y=a+bx$（a 表示固定成本，b 表示单位变动成本），然后利用销售量的预测值 x，预测出未来总成本和单位成本水平。常用的方法有高低点法、回归分析法和散布图法等。三种方法均在第二章有所说明，在此不再赘述。

（二）目标成本预测法

目标成本法是一种全过程、全方位、全人员参与的成本管理方法。预测的方法很多，主要有倒扣测算法、比率测算法、选择测算法、直接测算法等。

1. 倒扣测算法

倒扣测算法是在事先确定目标利润的基础上，首先预计产品的售价和销售收入，然后扣除相关税金和目标利润，余额即为目标成本的一种预测方法。

此法既可以预测单一产品生产条件下的产品目标成本，还可以预测多产品生产条件下的全部产品的目标成本；当企业生产新产品时，也可以采用这种方法预测，此时新产品目标成本的预测与单一产品目标成本的预测相同。相关的计算公式如下：

单一产品生产条件下产品目标成本＝预计销售收入－应缴税金－目标利润

多产品生产条件下全部产品目标成本＝∑预计销售收入－∑应缴税金－总体目标利润

例5-9 某企业生产甲产品，假定甲产品产销平衡，预计明年甲产品的销售量为1 500件，单价为50元。生产该产品时，销项税与进项税的差额预计为20 000元；另外还应交纳10％的消费税、7％的城建税、3％的教育费附加。如果同行业先进的销售利润率为20％。

要求：运用倒扣测算法预测该企业的目标成本。

解析：目标利润＝1 500×50×20％＝15 000(元)

应缴税金＝1 500×50×10％＋(20 000＋1 500×50×10％)×(7％＋3％)

＝10 250(元)

目标成本＝1 500×50－10 250－15 000＝49 750(元)

2. 比率测算法

比率测算法是倒扣测算法的延伸，它是依据成本利润率来测算单位产品目标成本的一种预测方法。这种方法要求事先确定先进的成本利润率，并以此推算目标成本，这种方法常常用于新产品目标成本的预测。其计算公式如下：

$$单位产品目标成本=\frac{产品预计价格}{1+成本利润率}$$

3. 选择测算法

选择测算法是以某一先进单位产品成本作为目标成本的一种预测方法。如标准成本、国内外同类型产品的先进成本水平、企业历史最好的成本水平等都可以作为目标成本。这种方法要求企业熟悉市场行情，及时掌握国内外同行业同类型产品的最先进的成本水平动态。

虽然此法比较简单，但实际应用中应注意可比性，如果彼此现状相差较大，就不能采用；如果要采用，必须作必要的调整和修正。

4. 直接测算法

直接测算法是根据上年预计成本总额和企业规划确定的成本降低目标来直接推算目标成本的一种预测方法。

通常成本计划是在上年第四季度进行编制，因此目标成本的测算只能建立在上年预计平均单位成本的基础上，计划期预计成本降低率可以根据企业的近期规划事先确定，另外还需通过市场调查预计计划期产品的生产量。

这种方法建立在上年预计成本水平的基础之上，从实际出发，实事求是，充分考虑降低产品成本的内部潜力，仅适用于可比产品目标成本的预测。

(三) 因素变动预测法

因素分析法是指通过对影响产品成本的各因素进行具体分析，以预测计划期成本水平的方法。影响产品成本的因素有很多，通常包括料、工、费等三个部分，有时也要考虑废品损失。一般来说，可以从节约材料消耗、提高产品生产率、合理利用设备、减少废品损失等方面入手进行测算。本节内容主要从材料费用和产量变动两个方面进行相关分析。

1. 测算材料费用对产品成本的影响

原材料费用是构成产品成本的主要项目，在产品成本中一般占较大比重。在保证产品质量的前提下，合理、节约地使用原材料，降低原材料占用，是不断降低产品成本的主要途径。影响材料费用变动的因素有材料价格和数量的多少，因此，当产品成本中材料消耗量和单价发生变化时，就会影响计划期产品的成本水平。

（1）直接材料消耗量变动对成本的影响。直接材料消耗量变动对产品成本的影响取决于计划期单位产品材料消耗量、基期单位产品材料消耗量和基期材料单价，其计算公式如下：

材料消耗量变动对单位成本的影响＝∑[（计划期单位产品材料消耗量－基期单位产品材料消耗量）×基期材料单价]

（2）直接材料价格变动对成本的影响。直接材料价格变动对产品成本的影响取决于计划期单位产品材料价格、基期单位产品材料价格和基期单位产品材料消耗量，其计算公式如下：

材料价格变动对单位成本的影响＝∑[（计划期单位产品材料价格－基期单位产品材料价格）×基期单位产品材料消耗量]

例 5-10 某企业生产某产品需耗用甲、乙两种原材料，如表 5-7 所示，请计算材料消耗量和材料价格变动对产品成本的影响。

表 5-7 某企业生产产品耗用材料及价格变动表

名称	基期		计划期	
	消耗量/千克	价格/元	消耗量/千克	价格/元
甲材料	5	12	4	15
乙材料	4	10	3	8

解： 测算两种材料消耗量变动对单位产品成本的影响为：

$$(4-5)\times 12+(3-4)\times 10=-22(元)$$

则由于两种原材料的消耗量降低，单位产品成本减少 22 元。

测算两种材料价格变动对单位产品成本的影响为：

$$(15-12)\times 5+(8-10)\times 4=7(元)$$

则由于两种原材料的价格变动，单位产品成本上升 7 元。

2．产量变动对产品成本的影响

在企业的制造费用中，对于相对固定的部分，比如折旧费、办公费等一般不随产量的增长而发生变动。当产品生产量增加时，单位产品所分摊的固定费用就会减少。当产品生产量降低时，单位产品所分摊的固定费用就会增加。变动费用虽然随产品生产量的增加而有所增长，但只要采用适当的节约措施，其增长速度一般应小于生产增长速度。因此，当生产量增加时，也会减少单位产品所分摊的变动费用，从而使产品单位成本降低。本节主要考虑产量变动对单位成本中固定费用的影响，具体计算公式如下：

产量变动对产品成本固定费用的影响＝[1－1÷（1＋产量增长率）]×基期单位成本中的固定费用

例 5-11 依据例 5-10 假设该企业某产品基期总成本中的固定费用为 2000 元，基期产量为 200 件，单位成本中固定费用为 5 元，计划期预计产量为 250 件，产量增长率为 25％。计算产量变动对单位成本中固定费用的影响。

解： [1－1÷（1＋25％）]×5＝1(元)（降低额）

由此说明，由于产量增加，使得单位成本中固定费用下降了 1 元。

（四）技术测定法

技术测定法是指在充分挖掘企业人力、技术等潜力的基础上，根据产品设计结构、生产技术和工艺方法，对影响人力、物力消耗的各个因素逐个进行技术测试和分析计算，从而确定产品成本的一种方法。

一般用于新产品成本预测或改型产品的成本预测。改型产品的成本预测则可在原有成本资料的基础上，只对改变部分设计、工艺或配件的产品方案的成本进行预算或估算。该方法比较科学，预测较准确，但由于需要逐项测试，故工作量较大，一般适用于品种少、技术资料比较齐全的产品。

（五）定额测算法

定额测算法是利用定型产品的各种消耗定额成本、价格水平等资料，预计测算其现有产品生产成本的定量分析方法。

定额测算法要求企业历年产品定额资料完整，以此作为定额测算法的基础。若企业成本统计基础工作较差，则不宜运用此方法。

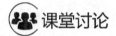 课堂讨论

您的教育成本是多少？

教育成本即培养每名学生所支付的全部费用，既包括提供教育服务的成本，还有家庭的支出，国家教育经费的投入和学生上学时间的机会成本。教育成本是衡量教育培养人才的尺度，是计量教育投资经济效益的前提条件，也是计量和测算劳动力未来获得报酬的重要依据。

讨论：试计算你在大学几年的教育成本有多少？并预测你毕业后理想的劳动报酬为多少？

第四节 利 润 预 测

一、利润预测的意义

利润预测是企业进行科学管理的重要环节。它是按照企业经营目标的要求，对未来一定时间内可达到的利润水平和变化趋势所进行的预计和推测。

通过利润预测，可以明确目标，认真分析各因素的影响方向和影响程度，有利于企业经营过程中有的放矢，指导和调节人们的经营行为，促使企业采取切实有效的经营策略和措施，不断寻求提高利润的途径，从而提高企业的经济效益。

二、利润预测的步骤

利润预测是一个需要修正的过程，主要包含以下几个步骤。

（1）调查研究，确定利润率标准。从可供选择的利润率的计算口径上看，主要包括：销售利润率、产值利润率与资金利润率。既可以是平均利润率、历史最高水平利润率和上级指令性利润率；也可以是国际、全国、同行业、本地区和本企业的利润率。

（2）计算目标利润基数。将选定的利润率标准乘上企业预期应该达到的有关业务量及资金指标，便可测算出目标利润基数。其计算公式为：

目标利润基数＝有关利润标准×相关指标

（3）确定目标利润修正值。确定目标利润基数并不能完全反映实际经营中的真实情况，比如销售中出现产品运输损坏、人员受伤等一些不确定因素，这时我们需要确定目标利润修正值；

（4）最终下达目标利润并分解落实纳入预算体系。最终下达的目标利润应该为目标利润基数与修正值的代数和，即：最终下达的目标利润＝目标利润基数＋目标利润修正值。

三、利润预测的方法

（一）比例预测法

比例预测法是根据各种利润同有关财务指标的比例关系来测算计划期目标利润数额的一种方法。常用的利润率指标有销售利润率、成本利润率等。

1. 销售利润率法

销售利润率是指利润与营业净收入的比值，其中营业净收入是扣除销售折扣与折让后的收入。该方法适用于历年已有生产的产品利润的预测，即可比产品利润的预测。其计算公式为：

目标利润＝计划期预计营业净收入×上年销售利润率

例 5-12 某企业最近若干年来销售利润率平均稳定在12%的水平上，经预测，20×1年该企业营业净收入预计达到1 375万元。问20×1年目标利润为多少？

20×1年目标利润＝1 375×12%＝165（万元）

2. 销售成本利润率法

销售成本利润率是指企业一定时期内取得的利润与同一时期发生的成本的比值。这种方法可对不可比产品的主营业务目标利润进行测算，其中不可比产品就是指企业的新产品。其计算公式为：

计划期目标利润＝计划期产品销售成本总额×产品预计成本利润

比例预测法简便易行，所以在企业进行利润预测时被广泛使用。但这种方法只适合于产品销售结构简单、利润率变动不大的企业使用。

（二）本—量—利分析法

本—量—利分析法是在研究销售数量、价格、成本和利润之间的相互关系及其变动对利润影响的内在联系的基础上，确定目标利润的一种方法。具体计算公式如下：

预计利润＝预计销售量×（预计单价－预计单位变动成本）－固定成本总额

例 5-13 某企业生产一种产品，预计销售量为12 000件，销售单价为30元/件，单位变动成本为20元/件，固定成本总额为30 000元，试预计下年度的目标利润。

解：预计利润＝12 000×（30－20）－30 000＝90 000（元）

该企业下年度的目标利润为90 000元。

（三）经营杠杆系数法

1. 经营杠杆系数

经营杠杆系数（DOL），也称营业杠杆系数，是指在一定条件下，息税前利润（EBIT）的变动率相对于产销量变动率的比。根据成本性态，在一定产销量范围内，产销量的增加一般不会影响固定成本总额，但会使单位产品固定成本降低，从而提高单位产品利润，并使息税前利润增长率大于产销量增长率；反之，产销量减少，会使单位产品固定成本升高，从而降低单位产品利润，并使息税前利润下降率大于产销量的下降率。该数值的大小反映了经营杠杆效用的高度及经营风险程度。其计算公式如下：

$$经营杠杆系数 DOL = \frac{息税前利润变动率}{产销量变动率} = \frac{\frac{\Delta EBIT}{EBIT}}{\frac{\Delta Q}{Q}} = \frac{基期边际贡献}{基期利润}$$

2. 利润预测

若企业的经营杠杆系数和销售变动率确定，就可以根据目前的利润预计未来的目标利润。基本公式为：

利润变动率＝基期经营杠杆系数×销售变动率

预计利润＝基期利润×（1＋利润变动率）

＝基期利润×（1＋基期经营杠杆系数×销售变动率）

例 5-14 已知：某企业连续 3 年的有关资料如下表 5-8 所示。

表 5-8 某企业近三年利润相关指标

年份 项目	20×1	20×2	20×3
销售量/件	12 000	12 500	12 000
单位贡献边际/(元/件)	50	40	55
固定成本/元	300 000	350 000	400 000

要求：（1）利用简化公式求 20×2 和 20×3 年的经营杠杆系数。

（2）预测 20×4 年的经营杠杆系数。

（3）假设 20×4 年预计销售量变动率为 5%，预测 20×4 年的利润变动率和利润额。

解：（1）依据已知条件，可以计算出各年的贡献边际和利润：

20×1 年的贡献边际＝50×12 000＝600 000（元）

20×1 年的利润＝600 000－300 000＝300 000（元）

20×2 年的贡献边际＝40×12 500＝500 000（元）

20×2 年的利润＝500 000－350 000＝150 000（元）

20×3 年的贡献边际＝55×12 000＝660 000（元）

20×3 年的利润＝660 000－400 000＝260 000（元）

20×2 年的经营杠杆系数＝600 000÷300 000＝2

20×3 年的经营杠杆系数＝500 000÷150 000＝3.33

（2）预测的 20×4 年的经营杠杆系数＝660 000÷260 000＝2.54

（3）预测的 20×4 利润变动率＝产销量变动率×经营杠杆系数＝5%×2.54＝12.7%

预测的 20×4 年利润额＝260 000×（1＋12.7%）＝293 020（元）

第五节 资金需要量预测

一、资金预测的意义

资金预测是企业生产经营预测中必不可少的组成部分。通过资金预测可以使企业保证资金供应，合理组织资金运用既能满足生产经营的需要，又不会导致资本闲置。

资金预测的前提是销售预测,这里主要介绍在企业已经完成销售预测的基础上对资金需要量进行的预测。资金需要量的预测方法很多,有销售百分比法、线性回归法和判断分析法等。线性回归法和判断分析法的原理在销售预测中已经讲述,这里只介绍销售百分比法。

二、资金的预测方法——销售百分比法

(一)销售百分比法的含义

销售百分比法是指现代企业根据销售收入总额与资产、负债各个项目之间的依存关系,并假定这些关系在未来时期保持不变的情况下,根据计划期销售额的增长幅度来预测需要相应追加多少资金的一种资金需要量的预测方法。

(二)销售百分比法的步骤

销售百分比法一般可按以下三个步骤来进行预测。

1. 区分报表项目与销售收入之间的相关性

将资产负债表上的各个项目按其与销售收入之间的相关性分为敏感项目与非敏感项目。其中敏感项目是指数额会随销售收入变化的项目。敏感性资产一般包括现金、应收账款、存货等。如果企业的生产能力没有剩余,那么继续增加销售收入就要增加新的固定资产投资,这种情况下,固定资产也会成为敏感性资产。敏感性负债项目一般有应付账款、应交税费等。

例如,企业的存货数量往往与销售量成一定的比例,假定某公司销售 1 000 万元的货物就会增加 400 元的存货储备,即存货与销售收入之间的百分比是 40%,预计出未来的销售收入就可以确定存货的资本需要量。

非敏感项目是指数额不随销售收入的变化而变化的项目,一般包括长期借款项目、权益资本项目等。

2. 计算销售百分比

将敏感的资产、负债以销售百分比表示(有关资产和负债项目与销售额之比),用资产的销售百分比的合计数减去负债的销售百分比合计数,就可以求出计划期年度每增加 1 元的销售额需要追加资金的百分比。

3. 确定外部筹集资金需要量

根据计划期的销售收入和销售净利率,结合计划期支付股利的比率,确定计划期内部留存收益的增加额,即可得出企业计划期需要从外部筹集的资本需要量。

其计算公式为:

$$M=(A_0/S_0)\times(S_1-S_0)-(L_0/S_0)\times(S_1-S_0)-S_1\times R\times(1-D)+M_0$$

式中,M 为外部融资需求量;D 为股利支付率;S_0 为基期销售额;A_0/S_0 为敏感资产占基期销售额百分比;S_1 为计划销售额;L_0/S_0 为敏感负债占基期销售额百分比;R 为销售利润率;M_0 为计划期零星资本需求。

例 5-15 某公司 20×0 年 12 月 31 日的资产负债表如下表 5-9 所示。已知该公司 20×0 年的销售收入为 800 万元,现在还有剩余的生产能力,另外一些资产、负债和权益项目将随销售收入的变化而成正比例变化,并计算出变化项目占销售收入的百分比,获得表 5-10,经预测 20×1 年销售收入将增加到 1 000 万元。假定销售收入净利率为 15%,留存收益为净利润的 25%。

表 5-9　某企业 20×0 年 12 月 31 日资产负债表　　　　单位：万元

资产	金额	负债与所有者权益	金额
货币资金	40	应付账款	80
应收账款	120	应交税费	40
存货	240	短期借款	60
固定资产净值	160	应付债券	60
		实收资本	300
		留存收益	20
合计	560	合计	560

表 5-10　销售百分比表

资产	占销售比重/%	负债与所有者权益	占销售比重/%
货币资金	5	应付账款	10
应收账款	15	应交税费	5
存货	30	短期借款	不变动
固定资产净值	—	应付债券	不变动
		实收资本	不变动
		留存收益	—
合计	50	合计	15

解： 销售收入增加额 = 1 000 − 800 = 200 万元

随销售变化的资产增加额 = 50% × 200 = 100 万元

随销售变化的负债增加额 = 15% × 200 = 30 万元

随销售增加的权益增加额 = 1 000 × 15% × 25% = 37.5 万元

企业需要对外筹集的资金额 = 变动资产增加额 − 变动负债增加额 − 权益增加额 = 100 − 30 − 37.5 = 32.5 万元

本章小结

经营预测是决策的基础和前提，做好经营预测有利于企业合理安排和组织生产经营活动。预测分析的方法分为定性和定量两大类，企业根据自身可以选择合适的方法进行科学的预测。

经营预测的内容广泛，本章主要讲了销售预测、成本预测、利润预测和资金需要量预测。

拓展阅读

1. 《管理会计应用指引第 400 号——营运管理》。
2. 《管理会计应用指引第 301 号——目标成本法》。

📖 即测即评

✏️ 思考与练习

一、思考题

1. 什么是经营预测？经营预测的内容和步骤是什么？
2. 销售预测的方法有哪几种？每种方法的特点是什么？
3. 成本预测的方法有哪几种？每种方法如何应用？
4. 利润预测的方法有哪几种？每种方法如何应用？
5. 资金预测常用的方法是什么？请阐述其步骤？

二、计算分析题

1. 已知：某企业生产一种产品，20×1 年 1~12 月份的销售量资料如下表 5-11 所示：

表 5-11 某企业 20×1 年 1~12 月份销售表

月份	1	2	3	4	5	6	7	8	9	10	11	12
销量/吨	10	12	13	11	14	16	17	15	12	16	18	19

要求：按平滑指数法预测 20×2 年 1 月份销售量。
（假设 20×1 年 12 月份销售量预测数为 16 吨，平滑指数为 0.3）

2. 已知：某公司产品的单位变动成本为 20 元，固定成本为 500 000 元，销售单价为 25 元/件，若目标净利润定为 300 000 元，适用的所得税税率为 40%。

要求：用本—量—利分析法计算产品的保利量是多少。

第六章 短期经营决策

学习目标

专业目标：
了解短期经营决策的基本概念。
掌握短期经营决策需要考虑的成本概念。
掌握生产决策的几种具体应用。
掌握定价决策的应用。
职业素养目标：
科学的决策思路，具备分析问题和解决问题的能力，养成学生决策时要有逻辑的思维习惯。

导入案例

小明暑假在快餐店暑期实践。快餐店的主要产品是盒饭，每天的正常销售的业务量是200份，每份盒饭的单位变动成本是8元，快餐店每天经营的固定成本是1 000元，每天正常可使用生产能力是250份。盒饭的正常售价是18元/份。今天在200份盒饭的基础上又有一个追加订单。追加订单给出的价格为每盒12元，数量为50份。

根据上述资料，思考并回答以下问题。
（1）店里是否要接受这个追加订单呢？
（2）作为财务专业的学生，在暑假实践中该表现出财务人员什么样的职业道德和专业素养？

第一节 短期经营决策分析概述

一、决策分析的含义

决策分析是管理会计的重要组成部分。管理会计中的决策分析是指企业为实现预定的目标，在科学预测的基础上，采用科学的理论和方法，对企业生产经营活动中出现的诸多备选方案进行成本效益分析，选出最好的或可行的方案的过程。

二、决策分析的分类

1. 按决策对经营活动影响的长短分类

按决策对经营活动影响的时间长短可分为短期决策和长期决策。

短期决策是指在一个会计年度或一个经营周期内能够实现其目标的决策。其决策视野为一个会计期间，短期决策行为的直接影响范围一般在一个会计期间内。短期决策一般有资金投入少、充分利用现有资源、决策结果见效快的特点。因此短期决策通常不考虑货币的时间价值和投资风险。如生产决策、定价决策、存货决策等都属于短期决策，也称短期经营决策。

长期决策是指超过一个会计年度并会对未来若干会计年度的收支产生影响的决策。长期决策一般有资金投入较多、决策结果见效慢的特点。因此长期决策一般要考虑货币的时间价值和投资风险。有关长期投资决策内容将在第七章介绍。

2. 按决策条件是否确定分类

按决策条件，也就是决策者所掌握信息的确定程度分为确定型决策、风险型决策和不确定型决策。

确定型决策是指决策有关的各项备选方案的条件都是已知的，数据是唯一确定的，并且每个备选方案都有一个确定的结果。这种决策只需要决策者比较不同备选方案的优劣，选出最优方案。确定型决策是本章重点研究的决策内容。

风险型决策是指决策有关的各项备选方案的条件是已知的，但每个方案的结果是不确定的，方案的执行可能会出现至少两个不同的结果。在决策时决策者可以通过预测不同结果出现的客观概率来做出选择。这种决策是在一定客观概率下作出的，要承担一定的风险，因此是风险型决策。

不确定型决策是指决策有关的备选方案的条件虽然是已知的，但每个方案的结果是不确定的，并且每个方案的结果无法通过预测来确定其客观概率，决策时需要靠经验判断确定不同结果的主观概率作为决策依据。

3. 按决策方案之间的关系分类

按决策方案之间的关系可以分为"接受或拒绝决策"和"互斥方案决策"两大类。

（1）接受或拒绝方案决策。该类决策只需对一个备选方案作出接受或拒绝的选择。如亏损产品是否停产的决策、是否接受追加订货的决策等。

（2）互斥方案决策。该类决策需要在两个或两个以上互相排斥的备选方案中选出唯一的最优方案。如生产何种新产品的决策、零部件自制还是外购的决策等。

三、短期经营决策分析的步骤

短期经营决策分析是一个复杂的过程，一般来说，短期经营决策分析有以下五个步骤。

（1）确定决策目标。决策是为了达到预定的目标而进行的，因而确定决策目标是进行决策分析的前提。如生产能力有剩余时该生产何种产品能给企业带来最大经济效益，就成为生产能力利用决策的目标。决策目标要明确具体，责任清楚。

（2）收集相关资料。根据决策目标，收集汇总企业内部条件和外部资源，为方案制定提供基础。

（3）拟定备选方案。在明确决策目标，充分考虑各种可能条件下，拟定各种可以实现目标的备选方案。

（4）确定每一备选方案的成本与收益。对形成的备选方案采用各种定性、定量分析方法确定各方案的成本与效益。

（5）比较每一种备选方案的成本与收益，选择最优方案。

四、短期经营决策分析的假设

为了简化短期经营决策分析,在设计相关的决策方案时,通常作出以下六个方面的假设。

(1) 决策方案不涉及追加长期项目的投资。
(2) 经营有关的问题已经明确,所需各种预测资料齐备。
(3) 各种备选方案均具有技术可行性。
(4) 只有单一方案和互斥方案两种决策形式。
(5) 销量、价格、成本等变量均在相关范围内波动。
(6) 各期产销平衡。

第二节 经营决策分析中的成本概念

决策分析的最终目的是确定最优方案,这就需要根据各种已知资料,分析备选方案的经济效益,运用专门的方法进行计算、分析和比较,进而选出最优方案。影响各备选的方案经济效益的两个主要因素是收入和成本,和收入相比,企业更容易控制的因素是成本。管理会计中涉及的成本概念除以前学习过的变动成本、固定成本、制造成本和非制造成本外,还有按决策问题区分的相关成本和无关成本。在决策分析中区分影响各方案效益的相关成本和无关成本尤为重要。

相关成本是指与特定决策相关、决策时必须加以考虑的成本。属于相关成本的有重置成本、机会成本、可延缓成本、可避免成本、付现成本、差量成本、边际成本、专属成本等。

无关成本是指对某决策方案的选择没有任何影响、不能导致决策差别的成本项目。无关成本发生与否以及发生多少都与某决策方案无关,与某决策方案互不影响。所以,无关成本是决策行为不需要考虑的因素。属于无关成本的有历史成本、沉没成本、不可延缓成本、不可避免成本和共同成本等。需要注意的是,相关成本和无关成本是针对某一决策方案而言。某决策的相关成本也可能是另一个决策的无关成本。

一、相关成本

1. 重置成本

一项资产的重置成本是指目前从市场上重新购置原有资产所需花费的成本,也称为现时成本。例如,三年前公司购买某设备花费 5 万元,现在重新购买相同的设备需要 8 万元,则该设备的重置成本为 8 万元。在管理会计决策分析中,要考虑的是资产的重置成本。

2. 机会成本

机会成本是指使用有限资源时,因为选择某一方案而必须放弃的另一备选方案所失去的可能的最大收益。机会成本不是一项现实的成本支出,只是用于计算落选方案可能获得的潜在收益,因而不会计入会计账簿。机会成本是基于资源的稀缺性而产生的成本,在互斥决策中,决策者在选取某一方案时就必须要放弃另一个备选方案,选取的方案带来的收益必须能够弥补因此而放弃的其他备选方案的收益。选择方案时,将机会成本的影响考虑进去,有利于对所选方案的最终效益进行全面评价。若忽视机会成本,可能会造成决策失误。

例 6-1 某公司现有一闲置车间,既可以用于甲产品的生产,也可以用于出租。如果用来生产甲产品,其收入为 40 000 元,成本费用为 25 000 元,可获净利 15 000 元;用于出租则可获租金收入10 000元；在决策中，如果选择用于生产甲产品，则出租方案必然放弃，其本来可能获得的租金收入10 000元应作为生产甲产品方案的机会成本。这时，我们可以得出正确的判断结论：生产甲产品将比出租多获净利5 000元。

3. 可延缓成本

可延缓成本是指对可以延期实施的某一决策方案的相关成本。在企业生产经营过程中，有时对已经选定的某一方案是否立即执行，对企业大局影响不大。在企业财力负担有限的情况下就可以推迟执行该方案。例如某企业已决定装修车间，成本预算为2万元，假设现在企业出现突发情况，导致企业资金紧张，则装修车间不一定立刻实施，不实施也不影响企业正常生产经营。那么，与装修车间有关的成本就是可延缓成本。

4. 可避免成本

可避免成本是指通过管理者的决策可以改变其大小而不会对企业生产经营造成重大影响的成本。如企业的广告费、职工培训费、管理人员奖金等。这些成本支出有利于企业经营业务的开展，但其金额大小取决于管理者的决策，并非不能改变。

5. 付现成本

付现成本是指由于某项决策而必须立即或在未来时期以现金支付的各项成本。企业在现金相对短缺、支付能力不足、筹资困难的情况下，对方案的取舍标准应更重视付现成本的大小而非总成本的大小。企业在资金紧张时，应慎重考虑付现成本。

6. 差量成本

差量成本通常有广义和狭义之分。广义的差量成本是指企业在进行经营决策时，根据不同备选方案计算出来的成本差异。

例6-2 某企业今年需要10 000件甲零件，可以外购也可以自制。如果外购，单价为4元；如果自制，则单位变动成本为2元，固定成本5 000元。外购或自制决策的成本计算如表6-1所示。

表6-1 外购或自制决策的成本计算表　　　　　　　单位：元

方案 项目	外购	自制	差量成本
采购成本	10 000×4=40 000	—	—
变动成本	—	10 000×2=20 000	—
固定成本	—	5 000	—
总成本	40 000	25 000	15 000

由于外购总成本比自制总成本高15 000元（即差量成本为15 000元），在其他条件相同时，应选自制方案。

狭义差量成本是指在同一决策方案下，由于生产能力的不同利用程度或不同产量所引起的差量成本，也称为增量成本。通常，在相关范围内，增量成本等于变动成本的差额，但超出相关范围，增量成本就是变动成本差额与固定成本差额之和。因此，不能简单地认为增量成本等于变动成本。

例6-3 某企业生产甲产品，最大生产能力为年产20 000件，正常利用率为最大生产能力的80%，甲产品单位变动成本为4元，年固定成本为8 000元。按生产能力正常利用率可达到的产量16 000件，每件单位固定成本为0.5元。则以年产量16 000件为基础，每增加1 000件产品的生产量而追加的差异成本计算如表6-2所示。

表 6-2 成本计算表   单位：元

产量/件	总成本		产量增加1 000件的差异成本		单位成本		产量增加1 000件的差别单位成本	
	固定成本	变动成本	固定成本	变动成本	固定成本	变动成本	固定成本	变动成本
16 000	8 000	64 000	—	—	0.5	4	—	—
17 000	8 000	68 000	0	+4 000	0.47	4	−0.03	0
18 000	8 000	72 000	0	+4 000	0.44	4	−0.03	0

从上表可以看出，在相关范围内，即产量不超过其最大生产能力 20 000 件时，固定成本总额不随产量的变动而变动，所以，每增加生产 1 000 件产品而追加的成本额为变动成本 4 000 元，这时差量成本总额与变动成本总额一致。单位固定成本则呈降低的趋势。

7. 边际成本

边际成本是指产量（业务量）无限小变化时，而引起的成本变动。然而从管理学角度来讲的，业务量不可能小于一个有经济意义的单位，这对企业没有实际意义。所以，边际成本实际上就是在相关范围内业务量增加或减少 1 个单位所引起的成本变动数额。

例 6-4 某企业每增加 1 个单位产量的生产引起总成本的变化及追加成本的变化，如表 6-3 所示。

表 6-3 边际成本计算表

产量/件	总成本/元	边际成本/元
110	700	—
111	702	2
112	704	2
113	706	2
114	708	2
115	818	110
116	820	2
117	822	2

从表 6-3 资料可以看出，产量每增加 1 个单位，边际成本并不总是一个固定的数值。当产量从 110 件至 114 件递增时，每增加 1 个单位产量的边际成本为 2 元；但从 114 件到 115 件时，增加 1 个单位产量的边际成本就上升为 110 元；随后，总成本又以每增加 1 个单位产量边际成本为 2 元的趋势变化。这是因为当产量从 110 件增加到 114 件时，是在相关范围内，固定成本不随产量变化，而只是变动成本随产量发生变化；而当产量从 114 件增加到 115 件时，边际成本上升为 110 元，这表明第 115 件产品已超出了原来的相关范围。要到这个产量需增加固定成本。在这之后，边际成本又以一个固定的数值（2 元），在新的相关范围内随着单位产量的增加而增加。

由此看来，边际成本和变动成本是有区别的，变动成本反映的是增加单位产量所追加成本的平均变动，而边际成本是反映每增加 1 个单位产量所追加的成本的实际数额。所以，只有在相关范围内，增加 1 个单位产量的单位变动成本才能和边际成本相一致。

此外，如果把不同产量作为不同方案来理解，边际成本实际就是不同方案形成的差量成本。

8. 专属成本

专属成本是指可以明确归属于企业生产的某种产品，或直接归属于某个责任部门的固定成本。没有这些产品或部门，就不会发生这些成本，所以专属成本是与特定的产品或部门相联系的特定的成本。例如专门生产某种产品的专用设备折旧费、保险费等。在进行方案选择时，专属成本是与决策有关的成本，必须予以考虑。

二、无关成本

1. 历史成本

财务会计中资产主要是按历史成本入账的，历史成本是购买时实际支付的成本。由于历史成本是已经发生的，是目前的决策无法改变的，因此，在管理会计决策分析中是无关成本。

2. 沉没成本

沉没成本是指过去已经发生并无法由现在或将来的任何决策所改变的成本。沉没成本是过去决策的结果，对现在或将来的决策不产生影响，属于决策时不需要考虑的成本。

例 6-5 企业有一台旧机器设备要提前报废，其原价为 10 000 元，已提折旧 8 000 元、账面净值为 2 000 元。假设处理这台旧设备有两个方案可以考虑：一是将旧设备直接出售，可获得变价收入 500 元；二是经修理后再出售，则需支出修理费用 1 000 元，但可得收入 1 800 元。设备原价和账面净值是企业过去支付的，已经无法收回，属于沉没成本，与当前的决策无关，在决策时不必考虑。在进行决策时，出售旧设备净值 2 000 元属于过去已经支出再无法收回的沉没成本，所以不予考虑，只需将这两个方案的收入加以比较，直接出售可得收入 500 元，而修理后出售可得净收入 800 元（1 800－1 000）。显然，采用第二方案比采用第一方案可多得 300 元（800－500）。所以，应将旧设备修理后再出售。

可见，沉没成本是企业在以前经营活动中已经支付现金，而在现在或将来经营期间摊入成本费用的支出。因此，固定资产、无形资产、递延资产等均属于企业的沉没成本。

3. 不可延缓成本

即使在企业财力有限的情况下，也不能推迟执行的决策方案相关成本。若方案推迟执行则会对企业带来重大不利影响，此时与决策有关的成本也必须立即支出，不能拖延。例如，某企业的一台重要设备突然损坏，且无法修复，造成企业无法正常生产。企业管理者决定立即采购一台相同设备，其价款 20 万元。这项采购方案必须立即实施。则设备购置方案的有关成本就是不可延缓成本。

4. 不可避免成本

不可避免成本是指通过管理者决策不能改变或者强制改变会给企业带来不利影响的成本。不可避免成本通常是那些为进行企业经营而必须负担的，不能改变的最低限度的固定成本，如厂房、设备等固定资产所提的折旧，不动产的税金、保险费以及管理人员薪金等。

5. 共同成本

共同成本是指为多种产品的生产或为多个部门的设置而发生的，应由这些产品或这些部门共同负担的成本。如在企业生产过程中，几种产品共同的设备折旧费、辅助车间成本等都是共同成本。在进行方案选择时，共同成本则是与决策无关的成本，可以不予考虑。

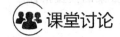 **课堂讨论**

沉没成本陷阱

美国社会心理学教授巴里施瓦茨在其著作《选择的悖论》中用心理学来解读人的经济行为,书中有这样一个例子:一家戏剧演出公司向人们出售季票,持票可不限场次观看演出,因为这期间搞过一次优惠活动,季票打五折,其余时间均是全价卖出的。研究者通过戏剧公司跟踪统计观众观看演出的情况,结果发现,买全价票的人看戏的频率远远高于买半价票的人。因为买了全价票,不去看便觉得是损失。因此,不管天气、心情如何,只要有票,就风雨无阻前去观看。

人们在决定是否去做一件事情的时候,不仅是看这件事对自己有没有好处,而且也看过去是不是已经在这件事情上有过投入。我们把这些已经发生、不可收回的支出,如时间、金钱、精力等称为"沉没成本"。

讨论:我们在进行某些决策时,是否需要考虑沉没成本?为什么?

第三节 短期经营决策的方法

在备选方案中选出最优方案是决策过程的一个重要步骤。为使方案的评价和比较建立在科学的基础上,需要运用相应的决策分析方法。短期经营决策的技术方法很多,确定性短期决策常用的方法有差别损益法、边际分析法、平衡点分析法等。

一、差别损益法

差别损益分析法是指在进行两个互斥方案的决策时,通过分别计算两个方案的差别收入和差别成本,再比较两个方案的差别损益从而选最优方案的一种分析方法。

差别损益=差别收入－差别成本

其中,差别收入指两个方案相关收入之差;差别成本是指两个方案相关成本之差。

差别损益=两方案的差别收入－两方案的差别成本

根据差别损益作出决策的判断标准是,当差别损益确定后,我们就可以进行方案的选择:如果差别损益为正(即为差别收益),说明比较方案更优;如果差别损益为负(即为差别损失),说明被比较方案更优。差别损益分析法的决策过程可如表6-4所示。

表 6-4 差别损益分析法的决策过程表

甲方案	乙方案	差量
预期收入	预期收入	差别收入
预期成本	预期成本	差别成本
预期损益	预期损益	差别损益

当差别损益>0时(即为差别收益),甲方案可取;
当差别损益<0时(即为差别损失),乙方案可取。
差量分析法适用于各备选方案的财务指标是常量的情况。当个备选方案的财务指标是常量时，这些方案的损益总额也就因而确定。于是决策者就可以通过对备选方案的损益指标总额进行比较而确定最佳方案。

二、边际分析法

短期经营决策中，由于企业生产能力一般不会改变，固定成本总额基本稳定。所以，只需对备选方案产品所提供的边际贡献进行分析，就可以确定最优方案。

1. 边际贡献总额分析法

因为固定成本总额在相关范围内不随业务量的变动而变动，因此，收入减去固定成本后的差额即边际贡献越大，则减去固定成本后的余额即利润也就越大。所以边际贡献的大小，反映了备选方案对企业利润贡献的大小。

$$边际贡献 = 预期收入 - 变动成本$$

决策标准：边际贡献总额是正指标，选择备选方案中该指标数值最大的为最优方案。

适用条件：当有关决策方案的相关收入均不为零，相关成本全部为变动成本，固定成本是无关成本时，可以将边际贡献总额作为决策评价指标。

2. 剩余边际贡献分析法

当有关决策方案的相关收入均不为零，相关成本全部为变动成本，备选方案中存在专属固定成本时，可以将剩余边际贡献作为决策评价指标。

$$剩余边际贡献 = 预期收入 - 变动成本 - 专属固定成本$$

剩余边际贡献是正指标，选择备选方案中该指标数值最大的为最优方案。

3. 单位资源边际贡献分析法

单位资源边际贡献分析法是通过比较备选方案单位资源边际贡献的大小来确定最优方案的分析方法。

$$单位资源边际贡献 = \frac{单位边际贡献}{单位产品资源消耗定额}$$

使用范围：各方案存在不同的相关收入、成本，但存在全部的共同成本，且企业生产只受到某一项资源（某种原材料）的约束，且业务量未知。

单位资源边际贡献是正指标，选择备选方案中该指标数值最大的为最优方案。

三、平衡点分析法

平衡点分析法就是在各备选方案的经济数量关系是函数关系前提下，以确定各备选方案函数关系之图像交点作为决策依据的方法。平衡点分析法适用于备选方案的业务量是变量、且由此可构建出完整的函数关系式的情况。从纯粹的技术理论而言，这里的业务量可以是线性变量，也可以是非线性变量。在平衡点计算程序上，二者基本一致。基于当前实务的考虑，本教材仅对线性变量情况进行讨论。

如果，备选方案的经济数量关系是完整内容的损益关系，那么具体的平衡点分析称为利润平衡点分析；

如果备选方案的经济数量关系内容仅仅只包含相关成本，在各备选方案的相关收入一致，相关业务量为不确定因素时，通过判断处于不同水平上业务量与成本平衡点之间的关系，来作出互斥方案决策的一种方法。则称此种分析为成本平衡点分析。

在经济指标按照性态被表述的基础上，对备选方案的以方案利润为内容的函数表述模式通常是：

$$EBIT = (p - b)x - a$$

式中，EBIT 表示息税前利润；p 表示单价；b 表示单位变动成本；x 表示销售量；a

表示固定成本总额。

而对仅仅只涉及成本内容的备选方案的函数表述模式则是：
$$y = a + bx$$

基于上述分析，若 A 方案的固定成本为 a_1，单位变动成本为 b_1；B 方案的固定成本为 a_2，单位变动成本为 b_2。通过解析联立方程的方式，可以分别确定利润平衡点和成本平衡点计算公式如下。

利润平衡点计算公式：
$$X_0 = \frac{a_1 - a_2}{(p_1 - b_1) - (p_2 - b_2)}$$

成本平衡点计算公式：
$$X_0 = \frac{a_1 - a_2}{b_2 - b_1}$$

平衡点确定之后，整个业务量被分割为 $0 \sim X_0$ 及 X_0 以上两个区域，在这两个区域中，选择结论正好相反。

如果备选方案是利润决策型问题，则选择结论就是：若预期业务量水平在平衡点以下，则应该选择固定成本值大（绝对值小），单位边际贡献小的方案；若预期业务量水平在平衡点以上，则应该选择固定成本值小（绝对值大），单位边际贡献大的方案。

如果备选方案是成本决策型问题，则选择结论就是：若预期业务量水平在平衡点以下，则应该选择固定成本值小，单位变动成本大的方案；若预期业务量水平在平衡点以上，则应该选择固定成本值大，单位变动成本小的方案。

四、不确定条件下的生产决策

（一）不确定决策

不确定型决策是指影响这类决策相关因素的未来状况不仅不能完全确定，而且连其出现可能结果的概率也无法确切地进行预计的决策。决策方法主要有以下三种。

1. 大中取大决策法

大中取大决策法又称为乐观决策法，是指在几种不确定的随机事件中，选择最有利情况下收益值最大的方案作为最优方案的一种非概率方法。

决策步骤：首先，从各种决策方案中取最大收益值；其次，从各个收益最大值的方案中，选取其中收益值最大的作为决策方案。

例 6-6 某企业为扩大产品产量，经研究针对三种可能出现的自然状态，拟定了三种不同的方案，如表 6-5。采用大中取大决策法应如何选择？

表 6-5 乐观决策计算表　　　　　　　　　　　　　　　　　单位：元

扩大生产方案	自然状态		
	销路较好	销路一般	销路差
方案 A	15 000	12 000	−3 000
方案 B	21 000	7 500	−6 000
方案 C	9 000	4 500	−1 500

第一步，找出各个方案的最大收益值。方案 A 的最大收益值 15 000 元；方案 B 的最大收益值 21 000 元；方案 C 的最大收益值 9 000 元。

第二步，以最大收益值最大的方案为最优方案。通过比较可见，应把方案 B 作为最优的决策方案。

可见，这种方法是对客观情况按乐观的态度，从最好的客观状况出发，去寻找预期结果最好的方案。

2. 小中取大法决策法

小中取大法决策法又称为悲观决策方法，是指在几种不确定的随机事件中，选择最不利情况下收益值最大的方案作为最优方案的一种非概率方法。

决策过程：首先，从每个方案中选出最小的收益值；然后再从中选出一个收益值最大的方案作为决策方案。

例 6-7 某企业为扩大产品产量，经研究针对三种可能出现的自然状态，拟定了三种不同的方案，如表 6-6。采用小中取大决策法如何选择？

表 6-6 悲观决策计算表　　　　　　　　　　　　　　　单位：元

扩大生产方案	自然状态		
	销路较好	销路一般	销路差
方案 A	15 000	12 000	−3 000
方案 B	21 000	7 500	−6 000
方案 C	9 000	4 500	−1 500

第一步，找出各个方案的最小收益值。方案 A 的最小收益值−3 000 元；方案 B 的最小收益值−6 000 元；方案 C 的最小收益值−1 500 元。

第二步，以最小收益值最大的方案为最优方案。通过比较可见，应把方案 C 作为最优的决策方案。

可见，这种方法决策者对未来持比较保守和稳健的态度，假定今后出现的情况是最不利的，但可以在最不利的情况下寻求较好的方案，即从坏处着想，向好处努力。

3. 大中取小决策法

大中取小决策法又称为最小最大后悔值法，是指在几种不确定的随机事件中，选择最大后悔值中最小的方案作为最优方案的一种非概率方法。

决策过程：首先，找出在不同自然状态下的最大收益值；其次，计算在不同状态下的各个方案的后悔值（最满意方案的收益值与所选择的方案收益值之差）；最后，从各个方案的最大后悔值中选择最小的最大后悔值为最优方案。

例 6-8 某企业为扩大产品产量，经研究针对三种可能出现的自然状态，拟定了三种不同的方案，如表 6-7。采用大中取小决策法应如何选择？

表 6-7 不同方案的销路表　　　　　　　　　　　　　　　单位：元

扩大生产方案	自然状态		
	销路较好	销路一般	销路差
方案 A	15 000	12 000	−3 000
方案 B	21 000	7 500	−6 000
方案 C	9 000	4 500	−1 500

第一步，找出在不同自然状态下的最大收益值，销路较好状态最大收益值 21 000 元；销路一般状态最大收益值 12 000 元；销路差状态最大收益值−1 500 元。

第二步，计算在不同状态下的各个方案的后悔值（最满意方案的收益值与所选择的方案收益值之差），如表 6-8。

表 6-8　不同方案最大后悔值计算表　　　　　　　　　　　　　　　单位：元

扩大生产方案	各种自然状态下的后悔值			各方案中的最大后悔值
	销路较好	销路一般	销路差	
方案 A	6 000	0	1 500	6 000
方案 B	0	4 500	4 500	4 500
方案 C	12 000	7 500	0	12 000

最后，从各个方案的最大后悔值中选择最小的最大后悔值为最优方案，通过比较可见，应把方案 B 作为最优的决策方案。

大中取小决策法以假定决策失误为前提，即使出现失误也会使损失达到最小。

（二）风险性决策

风险性决策是指与决策相关因素的未来状况不能完全确定但却能以概率表示其可能性大小，无论选择哪一种方案都带有一定风险的决策。一般可以采用概率分析法进行决策。

第四节　生产决策分析

生产决策是短期经营决策的重要内容之一。生产决策是指企业在生产领域中围绕是否生产、生产什么、怎样生产以及生产多少等方面的问题而进行的决策。常见的生产决策包括新产品开发的品种决策、是否增产或转产的决策、亏损产品是否停产的决策、是否接受低价追加订货的决策、半产品是否深加工的决策、联产品是否深加工的决策、零部件自制或外购的决策等。

一、新产品开发的品种决策

新产品开发的品种决策是指企业利用现有的剩余生产能力来开发某种在市场上有销路的新产品，从两个或两个以上可供选择的新产品中选择最优品种的决策。该决策属于互斥方案决策。根据不同情况可以选择边际贡献分析法、差别损益分析法等。

1. 不追加专属成本的情况

如果企业有剩余的生产能力可供使用，或者利用过时老产品腾出来的生产力，在有几种新产品可供选择而每种新产品都不需要增加专属固定成本时，可以选择边际贡献分析法。

例 6-9　某企业目前只生产 A 产品，现有剩余生产能力可以选择 B、C 两种新产品可以投入生产，但剩余生产能力有限，只能将其中一种新产品投入生产。企业的固定成本为 1 800 元，并不因为新产品投产而增加。各种产品的资料如表 6-9 所示。

表 6-9　各种产品资料

产品名称 项目	B	C
产品数量/件	180	240
售价/元	6	9
单位变动成本/元	3	5

这时，只要分别计算 B、C 产品能够提供的边际贡献额（如表 6-10），加以对比，便可作出决策。

表 6-10 边际贡献额

项目 \ 产品名称	B	C
预计销售数量/件	180	240
售价/元	6	9
单位变动成本/元	3	5
单位边际贡献/元	3	4
边际贡献总额/元	540	960

以上计算表明，C 产品的边际贡献额大于 B 产品的边际贡献额 420 元（960－540）。可见，生产 C 产品优于 B 产品。

另外，企业的某项资源（如机器工时、原材料、人工工时）受到限制的情况下，可采用单位资源边际贡献法来决策。

例 6-10 某企业准备利用剩余的生产能力，采用数量有限的甲材料开发一种新产品，开发新品种不需要追加专属成本。现有 A、B 两个品种可选择。各种产品的资料如表 6-11 所示。

表 6-11 各种产品的资料

项目 \ 产品名称	A	B
预计售价/元	200	100
单位变动成本/元	160	70
单位产品消耗甲材料定额/千克	10	6

从表中可知：

A 产品的单位边际贡献＝200－160＝40（元）

A 产品的单位资源边际贡献＝$\frac{40}{10}$＝4（元/千克）

B 产品的单位边际贡献＝100－70＝30（元）

B 产品的单位资源边际贡献＝$\frac{30}{6}$＝5（元/千克）

由计算可知：通过比较两种产品的单位资源边际贡献，开发 B 产品更有利。

2. 追加专属成本的情况

如果新产品投产将发生不同的专属固定成本，在决策时就应以各种产品的剩余边际贡献额作为判断方案优劣的标准。剩余边际贡献额等于边际贡献额减专属固定成本。剩余边际贡献额越大，该方案就越可行。

例 6-11 如果例 6-9 中 B 产品有专属固定成本（如专门设置设备的折旧）200 元，C 产品有专属固定成本 700 元，则有关分析如表 6-12 所示。

表 6-12　有关分析　　　　　　　　　　　　　　　　单位：元

项目＼产品名称	B	C
边际贡献总额	540	960
专属固定成本	200	700
剩余边际贡献总额	340	260

在这种情况下，C 产品的剩余边际贡献额比 B 产品的少 80 元（340－260），所以生产 B 产品优于 C 产品。

二、是否增产或转产的决策

增产的决策是指企业完成既定的生产任务外，若还有剩余生产能力，为了充分利用这一部分剩余生产能力，就需要在原投产的几种产品中适当扩大某种产品的生产，决定选择增产哪种产品对企业有利。

这里的转产是指在企业存在低盈利产品的时候，可以通过调整个别品种构成，在现有条件下，将低盈利产品的生产能力转移到新产品或其他产品上来。

例 6-12　某企业原来生产 A、B 两种产品，实际开工率只有全部生产能力的 70%，还有 30% 的生产能力剩余。现准备将剩余的生产能力用于增产 A 或 B 产品。全部用于增产 A 产品可使 A 增产 40%，若全部用于增产 B 产品可使 B 增产 60%。若剩余生产能力不用于增产 A、B 两种产品，厂房对外出租可获得租金 100 000 元。其他资料如表 6-13 所示。

表 6-13　例 6-12 其他资料

项目＼产品名称	A	B
预计产销量/件	40 000	30 000
销售单价/元	15	12
单位变动成本/元	8	6

可采用差别损益法进行决策。

增产 A 产品对比出租的差别损益＝40 000×(15－8)×40%－100 000＝12 000(元)

增产 B 产品对比出租的差别损益＝30 000×(12－6)×60%－100 000＝8 000(元)

通过比较差别损益，可以得出选择增产 A 产品。

例 6-13　已知某企业生产 A、B、C 三种产品。其中 A 产品每年的销售收入为 40 000 元，变动成本为 35 000 元，A 产品的生产能力可以转移，既可以用于增产原有产品 B 或 C，又可以用于开发新产品 D，且都不需要增加专属成本。其他资料如表 6-14 所示。

表 6-14　例 6-13 其他资料

项目＼产品名称	B	C	D
增产数量/件	2 000	3 000	1 000
售价/元	20	15	40
单位变动成本/元	9	8	12

判断 A 产品是否需要转产，如果转产，应该转产那种产品。可采用边际贡献总额分析法进行决策。则

转产产品的边际贡献总额分别如下：

增产 B 产品的边际贡献总额＝(20－9)×2 000＝22 000(元)

增产 C 产品的边际贡献总额＝(15－8)×3 000＝21 000(元)

转产 D 产品的边际贡献总额＝(40－12)×1 000＝28 000(元)

继续生产 A 产品的边际贡献总额＝40 000－35 000＝5 000(元)

从上面计算可得出，企业应该无论是增产原有的 B、C 产品，还是转产新产品 D，都比继续生产 A 产品的边际贡献总额多。其中转产 D 产品的边际贡献总额最大，所以，企业应该转产 D 产品。

三、亏损产品是否停产的决策

亏损产品是否停产的决策是指对于企业组织多种产品生产时，对于亏损产品是否继续生产的问题做出决策。该决策属于接受或拒绝方案决策类型。这里所说的亏损是基于财务会计中按照完全成本法计算出来的。在企业生产经营中，某种产品发生亏损是经常遇到的问题。对于亏损产品，绝不能简单地予以停产，而必须综合考虑企业各种产品的经营状况、生产能力的利用及有关因素的影响，采用变动成本法进行分析后，做出停产、继续生产、转产或出租等最优选择。

1. 相对剩余生产能力无法转移的情况

在相对剩余生产能力无法转移的情况下，亏损产品停产后闲置的生产能力无法被用于其他方面，即既不能转产，也不能将有关设备对外出租。此时，产品的边际贡献大于零，说明该产品可以为企业总利润做出一定的贡献，属于"虚亏"，可以继续生产。否则，应考虑停产。

例 6-14 某企业生产 A、B、C 三种产品，其中 A 产品是亏损产品。假定停产 A 产品，生产能力无法转移。A 产品停产前有关资料如表 6-15 所示。

表 6-15　A 产品停产前损益表　　　　　　　　　　单位：元

项目	A	B	C	合计
销售收入总额	80 000	200 000	120 000	400 000
变动成本总额	70 000	130 000	90 000	290 000
边际贡献总额	10 000	70 000	30 000	110 000
固定成本总额	16 000	40 000	24 000	80 000
利润	－6 000	30 000	6 000	30 000

其中，固定成本按各种产品的销售收入比例分摊。

如果 A 产品停止生产，由于固定成本没有减少，作为沉没成本的固定成本仍要发生，就要转由其他产品负担。A 产品所负担的固定成本将转移到 B、C 产品中，企业的利润将由 30 000 元减少到 20 000 元。因此，不应停止 A 产品的生产，见表 6-16。

表 6-16　A 产品停产后损益表　　　　　　　　　　单位：元

项目	B	C	合计
销售收入总额	200 000	120 000	320 000
变动成本总额	130 000	90 000	220 000

续表

项目	B	C	合计
边际贡献总额	70 000	30 000	100 000
固定成本总额	50 000	30 000	80 000
利润	20 000	0	20 000

2. 相对剩余生产能力可以转移的情况

如果亏损产品停产以后，闲置的生产能力可以转移，用于转产其他产品，或将有关设备对外出租，就必须进一步考虑有关机会成本（租金等）因素。如果亏损产品创造的边际贡献大于机会成本，则应继续生产。否则，就应停产。

例 6-15 若例6-14中A产品停产后，可将生产A产品的设备对外出租，一年可获得租金收入12 000元。则是否该停产A产品？

由于继续生产A产品的边际贡献为10 000元，小于机会成本租金12 000元，因而应该停止生产A产品转而出租设备，这样可以使企业多获得2 000元的利润。

四、是否接受低价追加订货的决策

是否接受低价追加订货的决策是指企业尚有一定剩余生产能力可利用的情况下，如果外单位要求以低于企业正常销售价格订货或者以低于产品单位成本的价格追加订货，企业做出接受还是拒绝订货请求的决策。这时，我们不能按照传统财务会计的观点简单接受或拒绝，需要从管理会计角度进行分析后再进行决策。一般来说，当企业利用剩余生产能力遇到追加订货时，只要对方出价高于产品的单位变动成本，并能补偿专属的固定成本，便可考虑接受。具体的决策方法可以采用差别损益法或边际贡献法。

例 6-16 某企业生产A产品，最大生产能力为20 000件，正常销售12 000件，剩余生产能力有8 000件，正常价格为10元/件，固定成本总额为24 000元，单位变动成本为6元/件。现有客户来订货8 000件，最高只能出价7.5元/件。而且对产品包装有特殊要求，需租入设备一台，为此需追加租金4 000元。那么，企业是否可以接受该接受客户订货要求？

由于企业现有生产能力有剩余，接受该项订货并不会增加原有的固定成本，除追加订单的专属固定成本需要考虑外，原有产品的固定成本并非该项决策的相关成本，无需考虑。

接受订货的差别损益分析如下。

差别收入＝8 000×7.5＝60 000（元）
差别成本＝8 000×6+4 000＝52 000（元）
差别损益＝60 000－52 000＝8 000（元）

差别损益为8 000元，所以应该接受该追加订货的要求。

如果追加订货数量超过了剩余生产能力，则追加订货会减少正常产销量，减少的正常产销量所造成的损失应作为接受追加订货的机会成本，在决策分析中加以考虑。

五、半产品是否深加工的决策

当企业按不同的加工程度组织生产产品时，在完成一定的工序后，就可以将半成品出售，也可以继续加工成产成品出售。因此，企业会面临直接出售半成品还是深加工后出售的决策问题。一般来说，半成品继续加工后的产成品售价要高于半成品价格，但继续加工也需要成本。因此，面临这样的决策，企业不仅要考虑半成品和产成品的有关售价、加工成本、销售情况等，还要考虑深加工能力以及产能可否转移等问题。

这类决策通常采用差别损益分析法。将深加工的差别收入与差别成本进行比较，若差别损益大于零，则选择继续加工；否则，应选择直接出售半成品。深加工前的半成品的生产成本都属于沉没成本，与决策无关。相关成本只包括与深加工有关的成本。

例 6-17 某企业每年生产半成品 A 出售，产量为 10 000 件，每件变动成本为 6.25 元，固定成本总额为 15 000 元，售价为 10 元。企业还可以把半成品 A 进一步加工成 B 产品，售价可提高到 14 元，但单位变动成本需增至 8.75 元，同时还需追加专属固定成本 13 000 元。A 半成品是否需要加工成 B 产品出售？

A 半产品继续深加工的差别损益分析如下。

差别收入 = (14−10)×10 000 = 40 000（元）

差别成本 = (8.75−6.25)×10 000+13 000 = 38 000（元）

差别损益 = 差别收入−差别成本 = 2 000（元）

差别损益大于零，因而应选择深加工。

六、联产品是否深加工的决策

在同一生产过程中生产出来的若干种经济价值较大的产品，称为联产品。有些联产品可在分离后就出售，有的则可以在分离后继续加工出售。分离前的成本属于联合成本，要按售价等标准分配给各种联产品。联产品在分离后继续加工的追加变动成本和专属固定成本，称为可分成本。联合成本是沉没成本，决策时不予考虑；可分成本是与决策相关的成本，决策时应予以考虑。联产品是否进一步加工，可按下列公式计算、确定。

（1）应进一步加工。进一步加工后的销售收入−分离后出售的销售收入＞可分成本

（2）分离后即出售。进一步加工后的销售收入−分离后出售的销售收入＜可分成本

（3）进一步加工或分离后即出售，两者均可。进一步加工后的销售收入−分离后出售的销售收入＝可分成本

例 6-18 某企业生产的甲产品在继续加工过程中，可分离出 A、B 两种联产品。甲产品售价 200 元，单位变动成本 140 元。A 产品分离后即予销售，单位售价 160 元；B 产品单位售价 240 元，可进一步加工成子产品销售，子产品售价 360 元，需追加单位变动成本 62 元。该企业是否需要对 A、B 两种联产品进行深加工？

（1）分离前的联合成本按 A、B 两种产品的售价分配。

$$A 产品分离后的单位变动成本 = \frac{140}{160+240} \times 160 = 56(元)$$

$$B 产品分离后的单位变动成本 = \frac{140}{160+240} \times 240 = 84(元)$$

（2）由于 A 产品分离后的售价大于分离后的单位变动成 104 元（160−56），故 A 产品分离后销售是有利的。

（3）B 产品进一步加工成子产品的可分成本为 62 元，进一步加工后的销售收入为 360 元，而分离后 B 产品的销售收入为 240 元，则：

差异收入 = 360−240 = 120（元）

差异收入大于可分成本 58 元（120−62），可见，B 产品进一步加工成子产品再出售是有利的。

七、零部件自制或外购的决策

零部件自制或外购的决策，也是企业零部件取得方式的决策。对于那些具有机械加工能

力的企业而言，常常面临所需零部件是选择自制还是外购的问题。该决策属于互斥决策方案类型。由于自制方案或外购方案的预期收入都是相同的，因而这类决策通常只需要考虑自制方案和外购方案的成本高低，在相同质量并保证及时供货的情况下，选择成本低的方案。

1. 零部件年需用量确定时的决策

这种情况下，自制或外购的决策可以选择采用差量分析法进行分析。此时，在无须增加专用固定设备的情况下，自制零件是利用剩余生产能力进行的，原有的固定成本属共同成本，不会因零件的自制而增加，也不会因零件的外购而减少。所以，原固定成本属无关成本，不应包括在零件自制的相关成本中。自制零件的决策的相关成本只有变动成本（直接材料、直接人工、变动性制造费用）。外购相关成本一般包括买价、运费、订货费等。

例 6-19 某企业每年需用 L 零件 1 000 件，其外购单价为 25 元/件。该企业有能力安排第三生产车间自行生产该零件，每件成本 27 元，其中直接材料 10 元，直接人工 6 元，变动制造费用 4 元，固定制造费用 7 元。就以下几种情况分别作出 L 零件自制或外购的决策。

第 1 种情况：自制方案中不增加专属固定成本，第三生产车间的剩余生产能力无法转移。

第 2 种情况：自制方案需租入一套专用模具，年租金 3 000 元。

第 3 种情况：生产能力可以转移，第三生产车间的空闲设备可以出租，每年租金收入 8 000 元。

分别分析以上情况。

第 1 种情况下，因为企业的固定成本 7 000 元（7×1 000）属于沉没成本，是决策无关成本，所以自制相关成本不需要考虑固定制造费用。方案决策的相关成本表见表 6-17。

表 6-17　第 1 种情况相关成本分析表　　　　　　　　　　　　单位：元

项目	单位成本	总成本
自制方案	10+6+4=20	20×1 000=20 000
外购方案	25	25×1 000=25 000

差别成本=20 000－25 000=－5 000（元）

由此可见，自制相关成本小于外购相关成本，应选择自制，可节约 5 000 元成本。

第 2 种情况下，租入专业模具的租金属于自制方案的专属成本，当自制方案增加了专属成本后，自制方案的相关成本还应包括专属成本。见表 6-18。

表 6-18　第 2 种情况相关成本分析表　　　　　　　　　　　　单位：元

项目	单位成本	总成本
自制方案	10+6+4+3 000÷1 000=23	23×1 000=23 000
外购方案	25	25×1 000=25 000

差别成本=23 000－25 000=－2 000（元）

由此可见，自制相关成本小于外购相关成本，应选择自制，可节约 2 000 元成本。

第 3 种情况下，第三生产车间设备出租取得的租金收入 8 000 元是外购方案的潜在收益，同时也是自制方案的机会成本。机会成本是决策相关成本，因此，自制相关成本中应包括该机会成本。见表 6-19。

表 6-19　第 3 种情况相关成本分析表　　　　　　　　　单位：元

项目	单位成本	总成本
自制方案	10＋6＋4＋8 000÷1 000＝28	23×1 000＝28 000
外购方案	25	25×1 000＝25 000

差别成本＝28 000－25 000＝3 000（元）

由此可见，自制相关成本大于外购相关成本，应选择外购。

2. 零部件年需用量不确定时的决策

若企业生产产品耗用的零部件需用量不确定，对这类决策应采用成本平衡点分析法。由于单位零件分配的固定成本随着零件需要量的增加而减少，因此，自制方案相关成本和外购方案相关成本的比较在某个产量点会产生优劣互换的现象，即产量超过某一限度时自制有利，产量低于该限度时外购有利。这时，就必须首先确定该产量分界点（利用成本平衡点的分析方法），并将产量划分为不同的区域，然后确定在何种区域内哪个方案最优，如图 6-1 所示。成本平衡点的计算公式如下：

$$成本平衡点 = \frac{两备选方案固定成本之差}{两备选方案单位变动成本之差}$$

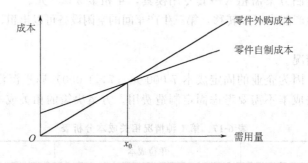

图 6-1　成本平衡点示意图

例 6-20　某企业生产所需用 M 零件，既可以自制，也可以从市场上购买。若外购每个零件的外购价为 40 元，若利用企业有闲置生产能力自制该零件，单位变动成本为 36 元，同时若自制零件每年还需发生专属固定成本 24 000 元。则该公司需要的 M 零件在什么情况下选择自制？在什么情况下选择外购？

本决策需利用成本平衡点分析方法将需要量划分为不同的区域，然后确定在何种区域内哪个方案最优。

设：x_0 为 M 零件外购增量成本与自制增量成本相等时的需要量，依题意得：

$$40x_0 = 24\,000 + 36x_0$$

解得，$x_0 = 6\,000$（件）

或者直接带入公式：

$$成本平衡点 = \frac{两备选方案固定成本之差}{两备选方案单位变动成本之差} = \frac{24\,000 - 0}{40 - 36} = 6\,000（件）$$

从计算结果可知，当零件年需要量小于 6 000 件时，外购方案较优；当零件年需要量大于 6 000 件时，自制方案较优；当零件年需要量等于 6 000 件时，自制与外购均可。

例 6-21　某企业生产所需用 N 零件，既可以自制，也可以从市场上购买。若外购，其购买单价随采购量而变动：采购量在 6 000（含）件以内时，零件单价为 3.2 元；采购量超过

6 000 件时，零件 2.6 元。若利用企业的闲置生产能力自制该零件，单位变动成本为 2 元，同时若自制零件每年还需发生专属固定成本 6 000 元。则该公司需要的 N 零件在什么情况下选择自制？在什么情况下选择外购？

解析： 当零部件年需用量不确定，同时外购零件的价格又受采购量的影响时，需要求出两个成本平衡点分别分析。

设 x_{01} 为 N 零件需要量在 6 000（含）件以内时自制与外购的成本平衡点；

$$6\,000 + 2x_{01} = 3.2x_{01}$$

求出：$x_{01} = 5\,000$（件）

设 x_{02} 为 N 零件需要量在 6 000 件以上时自制与外购的成本平衡点；

$$6\,000 + 2x_{02} = 2.6x_{02}$$

求出：$x_{02} = 10\,000$（件）

由此得出，当 N 零件的小于 5 000 件或在 6 000 件至 10 000 件时，外购零件成本较低，应选择外购零件；当 N 零件的需要量在 5 000 件至 6 000 件或大于 10 000 件时，自制零件成本较低，应选择自制零件。零件自制与外购成本平衡点如图 6-2 所示。

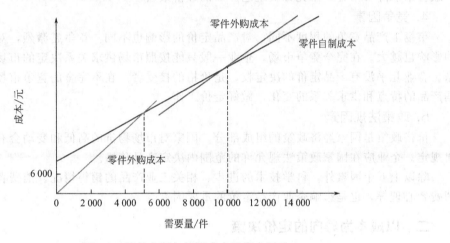

图 6-2　零件自制与外购成本平衡点图示

第五节　定价决策分析

定价决策是企业生产经营的一项重要决策。产品价格制定合理与否，直接影响着其在市场上的销售量，进而影响该产品的市场占有率与盈利水平。企业不能凭主观意愿随意进行产品定价，企业产品的价格制定受到其他同类产品价格、产品成本、市场供需情况和国家政策等因素的制约。所谓定价决策，就是企业在产品价格允许的范围内，选择何种价格出售最为有利所作出的决定。

一、影响产品定价的基本因素

1. 产品价值因素

产品价值是产品价格的基础。价格是价值的货币表现，产品价值的大小，在很大程度上决定了价格的高低，也是影响产品价格变动的重要因素。从长期来看，产品价格应等于总成本加上合理利润,这样才能保证企业盈利。

2. 市场供求因素

市场供求关系的变动直接影响产品价格的制定。一般来说,当某产品市场供给量大于需求量时,价格应该下降;当市场供给量小于需求量时,价格应该上升。另外,消费者对不同产品价格变化的接受程度不同。定价时,要考虑到不同产品的需求价格弹性差异。一般来说,消费品中的日常生活必需品,如粮油、日化品等,由于日常需求量大,价格弹性较小,可以采用薄利多销的价格策略;而一些高档商品,由于需求量小,则可以采用高价策略。

3. 产品的市场生命周期因素

产品生命周期是指产品从准备进入市场开始到被淘汰退出市场为止的全部运动过程,一般经过四个阶段,分别是投入期、成长期、成熟期和衰退期。在不同的生命阶段定价策略也有所不同。投入期的价格,要考虑到高投入的价格补偿和市场接受程度。成长期和成熟期是产品的黄金时期,需要稳定的价格来开拓市场,以提高销售量和市场占有率。产品的衰退期一般会采取降价措施,来充分实现老产品的经济效益。

4. 竞争因素

市场上产品竞争的程度不同,对产品定价的影响也不同。竞争越激烈,对企业产品定价的影响也越大。在完全竞争市场,企业一般只能按照市场供求关系决定的市场价格来销售产品。企业几乎没有产品定价的决定权,是价格的接受者。在不完全的竞争市场中,企业要根据产品的特点和供求关系的变化,做好定价工作。

5. 政策法规因素

价格政策是国家经济政策的组成部分。国家对市场物价的高低和变动会有一些限制和法律规定。企业应在国家政策法规允许的范围内决定产品价格。

除以上五个因素外,科学技术的进步、相关工业产品的销售情况、消费者的购买能力和消费者心理等,也是影响企业产品定价的重要因素。

二、以成本为导向的定价决策

以成本为导向的定价决策方法是以产品成本为基础,首先保证能够收回成本,再考虑加上一定的利润等因素来制定价格的方法。因此,该方法也称为成本加成定价法。产品定价成本依据可以是完全成本提供的成本资料,也可以是利用变动成本法提供的成本资料。用成本加成公式计算出来的目标价格需根据市场竞争的形势和企业的定价目标而调整,只是作为一个定价基础。

1. 以完全成本为定价基础

计算公式:**价格=单位产品生产成本×(1+加成率)**

例 6-22 某公司生产 A 产品,预计单位产品的生产成本为 20 元,成本利润率为 60%。则运用成本加成定价法计算单位 A 产品的目标定价。

解: A 产品价格=20×(1+60%)=32(元)

2. 以变动成本为定价基础

计算公式:**价格=单位产品变动成本×(1+加成率)**

例 6-23 某公司生产 A 产品,预计单位产品的单位变动成本为 20 元,变动成本贡献率为 100%。则运用成本加成定价法计算单位 A 产品的目标定价。

解: A 产品价格=20×(1+100%)=40(元)

三、最优售价决策

确定产品的最优售价应考虑价格、销量以及成本之间的关系，一般来说，价格高创造的单位边际贡献也高，但定价过高，也会导致销量减少，一旦销量小于保本点企业就会亏损。而定价过低，给企业带来的单位边际贡献减少，企业也可能亏损。所以，最优售价应该是能够使企业获得最大利润的价格。定价决策中，利用边际成本等于边际收入时利润最大，这一经济学原理制定产品价格的方法，称为边际分析法。

边际成本是指每增加一个单位产品销售所增加的成本；边际收入是指每增加一个单位产品销售所增加的收入；边际利润是边际收入与边际成本的差额。当边际收入等于边际成本时，企业的利润最大，此时的价格和销售量即为最优价格和最优销量。

例 6-24 某企业经试销可知，市场上对其准备销售的产品价格接受程度见表 6-20。

表 6-20 单价与销量对应表

单价/元	2.0	1.9	1.8	1.7	1.6	1.5	1.4
销量/件	100	110	120	130	140	150	160

该企业产品的单位变动成本为 0.5 元，固定成本总额为 100 元。试计算销售价格应为多少才使企业获利最多？

通过计算该产品的价格、销售量、销售收入、成本、利润、边际收入、边际成本、边际利润等资料如下表 6-21。

表 6-21 产品的相关指标数据表

价格/元	销量/件	销售收入/元	总成本/元			边际收入/元	边际成本/元	边际利润/元	利润/元
			固定成本	变动成本	合计				
2.0	100	200	100	50	150	—	—	—	50
1.9	110	209	100	55	155	9	5	4	54
1.8	120	216	100	60	160	7	5	2	56
1.7	130	221	100	65	165	5	5	0	56
1.6	140	224	100	70	170	3	5	−2	54
1.5	150	225	100	75	175	1	5	−4	50
1.4	160	224	100	80	180	−1	5	−6	44

通过表 6-21 中可知，当边际收入大于边际成本时，增加销量后，企业的利润也会相应增加；当边际收入等于边际成本时，利润不再增加；当边际收入小于边际成本时，增加销量，利润会减少。确定产品的最优售价的标准有两个，一是边际利润大于零时的最小值，上例中的单价 1.8 元；二是边际利润等于零的位置，上例中单价为 1.7 元。具体选择哪个作为产品定价，要考虑到实际情况。若企业生产能力紧张，则可以选择单价 1.8 元，企业用较少产量就可以达到最大利润。如果企业抢占市场、提高产品知名度，则可以选择单价 1.7 元作为最优售价。

四、产品是否调价的决策

企业产品的价格在销售过程中根据需求和成本等因素的变化进行价格调整，如何进行价格调整是企业经营决策中需要考虑的问题。是否调价的决策可以采用利润无差别点法进行分析。

利润无差别点法是指利用调价后，预计销量与利润无差别点销量之间得到关系进行调价决策的一种方法。利润无差别点销量是指某产品为确保原有盈利能力，在调价后至少应达到的销量。公式为：

$$利润无差别点销售量 = \frac{固定成本 + 调价前可获得利润}{拟调单价 - 单位变动成本}$$

决策标准为：若调价后预计销售量大于利润无差别点销量，则可考虑了调价；若调价后预计销量等于无差别点销量，产品调不调价效果一样。若调价后预计销量小于利润无差别点销量，则不能调价。另外，在调价决策中，还需要综合考虑企业的最大生产能力、是否需要追加专属成本、剩余生产能力可否转移等条件。

例 6-25 某企业 A 产品的售价为 60 元/件时，可销售 1 800 件，固定成本为 20 000 元，单位变动成本为 40 元/件，实现利润 16 000 元。假定企业现有最大生产能力为 3 500 件。利用利润无差别点法分别分析以下调价方案的可行性。

（1）若将售价调低至 55 元/件，预计销量为 2 500 件左右。

$$则利润无差别点销售量 = \frac{20\,000 + 16\,000}{55 - 40}$$

$$= 2\,400（件）$$

因为，预计销量 2 500 件大于利润无差别点销量 2 400 件，且最大生产能力 3 500 件大于预计销量。所以应予以调价。

（2）若将售价调低至 52 元/件，预计销量为 2 800 件左右。

$$则利润无差别点销售量 = \frac{20\,000 + 16\,000}{52 - 40}$$

$$= 3\,000（件）$$

因为，预计销量 2 800 件小于利润无差别点销量 3 000 件，所以不应予以调价。

（3）若将售价调低至 50 元/件，预计销量为 4 100 件左右，但企业必须追加 4 000 元固定成本才能具备生产 4 100 件产品的能力。

$$则利润无差别点销售量 = \frac{20\,000 + 16\,000 + 4\,000}{50 - 40}$$

$$= 4\,000（件）$$

因为，预计销量 4 100 件大于利润无差别点销量 4 000 件，预计销量不超过最大生产能力。所以，应予以调价。

（4）若将调高售价至 65 元/件，预计销量为 1 000 件。（剩余生产能力无法转移）。

$$则利润无差别点销售量 = \frac{20\,000 + 16\,000}{65 - 40}$$

$$= 1\,440（件）$$

因为，预计销量 1 000 件小于利润无差别点销量 1 440 件。所以，不应予以调价。

（5）若将调高售价至 65 元/件，预计销量为 1 000 件，但剩余生产能力可以转移，可获得收入 12 000 元。

$$则利润无差别点销售量 = \frac{20\,000 + 16\,000 - 12\,000}{65 - 40}$$

$$= 960（件）$$

因为，预计销量 1 000 件大于利润无差别点销量 960 件。所以，应予以调价。

本章小结

短期决策是指在一个会计年度或一个经营周期内能够实现其目标的决策。短期决策通常不考虑货币的时间价值和投资风险。如生产决策、定价决策、存货决策等都属于短期经营决策。

短期经营决策分析涉及的成本概念有重置成本、机会成本、可延缓成本、可避免成本、付现成本、差量成本、边际成本、专属成本等决策相关成本；历史成本、沉没成本、不可延缓成本、不可避免成本、共同成本等决策无关成本。

短期经营决策中确定性决策常用的方法有差别损益法、边际分析法、平衡点分析法等。

生产决策是短期经营决策的重要内容之一。生产决策是指企业在生产领域中围绕是否生产、生产什么、怎样生产以及生产多少等方面的问题而进行的决策。常见的生产决策包括新产品开发的品种决策、是否增产或转产的决策、亏损产品是否停产的决策、是否接受低价追加订货的决策、半产品是否深加工的决策、联产品是否深加工的决策、零部件自制或外购的决策等。

定价决策是企业生产经营的一项重要决策。所谓定价决策，就是企业在产品价格允许的范围内，选择何种价格出售最为有利所作出的决定。产品定价常用的方法有以成本为导向的定价决策方法、最优售价决策、产品是否调价的决策。

拓展阅读

1. 《管理会计应用指引第 400 号——营运管理》。
2. 《管理会计应用指引第 404 号——内部转移定价》。

即测即评

第六章　短期经营
决策即测即评习题

第六章　短期经营
决策即测即评答案

思考与练习

一、思考题

1. 决策分析有哪几种类型？
2. 生产决策包括哪些内容？
3. 生产经营决策中常用的方法有哪些？这些方法的使用条件及决策评价的标准是什么？
4. 定价决策方法有哪些？如何进行产品是否调价的决策？

二、计算分析题

1. 某企业想充分利用有限的甲材料开发一种新产品。经初步调查，市场上可供企业选择生产的产品有 A、B、C 三种。另外，企业在开发新产品时不追加专属成本，也不存在机会成本。经分析，三种产品的相关资料如表 6-22 所示。

第六章　短期经营
决策计算分析题
答案

表 6-22 A、B、C 三种产品相关资料

产品	A 产品	B 产品	C 产品
单价/元	200	100	500
单位变动成本/元	160	70	400
甲材料的消耗定额/(千克/件)	10	6	30

要求：请用单位资源边际贡献分析法，作出开发哪一种品种的决策，并说明理由。

2. 某厂需用 A 零件 500 件，如自制，需购置一台专用设备，发生固定成本 2 000 元，自制单位变动成本为 4 元/件；如外购，则按 6 元/件购入。

要求：请为该厂作出自制还是外购的决策。

3. 某厂生产 A 半成品，年产销售量为 10 000 件，可销售给其他厂商作为原材料进一步加工，半成品的单位售价为 20 元，该半成品的单位制造成本如表 6-23 所示。

表 6-23 A 半成品单位制造成本

项目	金额
直接材料	4 元
直接人工	6 元
变动制造费用	2 元
固定制造费用	3 元
合计	15 元

该厂正考虑利用剩余生产能力将 A 半成品继续加工，加工后单位售价为 28 元，继续加工 10 000 件所增加的成本如表 6-24 所示。

表 6-24 A 半成品继续加工 10 000 件所增加的成本

项目	金额
单位直接人工	2.5 元
单位变动制造费用	1.5 元
专属固定成本	16 000 元

要求：分析 A 半成品是直接出售还是进一步加工？

4. 新兴公司只生产甲产品，最大生产能力为 200 件，正常销售量 160 件，剩余生产能力有 40 件，正常价格为 70 元/件，固定成本总额为 1 600 元，单位变动成本为 40 元/件。

请回答：

(1) 现有 A 客户来订货 40 件，最高只能出价 45 元/件。那么，新兴公司是否可以接受 A 客户订货要求？

(2) 现有 B 客户来订货 50 件，最高只能出价 45 元/件。如果不能保证正常的销售量将支付违约金 100 元。那么，新兴公司是否可以接受 B 客户订货要求？

第七章 长期投资决策

学习目标

专业目标：
了解长期投资决策的概念和特征、货币时间价值、现金流量和资本成本。
掌握长期投资决策和短期投资决策的区别和联系。
掌握长期投资决策的评价指标的计算。
掌握长期投资评价指标对独立方案和互斥方案进行评价。
职业素养目标：
树立正确的价值观，坚守廉洁自律、诚信从业、爱岗敬业等管理会计师的职业道德。

导入案例

王亚飞是某大学大二学生，主修财务管理，将于两年后毕业。王亚飞打算大二暑假去公司实习，并投递了多份简历。目前，有两家企业向她提供了实习机会。王亚飞面临两种选择：在A企业做全职工作；在B企业做兼职财务工作。如果机会良好，王亚飞计划大二、大三两个暑假在同一个地方实习，且暑假能工作10周。那么，A企业第一年每日支付给王亚飞80元实习工资；如果第二年继续在该企业实习，工资会上浮10%。在B企业，第一年年每日支付给50元实习工资，且每日工作时间为4小时。这样，王亚飞还可以在其余时间学习两门专业课程，用于专业资格证的考试，但每门课程的学费是400元。如果专业资格考试合格，王亚飞会在大三暑假时获得B企业的全职工作，且每日将获得200元实习工资。

根据上述资料，思考并回答以下问题。

（1）王亚飞面对这两份实习工作，将作出怎样的未来决策呢？

（2）思政德育思考：实习是为了更好地将专业知识应用于实践；考取专业资格证书，也是提升自己专业知识水平的途径。在眼前利益与长远发展中作出取舍时，我们该怎么办？请思考人的全面发展和可持续发展的重要意义。

第一节 长期投资决策概述

一、长期投资决策的含义

长期投资是企业为了特定的生产经营目的而进行的资金支出，其获取报酬或收益的持续时间超过1年以上，能在较长时间内影响企业经营获利能力的投资行为。与长期投资项目有关的决策，称为长期投资决策。

广义的长期投资包括固定资产投资、无形资产投资和长期证券投资等内容。因为固定资产投资一般在长期投资中所占比重较大，所以狭义的长期投资特指固定资产投资，本章主要介绍狭义的长期投资决策。

二、长期投资决策的特征

1. 投资金额大

长期投资，特别是战略性扩大生产能力的投资往往需要大量的资金，需要设立专门的部门进行筹资和投资活动，对企业未来的财务状况和现金流量有相当大的影响。

2. 时间跨度长

长期投资的投资期至少在一年以上，项目决策建成后对企业形成了硬约束，对企业的经济效益会产生长久的影响，企业往往难以改变，因此在决策时使用各种评价方法时，一般要考虑货币时间价值的影响、风险的大小和现金流量的高低。

3. 风险较大

长期投资项目跨越的时间越长，其面临的不确定性因素越多，如政治局势变幻、经济环境变化、法律法规变更、市场结构变化等。所以长期投资较短期投资来说风险更大。

三、长期投资决策的相关概念

（一）投资项目含义

投资项目，是指在规定期限内为完成某项开发目标（或一组开发目标）而规划和实施的活动、政策、机构以及其他各方面所构成的独立整体。

（二）投资项目类型

项目按照不同的划分标准，可以划分为不同的类型。按其性质不同，可分为基本建设项目和更新改造项目；按其用途不同，可分为生产性项目和非生产性项目；按其规模不同，可分为农业、重工、交通等大型项目，医院、游乐园、学校这样的中型项目和廖排骨、修车行这样的小型项目等。

项目周期又称项目发展周期，它是指一个项目从设想、立项、筹资、建设、投产运营直至项目结束的整个过程。项目周期大体可分为三个时期：投资前期、投资期和运营期，每个时期又分为若干个工作阶段。

（三）项目计算期间

项目计算期是指投资项目从投资建设开始到最终清理结束整个过程的全部时间，即该项目的有效持续期间，通常以年为单位。

完整的项目计算期包括建设期和生产经营期。其中建设期记作 $s(s \geq 0)$，建设期的年初（记作第 0 年）称为建设起点，建设期的最后一年年末称为投产日，若建设期不足半年，可假定建设期为零。项目计算期的最后一年年末（记作第 n 年）称为终结点，假定项目最终报废或清理均发生在终结点（但更新改造除外）。从投产日到终结点之间的时间间隔称为生产经营期（记作 p），又包括试产期和达产（完全达到设计生产能力）期。这里的生产经营期应当是项目预计的经济使用寿命期，而并非物理意义上的续存期。就一般项目而言，若项目的实际寿命期超过 20 年，在进行投资决策时，可按 20 年计算；特殊项目计算期中的寿命期最长不超过 50 年。

项目计算期、建设期和生产经营期之间有以下关系成立，即

$$项目计算期(n)=建设期+生产经营期=s+p$$

(四) 项目投资的方式

1. 投资租赁

投资租赁是一种特殊的债务融资方式，即项目建设中如需要资金购买某设备，可以向某金融机构申请融资租赁。由该金融机构购入此设备，租借给项目建设单位，建设单位分期付给金融机构租借该设备的租金。融资租赁在资产抵押性融资中用得很普遍，特别是在购买飞机和轮船的融资中，以及在筹建大型电力项目中也可采用融资租赁。

2. BOT 模式

BOT(build-operate-transfer) 模式，即建设-运营-转让模式，是私营企业参与基础设施建设，向社会提供公共服务的一种方式。BOT 模式在不同的国家有不同称谓，我国一般称其为"特许权"。以 BOT 模式融资的优越性主要有以下几个方面：首先，减少项目对政府财政预算的影响，使政府能在自有资金不足的情况下，仍能上马一些基建项目。政府可以集中资源，对那些不被投资者看好但又对地方政府有重大战略意义的项目进行投资。BOT 模式融资不构成政府外债，可以提高政府的信用，政府也不必为偿还债务而苦恼。其次，把私营企业中的效率引入公用项目，可以极大提高项目建设质量并加快项目建设进度。同时，政府也将全部项目风险转移给了私营发起人。第三，吸引外国投资并引进国外的先进技术和管理方法，对地方的经济发展会产生积极的影响。BOT 模式投、融资主要用于建设收费公路、发电厂、铁路、废水处理设施和城市地铁等基础设施项目。

3. 无追索权的项目投资

也称为纯粹的项目融资，在这种方式下，借款的还款完全依靠项目的经营效益。同时，银行为保障利益须要从这个项目的资产中取得物权担保。如果这个项目由于某些原因没有建成或者是经营失败，则借款银行没有权利向项目的主办人追索。

4. 有追索权的项目投资

除了以经营收益作为还款来源和担保的借款项目外，贷款银行还要求有第三方担保。贷款行可以向第三方追索。但担保人承担的债务是以担保金额为限，所以也称为有限追索权的项目融资。

第二节　长期投资决策需考虑的因素

长期投资不仅需要投入较多的资金，而且对企业经营的影响时间长，投入的资金和投资所得收益都要经历较长的时间才能回收。在进行长期投资决策时，一方面要对各个方案的现金流入量和现金流出量进行预测，正确估算出每年的现金净流量；另一方面要考虑资金的时间价值，还要计算出为取得长期投资所需资金所付出的代价，即资金成本。因此现金流量、货币时间价值和资本成本是影响长期投资决策的重要因素。

一、货币时间价值

(一) 货币时间价值的概念

从经济学角度看，即使不考虑通货膨胀和风险因素，同一货币量在不同时点上的价值也是不等的。货币时间价值就是由于时间因素所引起的同一货币量在不同时间里的价值量的差

额。它所揭示的是作为资本的货币在使用过程中会随着时间的推移而产生的增值。

长期投资决策涉及不同时点上的货币收支,只有在考虑货币时间价值的基础上,将不同时点上的货币量换算成某一共同时点上的货币量,这些货币量才具有可比性,才能保证决策的正确性。

(二) 货币时间价值的计算

货币时间价值的计算方法有单利和复利两种。单利是指只按最初的本金计息,所生的利息不能加入本金再计利息。复利是指每经过一个计息期,要将所生利息加入到本金去再计算利息,即"利滚利"。

另外,货币时间价值还涉及时间轴上的终值和现值两个概念。终值(Future Value)就是指现在一定数量的货币资金在未来某一时点的价值。在商业数学中,终值就是指本利和;现值(Present Value)就是指未来一定数量的货币资金在现在某一时点的价值。在商业数学中,现值就是指本金。

1. 复利终值的计算

(1) 每年复利一次的终值计算

已知本金(现值)P,年利率(货币时间价值率)为i,每年复利一次,年数为n,求复利计息下第n年末的本利和,即复利终值F。

$$F = P \times (1+i)^n = P \times FVIF_{i,n}$$

上式中$FVIF_{i,n} = (1+i)^n$称为复利终值系数,可通过查复利终值系数表取得其值。

例 7-1 某人现有 100 万元资金,准备投资于一项目,该项目上的投资及报酬只能在 5 年后项目终结时一次性收回,假设该投资者期望报酬率为 10%,则 5 年后至少应收回多少资金该投资者才愿投资?

解:
$$\begin{aligned} F &= P \times (1+i)^n \\ &= 100 \times (1+10\%)^5 \\ &= 100 \times 1.6105 = 161.05(万元) \end{aligned}$$

即:5 年后必须回收资金 161.05 万元以上,该投资者才愿投资。

(2) 年复利多次的终值计算

若一年内已知本金(现值)P,年利率(货币时间价值率)为i,每年复利m次,年数为n,求复利计息下第n年末的本利和,即复利终值F。

$$F = P \times \left(1 + \frac{i}{m}\right)^{mn}$$

例 7-2 某企业借入一笔款项 1 000 万元,借款期为 3 年,借款年利率为 12%,按月计息,到期一次还本付息,则该企业在借款到期时需偿还的金额是多少?

解: 一年复利计算 12 次,

则:第三年末还本付息额为:

$$\begin{aligned} F &= P \times \left(1 + \frac{i}{m}\right)^{mn} \\ &= 1\,000 \times (1 + 12\%/12)^{12 \times 3} \\ &= 1\,430.77(万元) \end{aligned}$$

即:该企业在借款到期时需偿还的金额是 1 430.77 万元。

2. 复利现值的计算

已知终值(本利和)F,年数为n,年利率(货币时间价值率)为i,每年复利一次,求现值(本金)P。

$$P = F \times (1+i)^{-n} = F \times PVIF_{i,n}$$

上式中 $PVIF_{i,n} = (1+i)^{-n}$ 称为复利现值系数,它是复利终值系数的倒数,可通过查复利现值系数表取得其值。

例 7-3 有一投资项目,5 年后将一次产生资金回报 100 万元,某个投资者期望投资报酬率为 15%,则他最多愿在该项目上投入的资金是多少?

解:
$$P = F \times (1+i)^{-n} = 100 \times (1+15\%)^{-5}$$
$$= 100 \times 0.4972 = 49.72(万元)$$

即:该投资者最多愿意在该项目上投资 49.72 万元。

已知终值(本利和)F,年数为 n,年利率(货币时间价值率)为 i,每年复利 m 次,求现值(本金)P。

$$P = F \times \left(1 + \frac{i}{m}\right)^{-mn}$$

3. 年金的计算

年金(Annuity)是指等额、等时间间隔的系列收支。主要有后付年金、先付年金、递延年金和永续年金。

后付年金又称为普通年金(Ordinary Annuity),是指每期期末收付的年金。

先付年金又称为预付年金或即付年金,是指每期期初收付的年金。

递延年金指第一次支付发生在第二期或第二期以后的年金。

永续年金是指无限期的、定额支付的年金,是后付年金的一种特例,即 $n \to \infty$。

(1)后付年金的计算。

① 后付年金终值计算。

已知年金 A,期数 n,利率 i,求第 n 期期末的终值之和 V_n,如图 7-1 所示。

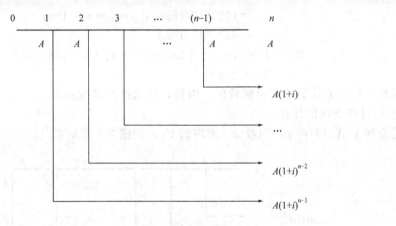

图 7-1 后付年金终值计算示意图

n 期年金的终值可以分解为 n 个复利终值之和,即:

$$V_n = A(1+i)^{n-1} + A(1+i)^{n-2} + \cdots + A(1+i) + A \tag{7-1}$$

式两边同时乘以 $(1+i)$ 得:

$$V_n(1+i) = A(1+i)^n + A(1+i)^{n-1} + \cdots + A(1+i) \tag{7-2}$$

式(7-2)减去式(7-1)得:

$$V_n(1+i) - V_n = A(1+i)^n - A$$

$$V_n = A \cdot \frac{(1+i)^n - 1}{i} = A \cdot FVIFA_{i,n}$$

上式中 $FVIFA_{i,n} = \frac{(1+i)^n - 1}{i}$ 称为后付年金终值系数,可通过查年金终值系数表取得。

例 7-4 有甲乙两种付款方式,一种是现在起 5 年内每年末支付 100 万元,另一种是第 3 年末支付 200 万元,第 5 年末再支付 360 万元,假设存款利率为 10%,应选择哪种付款方式?

解:甲付款方式:

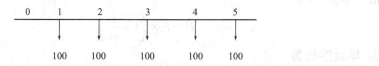

乙付款方式:

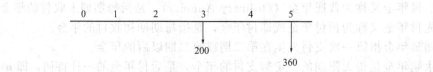

如果选择在 5 年末进行比较,分别计算两种支付方式第 5 年末的终值,计算如下:

$$V_{甲} = A \cdot \frac{(1+i)^n - 1}{i} = A \cdot FVIFA_{i,n}$$
$$= 100 \times FVIFA_{10\%, 5} = 100 \times 6.1051$$
$$= 610.51 (万元)$$
$$V_{乙} = P \times (1+i)^n + 360 = 200 \times (1+10\%)^2 + 360$$
$$= 602 (万元)$$

显然乙付款方式的总支付额较低。因而,应选择乙付款方式。

② 后付年金现值计算。

已知年金 A,利率 i,期数 n,求现值 V_0,如图 7-2 所示。

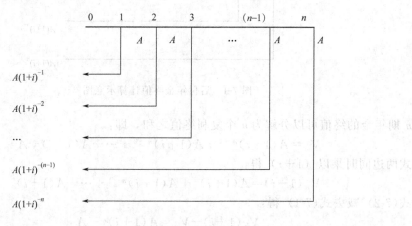

图 7-2 后付年金现值计算示意图

n 期年金的现值可以分解为 n 个复利现值之和,即:
$$V_0 = A(1+i)^{-1} + A(1+i)^{-2} + \cdots + A(1+i)^{-n} \tag{7-3}$$
式(7-3)式两边同时乘以 $(1+i)$ 得:
$$V_0(1+i) = A(1+i)^0 + A(1+i)^{-1} + \cdots + A(1+i)^{-n+1} \tag{7-4}$$
式(7-4)减去式(7-3)得:
$$V_0(1+i) - V_0 = A - A(1+i)^{-n}$$
$$V_0 = A \cdot \frac{1-(1+i)^{-n}}{i} = A \cdot PVIFA_{i,n}$$

上式中 $PVIFA_{i,n} = \frac{1-(1+i)^{-n}}{i}$ 称为后付年金现值系数,可通过查表取得。

(2) 先付年金的计算。
① 先付年金终值计算。先付年金终值如图 7-3 所示。

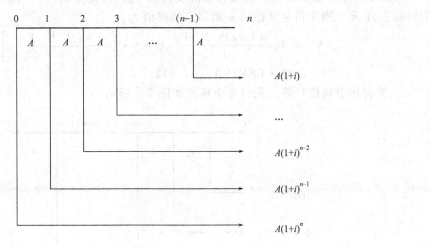

图 7-3　先付年金终值计算示意图

上图表示的是一个 n 期的先付年金,第一次支付在第一年的年初(第 0 年末),第 n 次支付在第 n 年初(第 $n-1$ 年末)。

先付年金终值的计算有三种方法。

方法一:将其分解为 n 个复利终值的计算,即:
$$V_n = A(1+i)^n + A(1+i)^{n-1} + \cdots + A(1+i) \tag{7-5}$$
式(7-5)两边同时乘以 $(1+i)$ 得:
$$V_n(1+i) = A(1+i)^{n+1} + A(1+i)^n + \cdots + A(1+i)^2 \tag{7-6}$$
式(7-6)减去式(7-5)得:
$$V_n(1+i) - V_n = A(1+i)^{n+1} - A(1+i)$$
$$V_n = A \cdot \left[\frac{(1+i)^{n+1}-1}{i} - 1\right] = A \cdot (FVIFA_{i,n+1} - 1)$$

上式中 $(FVIFA_{i,n+1} - 1)$ 为先付年金终值系数,它是 $(n+1)$ 期的后付年金终值系数再减去 1,即"期数加 1,系数值减 1"。

方法二:
第一步:将该 n 期年金作为后付年金,计算其终点第 $(n-1)$ 期期末的终值。根据后付年金终值计算公式，则有第 $(n-1)$ 期期末的终值：

$$V=A \cdot \frac{(1+i)^n-1}{i}$$

第二步：根据复利终值的计算方法将 $(n-1)$ 期期末的终值换算为第 n 期期末的终值，则先付年金在第 n 期期末的终值为：

$$V_n=A \cdot \frac{(1+i)^n-1}{i} \cdot (1+i)=A \cdot FVIFA_{i,n} \cdot (1+i)$$

方法三：

第一步：假设第 n 期期末也支付了 A 元，则先付年金就变成了 $(n+1)$ 期的后付年金，根据后付年金终值计算公式可以求出这 $(n+1)$ 期后付年金的终值。

$$V=A \cdot \frac{(1+i)^{n+1}-1}{i}=A \cdot FVIFA_{i,n+1}$$

第二步：由于第 n 期期末并没有实际支付 A 元，因此要从 $(n+1)$ 期的后付年金终值中再减去 A 元，则先付年金在第 n 期期末的终值为：

$$V_n=A \cdot \frac{(1+i)^{n+1}-1}{i}-A=A \cdot \left[\frac{(1+i)^{n+1}-1}{i}-1\right]$$
$$=A \cdot (FVIFA_{i,n+1}-1)$$

② 先付年金现值计算。先付年金现值如图 7-4 所示。

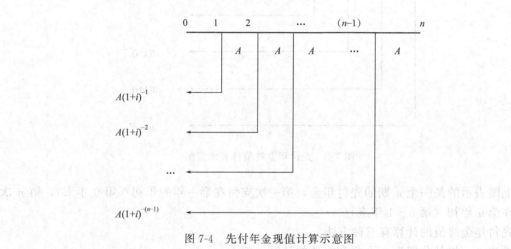

图 7-4 先付年金现值计算示意图

先付年金现值的计算也可以有三种方法。

方法一：

将其分解为 n 个复利现值的计算，即：

$$V_0=A+A(1+i)^{-1}+\cdots+A(1+i)^{-(n-1)} \tag{7-7}$$

式(7-7) 式两边同时乘以 $(1+i)$ 得：

$$V_0(1+i)=A(1+i)+A+\cdots+A(1+i)^{-(n-2)} \tag{7-8}$$

式(7-8) 减去式(7-7) 得：

$$V_0(1+i)-V_0=A(1+i)-A(1+i)^{-(n-1)}$$

$$V_0=A \cdot \left[\frac{1-(1+i)^{-(n-1)}}{i}+1\right]=A \cdot [PVIFA_{i,n-1}+1]$$

上式中 $(PVIFA_{i,n-1}+1)$ 称为先付年金现值系数，它是 $(n-1)$ 期的后付年金现值系数再加上 1，即"期数减 1，系数值加 1"。

方法二：

第一步：将该 n 期年金作为后付年金，计算（-1）期期末的现值。

$$V = A \cdot \frac{1-(1+i)^{-n}}{i} = A \cdot PVIFA_{i,n}$$

第二步：根据复利终值的计算方法将（-1）期期末的值换算为第 0 期期末的值，则先付年金在第 0 期期末的现值为：

$$V_0 = A \cdot \frac{1-(1+i)^{-n}}{i} \cdot (1+i)$$
$$= A \cdot PVIFA_{i,n} \cdot (1+i)$$

方法三：

第一步：假设第一期的期初没有支付 A 元，则先付年金就变成了 $(n-1)$ 期的后付年金，根据后付年金现值计算公式可以求出这 $(n-1)$ 期后付年金的现值。

$$V = A \cdot \frac{1-(1+i)^{-(n-1)}}{i} = A \cdot PVIFA_{i,n-1}$$

第二步：由于第一期的期初实际支付了 A 元，因此要在 $(n-1)$ 期的后付年金现值中再加上 A 元，则先付年金在第 0 期期初的现值为：

$$V_0 = A \cdot \frac{1-(1+i)^{-(n-1)}}{i} + A = A \cdot \left[\frac{1-(1+i)^{-(n-1)}}{i} + 1\right]$$
$$= A \cdot [PVIFA_{i,n-1} + 1]$$

4. 递延年金的计算

（1）递延年金终值计算。

递延年金的终值计算比较简单，只需按实际发生的收付次数作为后付年金的期数，按后付年金终值的计算公式计算即可。如图 7-5 所示。

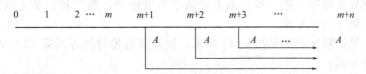

图 7-5 递延年金现值计算示意图

上图中，年金递延了 m 期后才发生，第 1 次收付发生在第 $(m+1)$ 期期末，第 n 次发生在第 $(m+n)$ 期期末，此时只需看成一个 n 期的后付年金求终值即可。因此，该递延年金的终值是：

$$V_n = A \cdot \frac{(1+i)^n - 1}{i} = A \cdot FVIFA_{i,n}$$

（2）递延年金现值计算。

递延年金现值的计算有两种方法。

方法一：

第一步：将递延年金看成为零点是 m 期期末，终点是 $(m+n)$ 期期末的 n 期后付年金，利用后付年金现值的公式计算这 n 期收付额在第 m 期期末的现值 V_m。如图 7-6 所示。

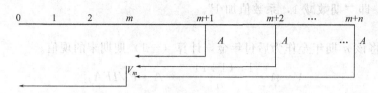

图 7-6 递延年金转化为后付年金计算示意图

$$V_m = A \cdot \frac{1-(1+i)^{-n}}{i} = A \cdot PVIFA_{i,n}$$

第二步：利用复利现值计算公式，将第 m 期期末的值换算到第 0 期期末的价值。

$$V_0 = A \cdot \frac{1-(1+i)^{-n}}{i} \cdot (1+i)^{-m}$$
$$= A \cdot PVIFA_{i,n} \cdot PVIF_{i,m}$$

方法二：

第一步：分别计算 m 期与 $(m+n)$ 期的后付年金的现值。

$$V_0 = A \cdot \frac{1-(1+i)^{-m}}{i} = A \cdot PVIFA_{i,m}$$

$$V_0 = A \cdot \frac{1-(1+i)^{-(m+n)}}{i} = A \cdot PVIFA_{i,m+n}$$

第二步：将两个后付年金的现值相减，即为递延年金的现值。

$$V_0 = A \cdot PVIFA_{i,m+n} - A \cdot PVIFA_{i,m}$$

例 7-5 有三种付款方式，第一种付款方式是现在起 15 年内每年末支付 10 万元，第二种付款方式是现在起 15 年内每年初支付 9.5 万元，第三种付款方式是前 5 年不支付，第 6 年起到第 15 年每年末支付 18 万元，假设存款利率为 10%，哪一种付款方式最有利？

解：从题意分析可知：第一种付款方式属于后付年金，第二种付款方式属于先付年金，第三种付款方式属于递延年金。

方法一：如果选择比较的基准是 15 年末，则计算各种付款方式第 15 年末的终值如下：

第一种付款方式：

$$V_{15} = A \cdot FVIFA_{i,n} = 10 \times FVIFA_{10\%,15}$$
$$= 10 \times 31.772 = 317.72(万元)$$

第二种付款方式：

$$V_{15} = A \cdot FVIFA_{i,n} \cdot (1+i)$$
$$= 9.5 \times FVIFA_{10\%,15} \times (1+10\%)$$
$$= 9.5 \times 31.772 \times (1+10\%) = 332.02(万元)$$

第三种付款方式：

$$V_{15} = A \cdot FVIFA_{i,n} = 18 \times FVIFA_{10\%,10}$$
$$= 18 \times 15.937 = 286.866(万元)$$

第三种方式支付额的终值最低，故应选择第三种方式。

方法二：如果选择比较的基准是现在，即第 1 年初，则计算各种付款方式的现值如下：

第一种付款方式：

$$V_0 = A \cdot PVIFA_{i,n} = 10 \times PVIFA_{10\%,15}$$
$$= 10 \times 7.606 = 76.06(万元)$$

第二种付款方式：
$$V_0 = A \cdot PVIFA_{i,n} \cdot (1+i)$$
$$= 9.5 \times PVIFA_{10\%,15} \times (1+10\%)$$
$$= 9.5 \times 7.606 \times (1+10\%) = 79.48(万元)$$

第三种付款方式：
$$V_0 = A \cdot PVIFA_{i,n} \cdot PVIF_{i,m}$$
$$= 18 \times PVIFA_{10\%,10} \times PVIF_{10\%,5}$$
$$= 18 \times 6.145 \times 0.621 = 68.69(万元)$$

第三种方式支付额的现值最低，故应选择第三种方式。

例 7-6 某物业管理公司需租用某一设备，甲公司的条件为每年年初支付租金 7 500 元，共支付 5 次；乙公司的条件是每年年末支付租金 8 000 元，共支付 5 次。问：物业管理公司应选择向哪一家公司租设备？（年利率 10%，$PVIF_{10\%,5} = 0.6209$，$PVIFA_{10\%,4} = 3.1699$，$PVIFA_{10\%,5} = 3.7908$，$PVIFA_{10\%,6} = 4.3553$，$FVIFA_{10\%,4} = 4.6410$，$FVIFA_{10\%,5} = 6.1051$，$FVIFA_{10\%,6} = 7.7156$）

解：若向甲公司租用设备，需支付租金的现值为：
$$V_0 = A \times (1+i) \times PVIFA_{10\%,5}$$
$$= 7\ 500 \times (1+10\%) \times 3.7908 = 31\ 274.1(元)$$

若向乙公司租用设备，需支付租金的现值为：
$$V_0 = A \times PVIFA_{10\%,5} = 8\ 000 \times 3.7908 = 30\ 326.4(元)$$
$$\Delta V_0 = 31\ 274.1 - 30\ 326.4 = 947.7(元)$$

即：若向甲公司租用设备，需多支付租金 947.7 元。因此该物业管理公司应向乙公司租用设备。

5. 永续年金

由于永续年金没有终止的时间，永续年金没有终值计算的问题。永续年金的现值计算如图 7-7 所示。

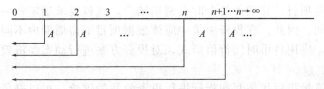

图 7-7 永续年金现值计算示意图

根据后付年金的现值计算公式：
$$V_0 = A \cdot \frac{1-(1+i)^{-n}}{i}$$

当 $n \to \infty$ 时，$(1+i)^{-n} \to 0$，
则 $V_0 = A \div i$
即：永续年金的现值等于年金额 A 与利率 i 之商。

从以上几种年金的计算可以看出，后付年金的计算是最基本的，其他几种年金都可以转化为后付年金来计算。

例 7-7 某企业持有 A 公司的优先股 6 000 股，每年可获得优先股股利 1 200 元，若利息率为 8%，则该优先股历年股利的现值是多少？

解：$V_0 = A \times (1 \div i) = 1\,200 \times (1 \div 8\%) = 15\,000$（元）

即：该优先股历年股利的现值是 15 000 元。

课堂讨论

大学生 A 同学迷上一款手机游戏，为了购买装备花掉了所有的生活费，为了避免父母责备，小明通过"小广告"向某借贷平台借款 1 000 元，借款时对方要求"1 周 10 个点"，请问小明 1 个月后需要偿还多少钱？

小明通过借贷平台借了一笔钱，对方要求"1 周 10 个点"，1 个月后小明还款 1 464.1 元，请问小明借了多少钱？

1. 从金额上对比，请问校园贷给学生带来的危害是什么？
2. 国家对民间借贷的利率是怎么规定的呢？这是否属于高利放贷呢？
3. 作为当代大学生面对非法高利放贷应该如何处理呢？

二、现金流量

（一）现金流量的概念

现金流量是指一项长期投资方案所引起的企业在一定期间内的现金流入和现金流出的数量。这里的"现金"指的是广义的现金，不仅包括各种货币资金，还包括项目需要耗费和使用的其他非货币资源，如材料、设备、厂房等的变现价值。现金流量分析是以收付实现制为基础，与财务会计现金流量表所涉及的现金流量相比，无论在计算口径还是计量方法上，都有很大区别。

现金流量是评价长期投资方案优劣的重要因素，主要有以下三方面原因。

（1）现金流量所揭示的未来期间投资项目现实货币资金收支运动，可以序时动态地反映投资的流向与回收的投入产出关系，使决策者处于投资主体的立场上，便于完整全面地评价投资的效益。

（2）科学的投资决策分析必须考虑资金的时间价值。由于不同时点的现金具有不同的价值，现金流量信息与项目计算期的各个时点密切结合，这就要求确定每一笔预期收入款项和付出款项的具体时间。因此，在投资决策中应该根据项目寿命周期内不同时点实际收入和实际付出的现金数量，应用货币时间价值形式，对投资方案进行动态经济效益的综合评价，才能判断方案的优劣。

（3）利用现金流量指标代替利润指标进行投资效益的评价，可以避免权责发生制以及财务会计面临的问题。如利润的多少容易受存货计价方法、费用分摊、折旧计提方法的影响，因此，利润的预计比现金流量的预计有较大的主观性，以利润作为评价依据会影响评价结果的准确性。

（二）现金流量按照流入和流出的分类

1. 现金流入量

（1）营业收入。指项目投产后每年实现的全部营业收入。它是构成经营期内现金流入量的主要内容。为简化核算，假定正常经营年度内每期发生的赊销额与回收的应收账款大体相等。

（2）回收的固定资产余值。固定资产余值收入是指投资项目的固定资产在终结点报废清理或中途变价转让处理时所回收的价值。更新改造项目中，旧设备的余值是在建设起点回收的，新设备的余值在终结点回收。

(3) 回收流动资金。项目计算期完全终止时，收回的原垫支的流动资金。
(4) 其他现金流入。如：增值税的销项税额。

2．现金流出量

(1) 建设投资。建设投资是指在建设期内按一定生产经营规模和建设内容进行的固定资产、无形资产和开办费等项投资的总和，含基建投资和更新改造资金。

(2) 垫支流动资金。垫支流动资金是指项目投产前后分次或一次投放于流动资产项目的投资增加额。建设投资和垫支的流动资金之和称为项目的原始总投资，原始总投资不论是一次投入还是分次投入，均假设它们是在建设期内投入的，经营期间不再有新的投资发生。

(3) 经营成本。经营成本又称为付现的营运成本。它是生产经营过程中最主要的现金流出项目。营运成本等于当年的总成本费用扣除该年折旧费、无形资产摊销费等项目后的差额。

(4) 各项税款。税款是指项目投产后依法缴纳的、单独列示的各项税款。包括消费税、所得税等。如果已将增值税的销项税额列入其他现金流入，可将增值税的进项税额和应交增值税额合并列入本项。

(三) 现金流量按发生的阶段不同的分类

1. 初始现金流量。

初始现金流量是指开始投资时所发生的现金流量。它包括：固定资产投资（－）、流动资产投资（－）、投产前费用（－）、固定资产更新时原有固定资产的变价收入（＋）。

2. 营业现金流量。

营业现金流量是指项目投产后，在其寿命周期内正常的生产经营活动所引起的现金流量，包括营业现金收入和营业现金流出。

$$营业现金流量 = 税后净利 + 折旧$$
$$= 营业现金收入 - 营业现金流出$$
$$= 营业收入 - 付现成本 - 所得税$$

3. 终结现金流量。

终结现金流量是指项目终结时发生的现金流量。包括：固定资产变价收入（＋）、固定资产残值收入（＋）、垫支流动资金回收（＋）。

(四) 现金流量的计算

方法一：全额计算法。

指完整地计算投资项目寿命周期内所有的现金流出量和现金流入量。一般适用于单一项目的选择。

例 7-8 乙公司准备投资一新项目，经测算，有关数据如下。

(1) 该项目需要固定资产投资总额157万元，第1年年初和第2年年初各投资80万元，两年建成投产。投产后1年达到正常生产经营能力。

(2) 投产前需要垫支流动资金20万元。

(3) 固定资产可使用6年，按直线法计提折旧，期末残值7万元，年折旧为25万元。

(4) 根据市场调查和预测，投产后第1年的产品销售收入为30万元，以后5年每年为175万元（假设于当年收回现金）。第1年的付现成本为20万元，以后各年为60万元。

(5) 假设该公司适用的所得税税率为25%。

解：

编制乙公司投资项目现金流量表如表 7-1 所示。

表 7-1 乙公司投资项目现金流量表 单位：万元

项目	年份					
	0	1	2	3	4~7	8
初始投资：						
固定资产投资	−80	−80				
垫支流动资金			−20			
营业现金流量：						
营业现金收入				30	175	175
付现成本				20	60	60
折旧				25	25	25
税前净利				−15	90	90
所得税				0	22.5	22.5
税后净利				−15	67.5	67.5
营业现金净流量				10	92.5	92.5
终结现金流量：						
垫支流动资金收回						20
残值收入						7
现金净流量	−80	−80	−20	10	92.5	119.5

方法二：差额计算法。

例 7-9 甲公司准备购买一台新设备替换目前正在使用的旧设备。有关资料如下。

(1) 旧设备原值为 8.2 万元，已提折旧 2 万元，可以再使用 3 年，年折旧额 2 万元。3 年后的残值为 2 000 元，如果现在出售该设备可得价款 5 万元。

(2) 新设备买价 7.6 万元，运费和安装费 1.6 万元，该设备可使用 3 年，3 年后的残值为 1 000 元，年折旧额为 2.5 万元。

(3) 使用新设备可使年付现成本由原来的 6 万元降到 4 万元。两种设备的年产量和设备维修费相同。

(4) 假设该企业适用的所得税税率为 25%。

解：

(1) 首先计算新、旧方案初始投资的差额。

新设备初始投资 = −(76 000 + 16 000) = −92 000(元)

旧设备账面价值 = 82 000 − 20 000 = 62 000(元)

旧设备初始投资 = −50 000 − (62 000 − 50 000) × 30% = −53 600(元)

Δ初始投资 = −92 000 − (−53 600) = −38 400(元)

(2) 其次，计算新、旧方案营业现金流量的差额，如表 7-2 所示。

表 7-2 新、旧方案营业现金流量差额表

序号	项目	差额/万元
①	Δ付现成本	−20 000
②	Δ折旧额	+5 000
③=0−①−②	Δ税前净利	0−(−20 000+5 000)=15 000
④=③×25%	Δ所得税	15 000×25%=+3 750
⑤=③−④	Δ税后净利	+11 250
⑥=⑤+②	Δ营业现金流量	11 250+5 000=16 250
⑦	Δ税后付现成本	20 000×(1−25%)
⑧	Δ税后折旧额	5 000×25%

（3）计算终结现金流量的差额。

新设备终结现金流量＝1 000

旧设备终结现金流量＝2 000

Δ终结现金流量＝1 000−2 000＝−1 000(元)

（4）编制现金流量表，如表 7-3 所示。

表 7-3 现金流量表

项目	年份			
	0	1	2	3
Δ初始投资/万元	−38 400			
Δ营业现金流量/万元		16 250	16 250	16 250
Δ终结收回/万元				−1 000
Δ现金净流量/万元	−38 400	16 250	16 250	15 250

三、资金成本

企业长期投资所使用的资金无论采用什么方式去筹集都要付出一定的代价，这种代价就是资金成本。在长期投资决策中将各种筹资方式的加权平均资金成本作为贴现率，将资金成本作为能否为股东创造价值的标准，所以在评价投资项目的可行性，选择投资方案时起到很大的作用。任何投资方案如果预期获利水平不能达到资金成本都将被舍弃，相反，如果能超过这个资金成本，则该方案将被采用。

1. 债券资金成本

若考虑所得税，企业按固定利率发行债券筹资，利息可在税前列支。但发行债券要发生一定的筹资费用，即发行费、印刷费、推销费等。其计算公式为：

$$债券资金成本=\frac{年利息×(1-所得税税率)}{债券发行价格×(1-筹资费率)}$$

例 7-10 某企业按面值发行 5 年期债券 200 万元，债券利率为 6%，每年付息一次，筹资费率为 2%，所得税税率为 25%，要求：则该债券的资金成本。

$$债券资金成本=\frac{200×6\%×(1-25\%)}{200×(1-2\%)}=4.6\%$$

2. 借款资金成本

借款资金成本的计算与债券基本一致，其计算公式为：

$$借款资金成本 = \frac{年利息 \times (1-所得税税率)}{借款总额 \times (1-筹资费率)}$$

由于借款的手续费或者没有，或者很低，公式中的筹资费率通常可以忽略不计。公式可简化为：

$$借款资金成本 = 借款年利率 \times (1-所得税税率)$$

3. 优先股资金成本

企业发行优先股票，既要支付筹资费，又要定期支付股利。优先股属于权益性资金，股利要在税后才能支付。其计算公式为：

$$优先股资金成本 = \frac{优先股年股利}{优先股发行总额 \times (1-筹资费率)}$$

例 7-11 某企业按面值发行 500 万元的优先股，筹资费率为 3%，年股利率为 7%，要求：计算优先股资金成本。

$$优先股资金成本 = \frac{500 \times 7\%}{500 \times (1-3\%)} = 7.22\%$$

4. 普通股资金成本

普通股也属于权益性资金，股利要在税后支付。与优先股不同的是，普通股的股利是不固定的，通常假定具有固定的年增长率。其计算公式为：

$$普通股资金成本 = \frac{普通股第一年预计股利}{普通股发行总额 \times (1-筹资费率)} + 股利增长率$$

例 7-12 某企业发行普通股 800 万元，筹资费率为 3%，第一年的股利率为 9%，以后每年各增长 2%，要求：计算该普通股资金成本。

$$普通股资金成本 = \frac{800 \times 9\%}{800 \times (1-3\%)} + 2\% = 11.28\%$$

5. 留存收益资金成本

企业留存收益相当于投资者追加投资给企业，同原先的投资一样，要求有一定的回报，所以也要考虑资金成本。留存收益资金成本可用不考虑筹资费用的普通股资金成本公式来计算。其计算公式为：

$$留存收益资金成本 = \frac{普通股第一年预计股利}{普通股发行总额} + 股利增长率$$

6. 综合资金成本

综合资金成本是指以各种资金成本为基础，以各种资金占总资金的比重为权数计算出来的加权平均资金成本。反映企业所筹全部资金成本的一般水平，其计算公式为：

$$综合资金成本 = \Sigma 某种资金的资金成本 \times 该种资金占总资金的比重$$

例 7-13 某企业拟筹集资金 1 000 万元，进行一项长期投资，其中向银行长期贷款 200 万元，发行长期债券 300 万元，发行普通股 400 万元，利用留存收益 100 万元。各种资金成本分别是 5%、7%、12% 和 12.5%。

要求：计算该投资所用资金的综合资金成本。

解：$综合资金成本 = 5\% \times \frac{200}{1\,000} + 7\% \times \frac{300}{1\,000} + 12\% \times \frac{400}{1\,000} + 12.5\% \times \frac{100}{1\,000} = 9.15\%$

第三节　长期投资决策的评价指标

长期投资决策的评价指标可以分成两大类：一类是静态评价指标，这类指标不考虑货币时间价值，主要包括投资报酬率、静态投资回收期等；另一类是动态评价指标，这类指标考虑货币时间价值，主要包括动态投资回收期、净现值、现值指数、内部报酬率等。

一、静态评价指标

静态分析指标也称为非贴现指标，是指直接按投资项目形成的现金流量来计算，借以分析、评价投资方案经济效益的各种指标的总称。它主要包括投资回收期、投资报酬率。

（一）静态投资回收期

1. 静态投资回收期的概念

静态投资回收期是指以投资项目经营现金净流量抵偿原始投资额所需要的全部时间，一般以年为单位，或者说是收回全部投资额所需要的时间。

静态投资回收期越短，其投资价值越大，投资效益越好。

一般来说，当投资方案的静态投资回收期为效用期的一半时，方案可行。

2. 静态投资回收期的优缺点

（1）静态投资回收期的优点。

① 能够直观地反映原始投资的返本期限，简便易行。

② 由于静态投资回收期的长短，能反映方案在未来时期所冒风险程度的大小，因而应用比较广泛。

（2）静态投资回收期的缺点。

① 没有考虑货币时间价值。

② 它考虑的净现金流量只是小于或者等于原始投资额的部分，没有考虑其大于原始投资额部分的现金流量的变化，有的长期投资项目在中后期才能得到较为丰厚的收益，静态投资回收期不能反映其整体盈利性。

（二）投资收益率（Rate of Return On Investment，ROI）

1. 投资收益率的概念

投资收益率是指投资方案的年平均净收益与年平均投资额的比值。计算公式为：

$$投资收益率 = 年平均净收益 \div 年平均投资额 \times 100\%$$

投资收益率大于期望的投资收益率时，投资方案可行；并且投资收益率越大，投资方案越好。

2. 投资收益率的优缺点

（1）投资收益率优点。

① 可以直接利用现金净流量信息，简单明了。

② 通过计算投资收益率，将有关方案的总收益同其资源的使用（投资）紧密地联系起来，可以较好地衡量各有关方案的投资经济效果。

（2）投资收益率缺点。

① 没有考虑货币时间价值；

② 只考虑净收益的作用，没有考虑净现金流量的影响，不能全面正确地评价投资方案

的经济效果。

二、动态评价指标

动态评价指标也称为贴现的长期投资评价指标,是指考虑到投资回收期的时间对有关方案现金流量的影响,对其经济效果进行分析评价的各种指标的总称。动态分析指标的特点是综合考虑了现金流量和货币时间价值两个因素的影响。常用的动态评价指标有动态回收期、净现值、现值指数、内部报酬率等。

(一)动态回收期

动态回收期是以折现的现金流量为基础而计算的投资回收期。回收期越短,方案越好。

动态回收期指标考虑了货币时间价值,因此该指标能反映前后各期净现金流量高低不同的影响,有助于促使企业压缩建设期,提前收回投资,该指标明显优于静态回收期法。

动态回收期的计算不能应用简化公式,比较复杂;它仍然保留着无法揭示回收期以后继续发生的现金流量变动情况的缺点,有一定的片面性。

(二)净现值 (net present value,NPV)

1. 净现值的概念

净现值是指一个投资项目营运期现金净流量的现值与建设期现金净流量的现值之间的差额。净现值的计算公式为:

$$NPV = \sum_{t=0}^{n} \frac{NCF_t}{(1+k)^t}$$

式中,NCF_t 表示第 t 期的现金净流量;k 表示折现率(资本成本率);n 表示开始投资至项目寿命终结时的期数。

净现值原则是指投资者要接受净现值大于零的项目,也就是:

(1) 各投资项目为独立型项目时,若 NPV>0,说明在考虑货币时间价值后,投资项目的现金流入量超过其现金流出量,因而,投资项目具有经济上的可行性,反之 NPV<0,则说明投资项目不具备经济上的可行性。

(2) 各投资项目为互斥型项目时,选择 NPV>0 且 NPV 较大的投资项目。净现值最大化是判断公司财务管理决策正确与否的基本依据。

2. 净现值指标的优缺点

(1) 净现值指标的优点。

充分考虑了货币时间价值对未来不同时期现金净流量的影响,使方案的现金流入与现金流出具有可比性。

(2) 净现值指标的缺点。

① 只考虑了方案在未来不同时期净现金流量在价值上差别,没有考虑不同方案原始投资在量上差别。它只侧重净现值这个绝对数的大小来评价方案的优劣,当各个方案的原始投资额不同时,不同方案的净现值是不可比的。

② 不能反映投资方案本身的投资收益率。

例 7-14 明镜物业管理公司某投资项目 2016 年年初投资 1 000 万元,2017 年年初追加投资 1 000 万元,两年建成。该项目建成后,预计第一年至第四年每年年初的现金净流量分别是 800 万元、1 000 万元、850 万元、900 万元。贴现率为 10%。要求用净现值法对该投资项目进行决策。

解: 该项目现金流动图为下图 7-8 所示。

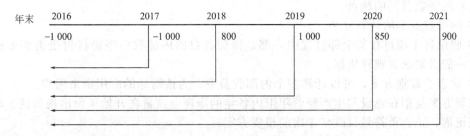

图 7-8 某投资项目现金流动图

$$\begin{aligned}
NPV &= \sum_{t=0}^{n} \frac{NCF_t}{(1+k)^t} \\
&= (-1\,000) + \left[\frac{-1\,000}{(1+10\%)^1}\right] + \frac{800}{(1+10\%)^2} \\
&\quad + \frac{1\,000}{(1+10\%)^3} + \frac{850}{(1+10\%)^4} + \frac{900}{(1+10\%)^5} \\
&= 642.77(万元)
\end{aligned}$$

因为 NPV＞0，

所以 这个方案可以接受。

(三) 现值指数（Present value index，PI）

1. 现值指数的概念

现值指数是指项目投产以后各期现金净流量的现值之和与原始投资额的现值之和的比值，又称获利指数。它反映单位投资额在未来可获得的现时的净收益。

当现值指数大于1时，方案可行；现值指数越大，说明方案越好。

2. 现值指数指标的优缺点

(1) 现值指数的优点。

① 体现货币时间价值的作用。

② 它是以相对数为决策依据，能反映各投资方案单位投资额所获未来净现金流量的大小，便于不同投资方案的比较。

(2) 现值指数法的缺点。

不能反映投资方案本身的投资收益率。

(四) 内部收益率（Internal rate of return，IRR）

1. 内部收益率的概念

内部收益率是指投资方案未来各期现金流入量的现值等于现金流出量的现值，即净现值等于零的投资收益率。它反映投资方案本身所能达到的投资收益率。

令：
$$NPV = \sum_{t=0}^{n} \frac{NCF_t}{(1+k)^t} = 0$$

则：k 即为内部收益率。

当内部收益率大于期望的收益率时，方案可行；内部收益率越大，方案越好。

2. 内部收益率的优缺点

(1) 内部收益率的优点。

可以确定投资方案本身的投资收益率，使长期投资决策分析方法更加精确。

(2) 内部收益率的缺点。
① 内部收益率的计算复杂。
② 假设各个项目在其全部过程中，都是按照各自的内部收益率进行再投资而形成增值的，这一假设缺乏客观性依据。
③ 对于非常规方案，可以计算多个内部收益率，为该指标的应用带来困难。

常规方案是指在建设和生产经营年限内各年的净现金流量在开始年份出现负值、以后各年出现正值，正、负符号只改变1次的投资方案。

非常规方案是指在建设和生产经营年限内各年的净现金流量在开始年份出现负值、以后各年有时出现正值，有时出现负值，正、负符号改变超过1次以上的投资方案。

第四节 长期投资决策的应用

正确地计算主要评价指标的目的，是为了在进行长期投资方案的对比与选优中发挥这些指标的作用。为正确地进行方案的对比与选优，要从不同的投资方案之间的关系出发，将投资方案区分为独立方案和互斥方案两大类。独立方案是指与其他投资方案完全互相独立、互不排斥的一个或一组方案。在方案决策过程中，选择或拒绝某一独立方案与其他方案的选择毫无关系。例如想投资开发几个项目时，这些方案之间的关系就是独立的。互斥方案是指互相关联、互相排斥的方案，即一组方案中的各个方案彼此可以相互代替，采纳方案组中的某一方案，就会自动排斥这组方案中的其他方案。

一、独立方案的可行性评价

若某一独立方案的评价指标满足以下条件：
静态评价指标：
① 包括建设期的静态投资回收期 $PP \leqslant n/2$。
② 不包括建设期的静态投资回收期 $PP' \leqslant p/2$。
③ 投资收益率 ROI $\geqslant$ 基准投资利润率 i。
动态评价指标：
① 净现值 NPV $\geqslant 0$。
② 现值指数 PI $\geqslant 1$。
③ 内部收益率 IRR $\geqslant$ 行业基准折现率 i'。
则项目具有财务可行性；反之，则不具备财务可行性。

值得注意的是：利用上述三个动态评价指标对同一个投资方案的可行性进行评价时，得出的结论完全相同，不会产生矛盾。如果静态评价指标的评价结果与动态评价指标的结果矛盾时，应以动态评价指标的结论为准。

例 7-15 某固定资产投资项目只有一个方案，其原始投资为1 000万元，项目计算期为11年（其中生产经营期为10年），基准投资利润率为9.5%，行业基准折现率为10%。有关投资决策评价指标如下：ROI=10%，PP=6年，PP'=5年，NPV=+162.65万元，PI=1.1704，IRR=12.73%要求：评价该项目的财务可行性。

解： 因为静态评价指标 ROI=10%>i=9.5%，PP'=5年=$P/2$，
动态评价指标 NPV=+162.65万元>0，PI=1.1704>1，IRR=12.73%>i'=10%
所以该方案基本上具有财务可行性（尽管 PP=6年>$n/2$=5.5年，超过基准回收期）。

因为该方案各项主要评价指标均达到或超过相应标准，所以基本上具有财务可行性，只是包括建设期的投资回收期较长，有一定风险。如果条件允许，可实施投资。

例 7-16 某企业拟进行一项固定资产投资，该项目的现金流量表（部分）如下表 7-4 所示。

表 7-4　现金流量表（部分）　　　　　　　　单位：万元

项目	建设期		经营期					合计
	0	1	2	3	4	5	6	
净现金流量	−1 000	−1 000	1 000	1 000	1 800	1 000	1 000	2 900
累计净现金流量	−1 000	−2 000	−1 900	−900	900	1 900	2 900	
折现净现金流量	−1 000	−943.4	89	839.6	1 425.8	747.3	705	1 863.3

要求：（1）计算或确定下列指标：①静态投资回收期；②净现值；③原始投资现值；④获利指数。

（2）评价该项目的财务可行性。

解：（1）①静态投资回收期＝3＋900/1 800＝3.5 年；不包括建设期的投资回收期＝3.5－1＝2.5 年。

② 净现值＝1 863.3 万元。

③ 原始投资现值＝1 943.4 万元。

④ 现值指数＝1.96。

（2）因为该方案净现值 NPV＞0，现值指数 PI＞1，虽然包含建设期的静态投资回收期 3.5＞n/2＝3 年，但静态评价指标的评价结果与动态评价指标的结果矛盾时，应以动态评价指标的结论为准。所以该方案基本具有财务可行性。

二、多个互斥方案的对比与选优

多个互斥方案决策过程就是在每一个入选方案已具备财务可行性的前提下，利用具体决策方法比较各个方案的优劣，利用评价指标从各个备选方案中最终选出一个最优方案的过程。决策方法主要包括净现值法、净现值率法、差额投资内部收益率法和年等额净回收额法等具体方法。

1. 净现值法

所谓净现值法，是指通过比较所有投资方案的净现值指标的大小来选择最优方案的方法。该法适用于原始投资相同且项目计算期相等的多方案比较决策。在此法下，净现值为正值，投资方案是可以接受的；净现值是负值，投资方案就是不可接受的。净现值最大的方案为优。

例 7-17 一个固定资产投资项目需要原始投资 100 万元，有 A、B、C、D 四个互相排斥的备选方案可供选择，各方案的净现值指标分别为 228.914 万元，117.194 万元，206.020 万元和 162.648 万元。

要求：评价每一方案的财务可行性，并按净现值法进行比较决策。

解：因为 A、B、C、D 每个备选方案的 NPV 均大于零，

所以　这些方案均具有财务可行性

又因为　228.914＞206.020＞162.648＞117.194

所以　A 方案最优，其次为 C 方案，再次为 D 方案，最差为 B 方案。

得出：所有方案均具有财务可行性，其中 A 方案最优。

2. 差额投资内部收益率法

差额投资内部收益率法又称"差额投资内含报酬率法"，是指在计算两个原始投资额不同方案的差量净现金流量（记作 ΔNCF）的基础上，计算出差额内部收益率（记作 ΔIRR），并将其与行业基准折现率进行比较，进而判断方案孰优孰劣的方法。

该法适用于两个原始投资不相同的但项目计算期相同的多方案比较决策。如果备选方案超出两个，采用此法非常麻烦。当差额内部收益率大于或等于基准折现率或设定折现率时，原始投资大的方案较优；反之，原始投资少的方案为优。该法经常用于更新改造项目的投资决策，当该项目的差额内部收益率指标大于或等于基准折现率或设定折现率时，应当进行更新改造；反之，就不应当进行此项更新改造。

例 7-18 某公司拟投资一项目，现有甲、乙两个方案可供选择，甲方案原始投资为 200 万元，期初一次投入，1～9 年的现金净流量为 38.6 万元，第 10 年的现金净流量为 52.2 万元。乙方案原始投资为 152 万元，期初一次投入，1～9 年的现金净流量为 29.8 万元，第 10 年的现金净流量为 40.8 万元。基准贴现率为 10%。

要求：

(1) 计算两个方案的差额现金净流量。
(2) 计算两个方案的差额净现值。
(3) 计算两个方案的差额内部收益率。
(4) 作出决策应采用哪个方案。

解：(1)
$$\Delta NCF_0 = -200 - (-152) = -48（万元）$$
$$\Delta NCF_{1\sim 9} = 38.6 - 29.8 = 8.8（万元）$$
$$\Delta NCF_{10} = 52.4 - 40.8 = 11.6（万元）$$

(2) $\Delta NPV = 8.8 \times (P/A, 10\%, 9) + 11.6 \times (P/F, 10\%, 10) - 48$
$= 8.8 \times 5.759 + 11.6 \times 0.3855 - 48 = 7.1510（万元）$

(3) 取 $i=12\%$ 测算 ΔNPV

$\Delta NPV = 8.8 \times (P/A, 12\%, 9) + 11.6 \times (P/F, 12\%, 10) - 48$
$= 8.8 \times 5.3282 + 11.6 \times 0.3220 - 48 = 2.6234（万元）$

再取 $i=14\%$ 测算 ΔNPV

$\Delta NPV = 8.8 \times (P/A, 14\%, 9) + 11.6 \times (P/F, 14\%, 10) - 48$
$= 8.8 \times 4.9464 + 11.6 \times 0.2697 - 48 = -1.3432（万元）$

用插入法计算 ΔIRR：

$$\Delta IRR = 12\% + \frac{2.6234}{2.6234 - (-1.3432)} \times (14\% - 12\%) = 13.32\% > 贴现率 10\%$$

(4) 计算结果表明，差额净现值为 7.1510 万元大于零；差额内部收益率为 13.32% 大于基准贴现率 10%，应选择甲方案。

例 7-19 某公司于三年前购置一台价值为 525 000 元的设备，目前尚可使用五年，采用直线法折旧，预计期满有残值 25 000 元。现有更先进的同类设备售价 450 000 元，使用期限为五年，采用直线法折旧，预计期满有残值 50 000 元，使用新设备可使每年销售收入增加 300 000 元，付现变动成本每年增加 230 000 元，除折旧以外的固定成本不变，目前旧设备变现收入 200 000 元，假设基准贴现率为 12%，所得税税率 30%。

要求：计算售旧购新方案的差额内含报酬率，并作出决策。

解： 旧设备年折旧额 = (525 000 - 25 000)/8 = 62 500（元）

新设备年折旧额＝(450 000－50 000)/5＝80 000(元)
旧设备账面价值＝525 000－62 500×3＝337 500(元)
旧设备变现损失抵税额＝(337 500－200 000)×30%＝41 250(元)
ΔNCF_0＝－450 000－(－200 000－41 250)＝－208 750(元)
$\Delta NCF_{1\sim 4}$＝(300 000－230 000)×(1－30%)＋(80 000－62 500)×30%＝54 250(元)
ΔNCF_5＝54 250＋(50 000－25 000)＝79 250(元)
ΔNPV＝54 250×(P/A,12%,4)＋79 250×(P/F,12%,5)－20 8750＝989.98(元)
再取贴现率14%,
ΔNPV＝54 250×(P/A,14%,4)＋79 250×(P/F,14%,5)－208 750＝－9 324.02(元)
$\Delta IRR = 12\% + \dfrac{989.98}{989.98-(-9\ 324.02)} \times (14\%-12\%) = 12.19\%$

由于 ΔIRR＝12.19%大于基准贴现率12%,所以售旧购新方案可行。

3. 年等额净回收额法

年等额净回收额法,是指通过比较所有投资方案的年等额净回收额(记作 NA)指标的大小来选择最优方案的决策方法。

某方案年等额净回收额＝该方案净现值/普通年金现值系数＝NPV/(P/A,i,n)

该法适用于原始投资不相同、特别是项目计算期不同的多方案比较决策。在此法下,年等额净回收额最大的方案为优。

例 7-20 某企业拟投资建设一条新生产线。现有三个方案可供选择:A 方案的原始投资为 1 250 万元,项目计算期为 11 年,净现值为 958.7 万元;B 方案的原始投资为 1 100 万元,项目计算期为 10 年,净现值为 920 万元;C 方案的净现值为－12.5 万元。行业基准折现率为 10%。要求:(1)判断每个方案的财务可行性。(2)用年等额净回收额法作出最终的投资决策(计算结果保留两位小数)。

解:(1)判断方案的财务可行性。

因为 A 方案和 B 方案的净现值均大于零,所以这两个方案具有财务可行性。

因为 C 方案的净现值小于零,所以该方案不具有财务可行性。

(2) 比较决策。

A 方案的年等额净回收额＝958.7/(P/A,10%,11)＝147.6(万元)
B 方案的年等额净回收额＝920/(P/A,10%,10)＝149.7(万元)

因为 149.7＞147.6,所以 B 方案优于 A 方案。

课堂讨论

新增生产线的可行性

某公司是一家制造与销售电缆线企业,近几年国内外市场销售都一直比较好。为了进提高企业的竞争能力,企业决定新增一条生产超微的电缆生产线。生产线投资120万元,为保证项目顺利实施需垫付流动资金5万元,项目有效期为8年,预计的净残值为0;项目投产后,年销售收入70万元,前三年的销售收入将以3%的速度增长,以后各年保持稳定不变;每年付现成本30万元,前三年的付现成本将以4%的速度增长,以后各年保持稳定企业享有科技进步的所有政策,可采用年数总和法计提折旧,企业的所得税税率前三年免税,以后各年为25%,企业要求投资回报率为18%。

讨论:运用投资评价指标计算相关数据,判断此项目是否具有财务可行性。

本章小结

货币时间价值就是货币的所有者以及其享有的对货币的所有权,而从资金周转使用后的增值额中所分享到的一部分资金增值,其实质就是货币周转使用后的增值额。货币的价值既可以用利息额表示。也可以用利息率表示。货币时间价值的计算包括单利终值和现值的计算、复利终值和现值的计算、年金终值和现值的计算。

现金流量是指在长期投资项目的计算期内,由于资金循环而引起的现金流入和现金流出的数量。这里的"现金"是指广义的现金不仅包括企业的各种货币资金,还包括企业拥有需要投入到项目中的非货币资源的变现价值。现金流量包括现金流入量、现金流出量和现金净流量三个具体概念。

长期投资具有广义狭义之分。广义的长期投资包括固定资产投资、无形资产投资和长期证券投资等内容。其中固定资产投资在长期投资中所占比例较大,所以狭义的长期投资特指固定资产投资。长期投资决策的特点包括资金投入大、耗费时间长、投资风险大、变现能力差、对企业未来影响深远。

长期投资决策分析的基本方法一般分为两类:一类是不考虑货币时间价值的静态分析方法,也称为非贴现的方法,包括静态投资回收期法和年平均投资报酬率法;另一类是考虑货币时间价值的动态分析方法,即贴现的方法,包括净现值法、现值指数法和动态投资回收期法。

拓展阅读

1. 《管理会计应用指引 500——投融资管理》。
2. 《管理会计应用指引 501——贴现现金流法》。
3. 《管理会计应用指引 502——项目管理》。

即测即评

第七章 长期投资决策即测即评习题

第七章 长期投资决策即测即评答案

思考与练习

一、思考题

1. 长期投资有哪些特征?长期投资决策要考虑哪些重要因素?
2. 什么是货币时间价值?什么是现金流量?为什么长期投资决策时要考虑货币时间价值和现金流量?
3. 长期投资决策的评价指标有哪些?分别有哪些优缺点?
4. 什么是独立方案?什么是互斥方案?
5. 如何运用长期投资评价指标对独立方案进行评价?
6. 如何运用长期投资评价指标对互斥方案进行评价?

二、计算分析题

1. 已知：某企业年初借款 100 万元，一次性投资用于购置固定资产，借款的年利息率为 10%。该工程第二年末完工交付使用。该项目使用年限为 10 年，期末残值为 21 万元。投产后第 1~4 年每年可获税后净利润 8 万元，第 5~10 年每年可获税后利润 19 万元。经营期前 4 年每年末归还银行借款利息 11 万元，第 4 年末一次性归还借款本金。要求计算该项目的下列指标：

(1) 项目计算期；
(2) 固定资产原值；
(3) 年折旧；
(4) 建设期净现金流量；
(5) 经营期净现金流量。

2. 已知：某长期投资项目累计的净现金流量资料如下表 7-5 所示。

表 7-5 某项目累计的净现金流量资料

年数 t	0	1	2	3	…	6	7	…	15
累计的净现金流量/万元	−100	−200	−200	−180	…	−20	+20	…	+500

要求：(1) 计算该项目的静态投资回收期。
(2) 说明该项目的建设期、投资方式和经营期。

3. 已知：某建设项目的净现金流量如下：$NCF_0 = -100$ 万元，$NCF_{1\sim10} = 25$ 万元，折现率为 10%。

要求：计算该项目的净现值和内部收益率。

4. 已知某更新改造项目的差量净现金流量如下：$\Delta NCF_0 = -100$ 万元，$\Delta NCF_{1\sim10} = 25$ 万元，折现率为 10%。

要求：计算该项目的差额投资内部收益率并作出决策。

第八章
全面预算管理

学习目标

专业目标：
理解预算体系的构成。
熟悉全面预算管理流程及其作用。
掌握全面预算的编制方法，能够熟练运用各种编制方法来编制预算。
职业素养目标：
树立正确的价值观，从小事抓起，培养节约观念、时间效率观念、爱岗敬业观念等职业素养。 培养学生事先做计划或准备的习惯。

导入案例

钱多多开办了一家保洁公司，注册资金为500万元。由于该公司服务质量好、价格公道，生意一直比较红火。2020年年末，财务主管把本年度的会计报表拿给他看，利润表显示本年亏损50万元。钱多多很不理解，明明生意红火，怎么会亏损？于是，钱多多请来从事财务工作的姑姑来想办法。

钱多多的姑姑对该公司过去的财务成本资料深入分析后，提出如下建议：
1. 加强资金的收支预算管理，要求各部门编制季度、月度资金使用计划；
2. 实行现金流量周报制度，及时反映公司的营运、投资和融资情况；
3. 完善成本核算体制，强化目标成本管理，最后在建立预算管理制度的同时，建立各项费用的授权管理制度。

2021年该公司实施预算管理后，公司成本大幅度降低，利润也有明显的增长。
依据上述资料，学习本章内容，思考并回答以下问题。
1. 预算管理为何如此行之有效，其奥秘何在？
2. 能否联系生活工作实际，合理规划自己的时间，成就精彩人生？

第一节 全面预算概述

一、预算与全面预算的含义

1. 预算的含义

预算是企业内部控制的一种重要工具，它通过对企业内外部环境的分析，在科学的生产经营预测与决策基础上，用价值和实物等多种形态反映企业未来一定时期的投资、生产经营及财务成果等一系列的规划。

2．全面预算的含义

全面预算是由一系列按其经济内容及相互关系有序排列的预算组成的有机体。预算的编制方法随企业的性质和规模的不同而不尽相同，但一个完整的全面预算应包括业务预算、财务预算及专门决策预算三类。

二、全面预算的内容及关系

（一）全面预算的内容

1．业务预算

又叫经营预算，是指企业日常发生的各项具有实质性经营内容的基础活动的预算，包括销售预算、生产预算、直接材料预算、直接人工预算、制造费用预算、单位生产成本预算、销售费用及管理费用预算。

2．财务预算

是企业在计划期内反映有关现金收支、经营成果和财务状况的预算，包括现金预算、预计利润表、预计资产负债表和预计现金流量表。财务预算是企业全面预算体系的一个重要组成部分，在企业全面预算体系中居于核心地位。

3．专门决策预算

又叫特种决策预算，是指企业不经常发生的、需要根据特定决策临时编制的一次性的预算。如资本支出预算。

（二）全面预算体系中各预算之间的关系

全面预算体系中的各类预算不是孤立地存在，每类预算在体系中都处于一定的位置上，起着特定的作用。预算之间存在相互关联，构成了一个不可分割的整体。业务预算是围绕企业供应、生产和销售活动展开的；财务预算是在业务预算的基础上来反映企业有关财务成本和财务状况的，是反映企业经营事项的短期预算；专门决策预算不经常发生，而一旦发生，一般需要动用大量资金，并需较长时间（一年以上），对企业有持续影响，属长期预算。图 8-1 反映了全面预算体系中各预算之间的主要关系。

三、全面预算的管理流程

全面预算是经营决策和长期决策目标的一种数量表现，即通过有关的数据将企业全部经营活动的各项目标具体地、系统地反映出来。全面预算代表了企业应达到的目标。期末，企业将经营的实际成果同预算对比，揭示两者间的差异并分析其原因，就可对未来的经济活动加以控制。企业根据制定的各种预算，可以定期或不定期地对各部门执行情况进行考核与评价，及时纠正偏差，确保决策目标的实现。具体流程如图 8-2 所示。

1．目标确定落实

公司战略和年度计划确定年度预算目标，要通过预算编制来落实。

2．预算下达执行

预算控制实施，按总经理办公会的要求，将已编制好的预算目标下达到各预算编制单位，并签订年度预算目标责任书（含有奖惩方案）。

3．控制实施

由预算管理办公室控制实施和信息反馈推动。

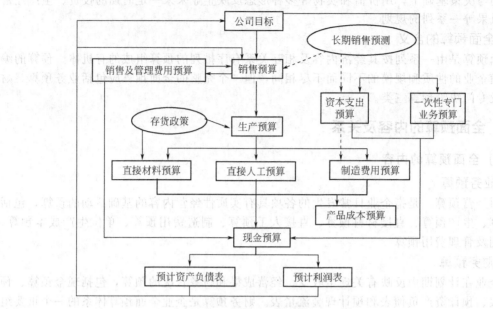

图 8-1　全面预算体系中各预算之间的主要关系

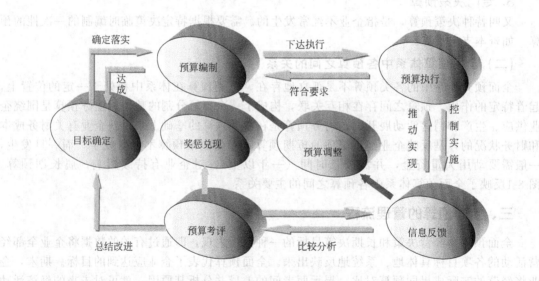

图 8-2　全面预算的管理流程

4．预算调整

预算实施过程中根据信息反馈需要对预算进行调整的，按预算编制程序重新修订产生新的预算目标，再次下达执行。

5．预算考评和奖惩兑现

在预算执行完成后，经过比较分析，进行预算考评和奖惩。

6．总结改进

经过考评后的预算信息，可作为总结及改进下一次预算目标的依据。

四、全面预算的作用

基于上述全面预算的管理流程，体现出全面预算的以下五方面作用。

1. 明确目标

全面预算是企业对未来特定时期内的各项业务活动所做的全面安排，是决策目标的具体化和数量化，它不仅能帮助职工更好地明确企业的整体目标，而且能够使职工更清楚地了解自己部门的任务，明确在业务量（生产量、销售量）、利润和成本各个方面自己的工作应达到的水平和应努力的方向，促使每个职工都能想方设法从各自的角度去努力完成企业的战略目标。

2. 内部协调，综合平衡

在现代化企业中，任何一个职能部门都必须从企业整体最优的角度来考虑问题，安排工作，不能片面追求局部的突出。通过编制全面预算，可以促使各部门负责人及全体职工都能清楚地了解本部门在整个企业中所处的地位和作用，以及与其他部门之间的相互关系，为各部之间的协调配合提供了可能。编制全面预算还有助于发现企业未来时期生产经营过程中可能出现的薄弱环节，从而为加强薄弱环节、克服消极因素的影响，充分挖掘企业内部的潜力，为最终实现企业的经营目标创造出更好的条件。

全面预算使企业各部门的工作形成了一个有机整体，加强了内部各部门、各单位之间的紧密联系、协调配合，以避免管理工作、经营资金的顾此失彼和生产过程中的脱节。

3. 控制日常活动

在预算的执行过程中，各部门通过计量、对比，及时揭露实际情况与预算的差异并分析其原因，以便采取必要的措施，保证预算目标的实现。

4. 业绩评价，完善制度

在生产经营完成一阶段后，把实际与预算加以比较，比较出来的差异，一方面可以考核各部门或有关人员的工作成绩，另一方面也可以用来检查预算编制的质量。有些差异，并不表示实际工作的好坏，而是全面预算的本身存在问题，预算脱离了实际。掌握这些情况，有利于改进下期全面预算的编制工作。

5. 激励

在全面预算的编制过程中，企业各部门人员的参与，可以发挥每个人的积极性，从而确保预算的执行。

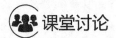

扁鹊的医术

魏文王问名医扁鹊说："你们家兄弟三人，都精于医术，到底哪一位最好呢？"扁鹊答："大哥最好，二哥次之，我最差。"文王再问："那么为什么你最出名呢？"扁鹊答："大哥治病，是治病于病情发作之前，由于一般人不知道他事先能铲除病因，所以他的名气无法传出去。二哥治病，是治病于病情初起时，一般人以为他只能治轻微的小病，所以他的名气只及本乡里。而我是治病于病情严重之时。一般人都看到我在经脉上穿针管放血、在皮肤上敷药等大手术，所以认为我的医术高明，名气因此响遍全国。"

(1) 这则故事给了我们什么样的启示呢？
(2) 站在企业的立场，正确的管理思路是什么呢？
(3) 如何强化财务预测与预算？

第二节　预算编制的方法

全面预算的编制方法，如果按其业务量基础的数量特征不同，可分为固定预算方法和弹性预算方法；如果按其出发点的特征不同，可分为增量预算方法和零基预算方法；如果按其预算期的时间特征不同，可分为定期预算方法和滚动预算方法。此外还有概率预算方法等。

一、固定预算与弹性预算

（一）固定预算

固定预算又称静态预算，是指在编制预算时，只根据预算期内正常的、可实现的某一固定业务量（如机器小时、产量、销量等）水平作为唯一基础，不考虑预算期内生产经营活动可能发生的变动而编制预算的一种方法。由于只以一个相对固定的业务量为基础编制，其编制的工作量相对较小，因此，固定预算方法主要适用于编制经营业务较稳定，产品产销量较稳定的预算。当然，在市场经济激烈变动的情况下，企业的业务量固定不变是不可能的，但是，只要预测预算期业务量的变动范围在现有生产能力范围之内，采用固定预算方法就是可行的，且符合成本效益原则。这也就是目前大多数编制财务预算的企业仍然采用固定预算方法的原因，固定预算也是一种较为传统的预算编制方法。

固定预算可以适用于现有生产能力范围之内且成本费用可以分解为变动成本和固定成本的预算的编制。当然，如果预计预算期的业务量变动范围将超出现有生产经营能力范围，或者企业无法划分变动成本和固定成本，大多数或几乎所有成本项目都是混合成本，无法按照实际业务量的变动比例调整预算成本，那么就不能采用固定预算方法，而应该采用弹性预算方法来编制预算。

（二）弹性预算

1. 弹性预算的定义

弹性预算又称变动预算，是指在编制预算时，根据预算期可预见的业务量变动范围，以多种业务量水平为基础，能够适应多种业务量变动情况的一种预算编制方法。弹性预算是为了克服固定预算的缺点而设计的，由于需要根据一个较大变动范围内的多种业务量编制，其编制预算的工作量较大。

2. 弹性预算的特点

与固定预算相比，弹性预算具有如下两个显著特点。

（1）能适应一系列的生产经营业务量。预算就是对未来的经济业务进行预测，但这些经济业务是经常变动的。弹性预算能提供一系列的生产经营业务量的预算数据，为主管人员提供各种业务活动量情况下的经济信息。通常在编制弹性预算时要与业务部门联系，按历史实践和发展趋势选择两个极端：最大的和最小的，然后再在其中划分为若干级，从而扩大了预算的适用范围，便于预算指标的调整。

（2）对预算执行情况的评价与考核更加客观，能更好地发挥预算的控制作用，加强成本管理。弹性预算是按照各项成本的变动性项目和固定性项目分类列示，有利于清晰反映业务量的变动带来的成本变动原因，便于在计划期终了时考核实际业务量应达到的成本水平和实际成本之间出现差异的原因。与固定预算相比较，利用弹性预算进行业绩评价要确切和有效得多，因为它更符合成本的特性。因此，弹性预算成为对管理非常有用的决策工具。

3. 弹性预算的适用范围

从其理论上说，弹性预算适用于编制全面预算中所有与业务量有关的各种预算，这是因为业务量的变动会影响到成本、费用、利润等各个方面的变动。编制弹性预算所依据的业务量可以是产量、销售量、直接人工工时、机器台时、材料消耗量和直接人工工资等。

弹性预算中所有的费用都必须分为变动费用和固定费用以配合不同业务量。在很大程度上弹性预算质量高低取决于成本性态分析的水平。在实务中，弹性预算主要用于编制弹性成本预算和弹性利润预算，尤其是编制费用预算。

4. 编制弹性预算的基本方法

在可预见的业务量范围内，按照一定业务量间隔，根据收入、成本、费用、利润与业务量之间的内在关系，分析确定其预算额。收入和变动成本随业务量正比例增减变动，其单位额乘以预算业务量即可得到预算额，不同业务量下的预算额是不一样的，业务量的间隔不能过大，也不能过小，通常以5%~10%为宜。固定成本则在相关范围内保持不变，可以从总额的角度进行预算，在不同的业务量下的预算额是保持不变的。如表8-1是某公司分别根据销量10 000件、11 000件、12 000件编制的利润预算。

表 8-1　某公司弹性利润预算　　　　　　　　　　　　　　单位：元

项目	单位产品预算	弹性预算		
销售数量		10 000	11 000	12 000
销售收入	25	250 000	275 000	300 000
变动成本	15	150 000	165 000	180 000
变动制造费用	10	100 000	110 000	120 000
变动销售费用	4	20 000	44 000	48 000
变动管理费用	1	10 000	11 000	12 000
贡献毛益	10	100 000	110 000	120 000
固定成本		50 000	50 000	50 000
固定制造费用		30 000	30 000	30 000
固定销售及管理费用		20 000	20 000	20 000
营业利润		50 000	60 000	70 000

二、增量预算与零基预算

（一）增量预算

增量预算又称调整预算，是一种传统的预算编制方法。它是指以基期的业务量水平和成本费用消耗水平为编制预算的基础，根据企业预算期的经营目标和实际情况，结合市场竞争态势，通过对基期的指标数值进行增减调整而确定预算期的指标数值的方法。

因为其预算期的指标数值是建立在基期相应水平的基础之上的，所以比较容易获得，预算编制的工作量相对较少；而且各项生产经营业务和日常各级各部门的各项管理工作可以避免剧烈的波动，可以使企业在保持相对稳定的基础上渐进式发展。但是，由于其预算编制会受到基期项目的影响，因而不利于进行大刀阔斧式的根本性改革，甚至可能会保留某些不合理的项目及其指标数值，导致在一定程度上可能保护落后。

(二) 零基预算

1. 零基预算的定义

零基预算是为克服增量预算的缺点而设计的。它以零为基础,是不受基期水平约束,不考虑基期实际发生的业务量项目及其金额的一种编制预算的方法。其编制预算的指导思想是推倒重来,一切从零开始。现已被发达国家的大多数企业广泛采用,作为控制间接费用的有效方法。

2. 编制零基预算的程序

(1) 确定费用项目。动员企业内部各有关部门根据预算期内的战略目标对其所从事的业务进行分析评价,主要包括该业务活动的目的,不从事此活动将产生的后果,完成该业务有无其他可供选择的途径等。在充分讨论的基础上确定企业必要的项目以及相应发生的费用项目,并确定其预算数额,而不考虑这些费用项目以往是否发生以及发生额的多少。

(2) 排列费用项目开支的先后顺序。将全部费用划分为约束性成本和酌量性成本,不可延缓项目和可延缓项目。对前者必须保证资金供应;对后者需要逐项进行"成本—效益"分析,按照各项开支必要性的大小确定各项费用预算的优先顺序。

进行成本—效益分析,首先应考虑完成业务的各种可供选择方案,而不应墨守成规,只局限于自己业务范围之内,必须把眼光看远些,多考虑革新办法,通过综合比较,以选取最优方案。方案提出以后,应对所提方案进行分析比较,哪些方案是可行的,哪些方案是根本无法实现的,哪些方案在经济上是不合理的,哪些方案是效率最大的等,进行逐项排队,最后保留几个可行方案供企业根据总体目标进行抉择。成本—效益分析方法既可以将成本费用与业务量进行比较,也可以将其与收益比较。总之,根据不同的业务内容采取不同的比较方法。比如销售部门可以将销售费用与销售总额比较,以计算销售费率的水平;将销售成本和销售总额比较,以计算盈利水平;生产车间可以分别就直接人工成本和直接材料消耗水平与产品比较等。

(3) 分配资源,落实预算。按照上一步确定的费用项目开支顺序,对预算期内可动用的资源进行分配,落实资金。首先保证满足约束性成本、不可延缓项目的开支,然后再根据需要和可能,按照项目的轻重缓急选择可延缓项目的开支标准。

下面我们以销售费用为例说明零基预算的编制方法。

例 8-1 某公司 202×年度销售费用的可用资金只有 200 000 元,该公司决定采用零基预算法编制预算。有关步骤如下:

第一步,假定该公司销售部门的全体职工根据企业 202×年度的总体经营目标和本部门的具体任务,经过详细论证之后,拟订出费用说明书,最终确认该部门预算年度需要发生的费用如表 8-2 所示。

表 8-2　某公司 202×年度预计销售费用项目　　　　　　　单位:元

项目	金额
广告费	100 000
销售佣金	60 000
销售人员工资	35 000
办公费	5 000
保险费	5 000
差旅费	15 000
合计	220 000

第二步，经研究认为，销售人员工资、办公费、保险费、差旅费是约束性成本，在计划期间必须全额保证。对于酌量性成本的广告费和销售佣金，公司根据历史资料进行成本—效益分析，发现平均每1元广告费可以为企业增加15元的利润，而每1元销售佣金则可以为企业增加20元的利润。

第三步，根据以上分析，按照各个费用项目的具体性质和重要程度将销售部门计划期间的费用开支分为三层。第一层：约束性成本，即销售人员工资、办公费、保险费和差旅费，共60 000元。第二层：酌量性成本中的销售佣金，按照成本—效益分析，它优先于广告费。第三层：酌量性成本中的广告费，可以根据计划期间企业的财力酌情增减。

由于该公司202×年度对于销售费用的可动用资金只有200 000元，根据以上排列的层次安排资金如下：第一层次的销售人员工资35 000元、办公费5 000元、保险费5 000元、差旅费15 000元全额保证，还剩下140 000元在广告费和销售佣金两者之间根据其成本收益率的比例关系进行分配。

分配如下：

$$销售佣金应分配的资金数 = 140\,000 \times \frac{20}{20+15} = 80\,000(元)$$

$$广告费应分配的资金数 = 140\,000 \times \frac{15}{20+15} = 60\,000(元)$$

3．零基预算的优缺点

(1) 零基预算由于冲破了传统预算方法框架的限制，以零为起点，观察分析一切费用开支项目，拟定预算金额，因而具有以下优点。

① 合理、有效地进行资源分析，将有限的资金用在刀刃上。

② 激励各基层单位参与预算编制的积极性和主动性，目标明确，区别方案的轻重缓急。有助于提高管理人员的投入产出意识，合理使用资金，提高资金的利用效果。

③ 特别适用于产出较难辨认的服务性部门预算的编制与控制。

(2) 零基预算也有其不足之处。

① 业绩差的经理人员可能会对零基预算产生一种抗拒的心理。

② 由于零基预算是以零为起点来确定预算数，所以必然造成大量的基础工作需要完成，如历史资料分析、市场状况分析、现有资金使用分析、投入产出分析等，工作量比较大，编制时间也较长。

③ 评级和资源分析可能具有不同程度的主观性，易于引起部门间的矛盾。

④ 容易造成人们注重短期利益而忽视企业的长期利益。

为简化预算编制的工作量，可以每隔几年才按此方法编制一次预算。

三、定期预算与滚动预算

1．定期预算

定期预算即按固定时期编制的财务预算，是指在编制财务预算时以固定不变的会计期间（往往是会计年度）作为预算期的一种编制预算的方法。

由于定期预算方法编制的财务预算，其预算期与会计年度相配合，便于使用实际会计指标考核和评价预算执行的结果，因此定期预算是很多企业采用的传统预算编制方法。

当然，按照定期预算方法编制的预算存在很多缺陷。

(1) 定期预算的标准尺度性差。因为预算就是对未来事件的预测和规划，而市场经济的瞬息万变导致预算前期可能较准确，其预算指标还具有标准性和尺度性；预算期后期的预测和规划往往很难准确，使预算指标缺乏标准性和尺度性，既给预算期后期的预算执行带来困难，又不利于利用预算指标对企业各级各部门的生产经营活动进行考核。

（2）定期预算灵活性差。由于编制完成的定期预算不能随情况变化和企业经营战略的调整而及时调整，不能适应快速变化的市场经济，造成预算滞后过时，丧失其应有的作用。

（3）定期预算连续性差。由于定期预算一年一个周期，相互之间存在预算间断，可能导致经营管理者的决策视野仅局限于本预算周期的经营活动，不能适应连续不断的经营过程，从而形成短期经营行为。

为了克服定期预算方法的缺陷，可以采用滚动预算方法编制财务预算。

2. 滚动预算

滚动预算又称永续预算或连续预算，是指在编制预算时既将预算期与会计年度脱离，又使预算期的长度始终保持为一个年度（12个月），且连续不断地随预算的执行和时间的推移而逐期滚动延伸的一种预算编制方法。滚动预算可以逐月滚动也可以逐季滚动。滚动预算示意图，如图8-3所示。

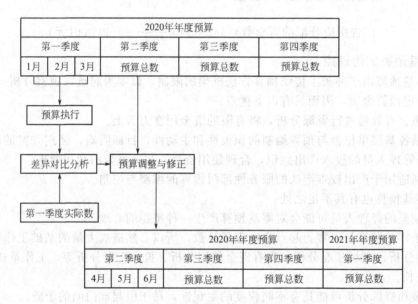

图8-3 滚动预算示意图

滚动预算方法的优点如下。

（1）能保持预算的完整性、继续性，从动态预算中把握企业的未来。

（2）能使各级管理人员始终保持对未来一定时期的生产经营活动作周详的考虑和全盘规划，保证企业的各项工作有条不紊地进行。

（3）由于预算能随时间的推进不断加以调整和修订，能使预算与实际情况更相适应，有利于充分发挥预算的指导和控制作用。采用滚动预算的方法，预算编制工作比较繁重。为了适当简化预算的编制工作，也可采用按季度滚动编制预算。

（4）有利于管理人员对预算资料作经常性的分析研究，并根据当前的执行情况及时加以修订，保证企业的经营管理工作稳定而有秩序地进行。

当然，滚动预算方法最大的缺点是预算编制的工作量大。

课堂讨论

在我们进行职业生涯规划时，会面对环境的变化和自身实际情况的变化，在学习了预算编制方法中的"滚动预算法"后，大家认为"滚动预算"的原理对于我们进行职业生涯规划有什么启示？

第三节　全面预算的编制

在进行全面预算的编制时，应以销售预算为起点，按照顺序逐步进行，根据各种预算之间的钩稽关系一步一步编制，分别编制出业务预算、专门决策预算和财务预算，最终形成预计财务报表。

一、业务预算的编制

1. 销售预算的编制

销售（营业）预算是预算期内，预算执行单位销售各种产品或者提供各种劳务可能实现的销售量或者业务量及其收入的预算，主要依据年度目标利润、预测的市场销量或劳务需求及提供的产品结构和市场价格编制。

在销售预算中，还应包括预计现金收入预算，其目的是为编制现金预算提供必要的资料。现金收入包括前期应收账款的收回和本期销售款的收入。企业的销售活动是企业现金收入的主要来源，此外还包括对外提供劳务的收入、对外投资的利息或股利收入、出租企业的固定资产而获得的租金收入等。这部分现金流入量一般较少，但对现金预算也有一定影响，所以在实践中不容忽视。下例中假设这部分现金流入量为零。

例 8-2　BM 公司经营多种产品，预计 202×年各季度各种产品销售量及有关售价的部分资料如表 8-3 所示。每季的商品销售在当季收到 80%，其余的在下季收讫，第一季度回收应收销货款系按上年末应收账款余额确定。表 8-4 的下半部分反映与销售业务有关的现金收支。

表 8-3　BW 公司 202×年销售预算

项目	第一季度	第二季度	第三季度	第四季度	本年合计
销售量（预计）					
A 产品/件	1 920	2 400	2 880	2 400	9 600
B 产品/个	—	—	—	—	—
…					
销售单价					
A 产品/(元/件)	100	100	100	100	100
B 产品/(元/个)	—	—	—	—	—
…					
销售收入合计/元	468 000	696 000	900 000	528 000	2 592 000

表 8-4　BW 公司 202×年销售预计现金收入计算表　　　　　单位：元

项目	第一季度	第二季度	第三季度	第四季度	本年合计
销售收入合计	468 000	696 000	900 000	528 000	2 592 000
销售税金及附加现金支出	46 800	69 600	90 000	52 800	259 200
现销收入	374 400	556 800	720 000	422 400	2 073 600
回收前期应收货款	96 000	93 600	139 200	180 000	508 800
现金收入小计	470 400	650 400	859 200	602 400	2 582 400

2. 生产预算的编制

生产预算是从事工业生产的预算执行单位在预算期内所要达到的生产规模及其产品结构的预算。生产预算主要是在销售预算的基础上，依据各种产品的生产能力、各项材料和人工的消耗定额及其物价水平和期末存货状况编制。为了实现有效管理，还应当在生产预算的基础上进一步编制直接人工预算和直接材料预算。

期末存货水平通常按下期销售数量的一定百分比确定。年初存货是编制预算时预计的，年末存货根据长期销售趋势来确定。在编制生产预算时，还应该考虑企业的生产能力和仓库容量等因素的限制。

生产预算应该按产品品种编制，预计生产量的计算公式如下：

$$预计生产量＝预计销售量＋预计期末存货量－预计期初存货量$$

例 8-3　BW 公司按照 10%安排期末存货，表 8-5 反映了其编制的生产预算。

表 8-5　BW 公司 202×年生产预算

产品名称：A 产品　　　　　　　　　　　　　　　　　　　　　　　　　单位：件

项目	第一季度	第二季度	第三季度	第四季度	本年合计
本期销售量	1 920	2 400	2 880	2 400	9 600
加：期末存货量	240	288	240	288	288
减：期初存货量	192	240	288	240	192
本期生产量	1 968	2 448	2 832	2 448	9 696

3. 直接材料采购预算的编制

采购预算是预算执行单位在预算期内为保证生产或者经营的需要而从外部购买各类商品、各项材料、低值易耗品等存货的预算。采购预算主要根据销售或营业预算、生产预算、期初存货情况和期末存货经济存量编制。

直接材料预算是指为规划直接材料采购活动和消耗情况而编制的，用于反映预算期材料消耗量、采购数量、材料消耗成本、采购成本等信息的一种业务预算。编制直接材料预算的主要依据是生产预算、材料单耗等资料。

由于企业预算期的生产耗用量和采购量往往存在不一致的现象，所以，要求企业必须保持一定数量的材料库存，于是在预计材料采购量时则要考虑期初、期末材料库存水平。预计材料采购量可按下列公式计算：

$$预计材料采购量＝预计材料耗用量＋预计期末存料量－预计期初存料量$$

其中：　　　　　预计材料耗用量＝预计生产量×单位产品消耗定额

同编制生产预算一样，编制材料采购预算也要注意材料的采购量、耗用量和库存量保持一定的比例关系，以避免材料的供应不足或超储积压。

在直接材料采购过程中必然要发生现金支出，为了便于财务预算的编制，通常在编制直接材料预算的同时编制与直接材料采购有关的现金支出计算表，表中每个季度的现金支出应考虑由前期应付账款和本期采购的付款条件决定的实际支付情况。

某种材料的预计采购量乘以该材料的预计单价就得到该材料的预计采购成本，所有材料的预计采购成本加总就得到预算期内材料采购总成本。

例 8-4　BW 公司 202×年直接材料耗用及采购预算，如图表 8-6 所示。假定该公司每季材料采购总额的 60%用现金支付，其余的 40%在下季付讫，第一季度偿付前期材料款为上年末应付账款余额。

表 8-6　BW 公司 202×年直接材料耗用及采购预算

材料种类：甲材料　　　　　　　　　　　　　　　　　　　　　　　　　单位：元

	项目	第一季度	第二季度	第三季度	第四季度	全年合计
A产品耗用	预计生产量（件）	1 968	2 448	2 832	2 448	9 696
	消耗量定额	2	2	2	2	—
	预计消耗数量（件）	3 936	4 896	5 664	4 896	19 392
B产品耗用	…	…	…	…	…	…
甲材料耗用总量（件）		18 240	19 296	19 776	20 160	77 472
加：期末材料存量（件）		3 655	3 943	3 678	3 510	—
减：期初材料存量（件）		3 391	3 823	3 582	3 630	—
本期采购量（件）		18 504	19 416	19 872	20 040	77 832
甲材料单价		5	5	5	5	—
甲材料采购成本		92 520	97 080	99 360	100 200	389 160

表 8-7　BW 公司 202×年直接材料采购预计现金支出计算表　　单位：元

项目	第一季度	第二季度	第三季度	第四季度	全年合计
各种材料采购成本总额	338 640	350 400	356 160	364 560	1 409 760
当期现购材料款	203 184	210 240	213 696	218 736	845 856
偿付前期所欠材料款	124 800	135 456	140 160	142 464	542 880
当期现金支出小计	327 984	345 696	353 856	361 200	1 388 736

4．直接人工预算的编制

直接人工预算，是反映预算期内人工工时的消耗水平和人工成本水平的一种业务预算，以生产预算为基础进行编制。

编制直接人工预算的主要依据是生产预算中的预计生产量、标准单位直接人工工时和标准工资率等资料。基本计算公式为：

$$预计直接人工成本 = 小时工资率 \times 预计直接人工总工时$$

其中：　预计直接人工总工时 = 单位产品直接人工的工时定额 × 预计生产量

在编制预算时，应考虑到直接生产工人的级别不同，其标准工资率也不一样，所以，必须按不同级别分别计算生产工人总工时和工资率，然后汇总求得预计直接人工成本。

由于直接人工成本大多采用现金支付方式，不必单独编制与支付直接人工成本有关的现金支出计算表，因而直接人工预算可以直接参加现金预算的汇总。

例 8-5　根据 BW 公司生产预算，编制其直接人工预算如下表 8-8 所示。

表 8-8 BW 公司 202×年直接人工预算

产品种类	项目	第一季度	第二季度	第三季度	第四季度	本年合计
A 产品	预计生产量/件	1 968	2 448	2 832	2 448	9 696
	工时定额/(小时/件)	6	6	6	6	6
	直接人工总工时/小时	11 808	14 688	16 992	14 688	58 176
B 产品	…	…	…	…	…	…
	各种产品直接人工总工时/小时	18 240	19 296	19 776	20 160	77 472
	单位工时直接人工成本/(元/小时)	3	3	3	3	3
	直接人工成本总额/元	54 720	57 888	59 328	60 480	232 416

5. 制造费用预算的编制

制造费用预算是从事工业生产的预算执行单位在预算期内为完成生产预算所需各种间接费用的预算。制造费用预算通常分为固定制造费用和变动制造费用两个组成部分。

固定制造费用与产量无关，所以可在上年的基础上根据预算期情况加以适当调整，并作为期间成本直接列入利润表；变动制造费用预算是以生产预算为基础编制的，根据单位产品预定分配率乘以预计的生产量进行预计。变动制造费用预算分配率的计算公式为：

变动制造费用预算分配率＝变动制造费用预算总额/分配标准预算数

为了便于以后编制现金预算，需要在制造费用预算表下单独列示预计的现金支出表。制造费用中，除了固定资产折旧、无形资产摊销、预提修理费等转移价值无需动用现金外，其他都需要用现金支付，所以制造费用总数扣除它们后即可得出"现金支出的总额"。

例 8-6 根据 BW 公司生产预算，编制其制造费用预算如下表 8-9 所示。BW 公司与制造费用有关的预计现金支出如表 8-10 所示。

表 8-9 BW 公司 202×年制造费用预算　　　　　　　　　　　　　单位：元

变动制造费用		固定制造费用	
间接材料	20 400	管理人员工资及福利费	20 880
间接人工	45 120	折旧费	28 800
维修费	15 888	办公费	6 432
水电费	34 800	保险费	6 720
		修理费	4 368
合计	116 208	合计	67 200
直接人工工时总数(小时)	77 472	其中：付现费用	38 400
分配率＝116 208÷77 472＝1.5		各季支出数＝38 400÷4＝9 600	

表 8-10 BW 公司 202×年与制造费用有关的预计现金支出表　　　　单位：元

季度	1	2	3	4	全年
①直接人工工时	18 240	19 296	19 776	20 160	77 472
②变动制造费用	27 360	28 944	29 664	30 240	116 208
③固定制造费用	9 600	9 600	9 600	9 600	38 400
现金支出合计[②+③]	36 960	38 544	39 264	39 840	154 608

6. 产品成本预算的编制

产品成本预算是指用于规划预算期的单位产品成本、生产成本、销售成本以及期初、期末产成品存货成本等项内容的一种业务预算。产品成本预算是在生产预算、直接材料预算、直接人工预算、制造费用预算的基础上汇总编制的,它是编制预计利润表、预计资产负债表的主要根据之一,也是编制产品销售成本预算的重要资料来源。

例 8-7 根据 BW 公司直接材料预算、直接人工预算及制造费用预算编制其产品成本预算如下表 8-11 所示。

表 8-11　BW 公司 202×年产品成本预算

成本项目	A产品(年产量 9 696 件)				B产品	…	合计/元
	单耗/件	单价/元	单位成本/(元/件)	总成本/元			
直接材料							
甲材料	2	5	10	96 960			387 360
乙材料	…	…	…	…			…
小计			22	213 312			1 400 200
直接人工	6	3	18	174 528			232 416
变动制造费用	6	1.5	9	87 264			116 208
变动生产成本合计			49	475 104			1 749 024
产成品存货	数量/件		单位成本/(元/件)	总成本/元			合计/元
年初存货	192		50	9 600			68 400
年末存货	288		49	14 112			195 984

7. 营业成本预算

营业成本预算是非生产型预算执行单位对预算期内为了实现营业预算而在人力、物力、财力方面必要的直接成本预算。主要依据企业有关定额、费用标准、物价水平、上年实际执行情况等资料编制。

8. 销售费用和管理费用预算的编制

销售及管理费用预算是指为规划预算期与组织产品销售活动和一般行政管理活动有关费用而编制的一种业务预算。该预算应当区分变动费用与固定费用、可控费用与不可控费用的性质,根据上年实际费用水平和预算期内的变化因素,结合费用开支标准和企业降低成本、费用的要求,分项目、分责任单位进行编制。其中重要项目要重点列示,如科技开发费、业务招待费、办公费、广告费等。

销售费用和管理费用预算通常应由负责销售及管理的成本控制人员分别编制。如果销售费用和管理费用的项目不多,则可以合并编制在一张预算表中,但变动费用和固定费用要分别列示。

例 8-8 BW 公司 202×年销售与管理费用预算编制如下表 8-12 所示。

表 8-12　BW 公司 202×年销售与管理费用预算　　　　　　　单位:元

费用项目	全年预算	费用项目	全年预算
1. 销售人员工资	10 800	5. 展览费和广告费	9 600
2. 专设销售机构业务费	4 800	6. 其他销售费用	2 280
3. 保险费	2 880	7. 公司经费	18 000
4. 运杂费	1 560	8. 董事会费	7 200

续表

费用项目	全年预算	费用项目	全年预算
9. 折旧费	1 920	13. 房产税等税金	1 680
10. 排污费	720	14. 其他管理费用	2 400
11. 业务招待费	2 400	费用合计	71 040
12. 聘请中介机构费	4 800	每季平均=71 040÷4=17 760	

项目	第一季度	第二季度	第三季度	第四季度	全年合计
现金支出	15 480	17 760	19 800	16 080	69 120

二、专门决策预算的编制

专门决策预算是指企业为某个决策项目而编制的预算，包括资本支出预算和一次性专门业务预算两类。

1. 资本支出预算的编制

资本预算是企业在预算期内进行资本性投资活动的预算。主要包括固定资产投资预算、权益性资本投资预算和债券投资预算。

（1）固定资产投资预算。固定资产投资预算是企业在预算期内购建、改建、扩建、更新固定资产进行资本投资的预算。应当根据本单位有关投资决策资料和年度固定资产投资计划编制。企业处置固定资产所引起的现金流入，也应列入资本预算。企业如有国家基本建设投资、国家财政生产性拨款，应当根据国家有关部门批准的文件、产业结构调整政策、企业技术改造方案等资料单独编制预算。

（2）权益性资本投资预算。权益性资本投资预算是企业在预算期内为了获得其他企业单位的股权及收益分配权而进行资本投资的预算。应当根据企业有关投资决策资料和年度权益性资本投资计划编制。企业转让权益性资本投资或者收取被投资单位分配的利润（股利）所引起的现金流入，也应列入资本预算。

（3）债券投资预算。债券投资预算是企业在预算期内为购买国债、企业债券、金融债券等所作的预算。应当根据企业有关投资决策资料和证券市场行情编制。企业转让债券收回本息所引起的现金流入，也应列入资本预算。

2. 一次性专门业务预算（筹资预算）的编制

企业为保证经营业务、资本性支出对资金的需求，应经常保持一定的现金数量，以支付各项费用和偿还到期债务。但如果企业现金持有数过多，大大超过正常支付需要的金额，就会造成资金的闲置，降低资金的营运效率。因此，财务部门在资金筹措、归还贷款、发放股利和交纳税金等问题上要进行专门决策。

企业经批准发行股票、配股和增发股票，应当根据股票发行计划、配股计划和增发股票计划等资料单独编制预算。股票发行费用，也应当在筹资预算中分项作出安排。

例 8-9 BW公司202×年将投资建设一条新的生产线，公司财务部门根据计划期间现金收支情况，预计将在第一季度期初向银行短期借入48 000元，第二季度初发行公司债券120 000元进行筹资。短期借款利率为10%，公司债券利息率为12%。第三季度末偿还第二季度的借款 20 000 元，同时支付利息 4 000 元。另外，预计预算期间每季度末预付所得税 50 000 元，全年 200 000 元，董事会决定计划期间每季末支付股利 70 000 元，全年共 280 000 元。根据以上资料，根据以上资料，BW 公司一次性专门业务（融资）预算表如表 8-13 所示，纳税、发放股利以及支付长期借款利息预算如表 8-14 所示。

表 8-13　BW 公司一次性专门业务（融资）预算表　　　　　　　　　　　单位：元

项目	第一季度	第二季度	第三季度	第四季度	全年合计
固定资产投资					
1. 设计费	1 200				1 200
2. 基建工程	12 000	12 000			24 000
3. 设备购置		156 000	36 000		192 000
4. 安装工程			3 600	12 000	19 200
5. 其他				3 600	3 600
合计	13 200	168 000	43 200	15 600	240 000
流动资金投资					
合计				13 920	13 920
投资支出总计	13 200	168 000	43 200	29 520	253 920
投资资金筹措					
1. 短期借款	48 000				48 000
2. 发行公司债券		120 000			120 000
合计	48 000	120 000			168 000

表 8-14　BW 公司一次性专门业务预算表
（纳税、发放股利及长期借款利息预算）　　　　　　　　　　　　　　　单位：元

项目	支付日期				合计
	第一季度	第二季度	第三季度	第四季度	
预付股利	70 000	70 000	70 000	70 000	280 000
预付所得税	50 000	50 000	50 000	50 000	200 000
支付长期借款利息				14 400	14 400
偿还短期借款及利息			24 000	4 000	28 000

专门决策预算编制完成以后，所有部分预算就完成了，接下来就可以编制整体预算，也就是编制财务预算了。

三、财务预算的编制

财务预算是预算期内反映预计现金流入、现金支出、经营成果和财务状况的预算。它应当围绕企业的战略要求和发展规划，以业务预算、资本预算为基础，以经营利润为目标，以现金流为核心，以货币为计量单位对预算期内企业的全部经济活动进行全面综合反映。财务预算包括现金预算、预计损益表、预计资产负债表。财务预算通常由企业财务部门负责汇总

编制。

1. 现金预算的编制

现金预算是指用于规划预算期现金收入、现金支出和资本融通的一种财务预算。这里的现金是指企业的库存现金和银行存款等货币资金。它能够反映某一时期发生现金流入或现金流出的时间与金额。管理者要根据现金预算确定企业未来的现金需要量,正确地调度资金,保证企业资金的正常流转,制订筹资计划。

编制现金预算的主要依据包括:涉及现金收入和支出的销售预算、直接材料预算、直接人工预算、制造费用预算、销售及管理费用预算,及有关的专门决策预算等资料。

现金预算通常应该由以下四个部分所组成。

(1) 现金收入。包括期初的现金结存数和预算期内发生的现金收入。资料可从期初资产负债表和销售预计现金收入计算表中获得。

(2) 现金支出。现金支出包括预算期内发生的各项现金支出,如材料采购款、工资、制造费用、销售及管理费用、交纳税金、支付股利、资本性支出等,资料可从直接材料采购预算、直接人工预算、制造费用现金支出预算、销售及管理费用预算、交纳税金、发放股利预算、资本支出预算中获得。

(3) 现金收支差额。指现金收入合计与现金支出合计的差额。

(4) 资金的筹集及运用。指预算期内根据现金收支的差额和企业有关资金管理的各项政策,确定筹集或运用资金的数额,包括向银行借款、发放短期商业票据、还本付息以及偿还借款和购买有价证券等事项。

例 8-10 根据上述 BW 公司业务预算以及专门决策预算的有关资料,编制该公司 202× 年现金预算,如表 8-15 所示。

表 8-15 BW 公司 202× 年现金预算 单位:元

项目	第一季度	第二季度	第三季度	第四季度	本年合计
期初现金余额	50 400	54 456	55 848	57 932	50 400
经营现金收入	470 400	650 400	859 200	602 400	2 582 400
经营性现金支出	549 144	596 688	629 448	597 600	2 372 800
直接材料采购	327 984	345 696	353 856	361 200	1 388 736
直接工资及其他支出	54 720	57 888	59 328	60 480	232 416
制造费用	36 960	38 544	39 264	39 840	154 608
销售及管理费用	15 480	17 760	19 800	16 080	69 120
产品销售税金	46 800	69 600	90 000	52 800	259 200
预交所得税	48 000	48 000	48 000	48 000	192 000
预分股利	19 200	19 200	19 200	19 200	76 800
资本性现金支出	13 200	168 000	43 200	15 600	240 000
现金余缺	(41 544)	(59 832)	242 400	47 132	19 920
资金筹措及运用	96 000	115 680	(184 468)	12 768	39 980
流动资金借款	48 000				48 000
归还流动资金借款		(2 400)	(24 000)	(21 600)	(48 000)
发行优先股	48 000				48 000
发行公司债券		120 000			120 000
支付利息①		(1 920)	(4 512)	(4 032)	(10 464)
购买有价证券			(155 956)	38 400	(117 556)
期末现金余额	54 456	55 848	57 932	59 900	59 900

① 假定该公司流动资金借款在期初发生,还款则在期末,利息率为 8%。

第二季度利息支出＝48 000×8％×2÷4＝1 920(元)
第三季度利息支出＝(48 000－2 400)×8％÷4＋120 000×12％÷4＝4 512(元)
第四季度利息支出＝(48 000－2 400－24 000)×8％÷4＋120 000×12％÷4＝4 032(元)

2. 预期利润表的编制

预期利润表是根据如前所述的预算编制的。在编制预期利润表时，所得税是在利润规划时估计的，并已列入现金预算。

通过编制预期利润表可以了解企业未来的利润水平。如果预期的利润与最初编制方针中的目标利润有较大的不一致，就需要调整部门预算，设法达到目标利润；如果确实心有余而力不足，应经企业领导批准后修改目标利润。

例 8-11 表 8-16 是 BW 公司的预期利润表。

表 8-16　BW 公司 202×年预期利润表　　　　　　　　单位：元

摘要	金额
销售收入	2 592 000
减：销售税金及附加	259 200
减：本期销货成本①	1 621 440
产品贡献边际总额	711 360
减：期间成本②	148 704
利润总额	562 656
减：应交所得税(25％)	140 664
净利润	421 992

① 本期销货成本＝期初产品存货成本＋本期生产成本－期末产品存货成本
　　　　　　　＝68 400＋1 749 024－195 984
② 期间成本＝67 200＋71 040＋10 464

3. 预计资产负债表的编制

编制预期资产负债表是为了判断企业未来的财务状况是否稳定，是否有足够的资金应付日常的经营和偿还到期债务。

例 8-12 BW 公司预期资产负债表是根据计划期期初的资产负债表、销售预算、生产预算和现金预算加以调整编制而成的。

表 8-17　BW 公司 202×年预计资产负债表　　　　　　　　单位：元

资产	年末数	年初数	负债与权益	年末数	年初数
现金	59 900	50 400			
应收账款	105 600①	96 000	应付账款	145 824⑤	124 800
材料存货	76 560②	67 200	应付债券	120 000	—
产成品存货	195 984	68 400	应交税费	(6 323.52)⑥	
短期投资	117 556	—			—
土地	288 000	288 000			
厂房设备	660 000③	420 000			
减：累计折旧	96 000④	65 280	股东权益	1 148 099.52⑦	799 920
资产总计	1 407 600	924 720	负债与权益总计	1 407 600	924 720

① $105\ 600 = 528\ 000 - 422\ 400$
② $76\ 560 = 67\ 200 + 1\ 409\ 760 - 1\ 400\ 400$
③ $660\ 000 = 420\ 000 + 240\ 000$
④ $96\ 000 = 65\ 280 + 28\ 800 + 1\ 920$
⑤ $145\ 824 = 364\ 560 - 218\ 736$
⑥ $6\ 323.52 = 185\ 676.48 - 192\ 000$
⑦ $1\ 148\ 099.52 = 799\ 920 + 48\ 000 + 376\ 979.52 - 76\ 800$

至此，企业的全面预算编制全部完成。可以看出，它是从销售预算开始一直到预计资产负债表完成的一整套的流程。必须指出，由于是按照变动成本法计算的成本，预计损益表和预计资产负债表都只能供内部使用。如果对外公布，还要按完全成本法或制造成本法计算，对期初、期末产品存货中的成本进行调整。

课堂讨论

重庆长江电工工业集团有限公司是一家创建于1905年的国有企业，已有百年历史，是重庆市的第一家工业企业，长居重庆工业企业前50强。随着内外部运营环境的一系列变化，公司管理工作的复杂性和不确定性日益提升，因此公司立足实际适时开展了全面预算管理。公司的全面预算管理体系建立在业务运营系统之上，其源头是业务计划，基础是业务预算，薪酬预算和资本预算是重要支撑，最终以财务预算的形式将特定周期的运营过程预先反映出来。公司通过业务计划提前规划各职能单位将要做什么事；通过编制业务预算、薪酬预算和资本预算明确特定作业所需的资源支撑；在预算委员会牵头组织"三上三下"的沟通和审核过程中完成对作业活动的效果评估及资源配置方案；最终通过监控各项预算的执行实施对运营过程的及时管理控制。

讨论以下问题。
（1）全面预算管理体系应该包括哪些内容？
（2）公司应该如何编制适合自身的预算？

第四节　预算控制原理

一、预算控制的含义

1. 预算控制的含义

所谓控制是指依照已经制订好的行动计划或标准，对业绩进行监督和评价，其根本意图在于在不利形势造成巨大损失之前迅速采取补救行动。

广义的预算控制是将整个预算系统作为一个控制系统，通过预算编制、预算执行监控、预算评价和奖惩形成一个包括事前、事中和事后全过程的控制系统。

狭义的预算控制简单地说就是将编制好的预算作为业绩管理的依据和标准，定期将实际业绩与预算进行对比，分析差异结果并采取改进措施，也就是说主要指预算执行过程中的事中监控行为。

预算实质上更多的是充当一种在公司战略与经营绩效之间联系的工具。公司战略是由战略转化而来的企业长期、短期的目标，是预算的基础。在期初编制预算，可以起到规划未来、明确奋斗目标的作用；在预算施行过程中，将实际经营与预算相比较，看其是否背离预算目标，并采取措施加以调整、修正，可以保证企业经营不偏离企业的目标、降低风险；在期末对预算完成情况进行评价，根据预算完成情况对员工进行奖惩，有利于提高将来的经营业绩，激励员工将自身目标与企业目标相结合，实现企业的战略目标。

2. 预算控制的内容

预算控制的内涵并不仅仅是编制预算本身，它是一个动态的控制过程。预算控制的内容包括预算的编制，预算的实施，预算的调整和偏差纠正，预算的评价、考核和报告，预算的奖惩等。

预算控制是管理控制系统的重要组成部分，它涵盖预测、试算、平衡、执行、调整、分析、评价、奖惩等环节。

如果把编制预算仅仅当作一项任务，在每次编制完成并向上级汇报后，便将形成的预算文件束之高阁，没有在企业的日常生产经营工作认真加以执行，或者在实务操作中依然我行我素，完全不按预算要求做，使预算的编制与预算的实施脱节，那么这样的预算管理一定是不成功的。

二、预算控制的措施

预算的编制完成，仅仅是完成了财务预算管理的一个步骤而已，更重要的是实施财务预算，运用预算去指导和控制企业的日常生产经营活动，去评价和考核企业内部各级各部门和全体员工经营业绩。

1. 应将预算指标逐项细化分解落实到各责任单位，甚至是班组、个人

各级各部门和全体员工应明确自己的职责，并责权利相结合，有利于实施经济责任制。

2. 应建立定期检查、信息反馈和跟踪制度

平时由各预算执行单位进行自我随时跟踪，检查自己预算执行情况，并定期向预算主管部门报告。对于实际与预算之间的差异，必须认真对待。若差异较小（如10%以内），影响较小，则可简单分析说明；若差异较大（如10%~20%），影响较大，则应由具体执行单位作比较详尽的分析说明，分析原因和提出改进措施；若差异很大（如20%以上），影响很大，则应作专题详细分析报告并提出整改措施。预算主管部门和预算最高领导机构也应定期和不定期地检查企业各级各部门财务预算执行和完成的实际情况，及时发现差异，纠正差异，同时修改并不断完善财务预算各项指标，使其更切实可行。

3. 应建立有效的激励约束机制，奖优罚劣，严格考核制度

可以根据因果关系链设置考核指标，将预算的编制、执行、考核与各级各部门的经济利益挂钩，与每一个管理人员和员工的工资奖金制度挂钩。并且将预算执行过程中的动态考评与预算完成时的期末综合考核相结合，两者相辅相成，形成预算管理的良性运行机制。

本章小结

通过本章学习要求同学们根据企业不同情况选择合适的预算编制方法。

以销售预算为起点，根据以销定产的原则，在考虑现有库存与期末库存的基础上，进行生产预算的编制，然后按照生产预算确定直接材料预算、直接人工预算、制造费用预算，继而编制销售费用管理费用预算。

产品成本预算和现金预算是有关预算的汇总，资产负债表预算、利润表预算是全部预算的总合。

拓展阅读

1. 《管理会计应用指引第 200 号——预算管理》。
2. 《管理会计应用指引第 201 号——滚动预算》。
3. 《管理会计应用指引第 202 号——零基预算》。
4. 《管理会计应用指引第 203 号——弹性预算》。
5. 《同济医院战略导向的全面预算管理体系构建》。

即测即评

第八章　全面预算
管理即测即评习题

第八章　全面预算
管理即测即评答案

思考与练习

一、思考题

1. 什么是预算？预算体系由哪几部分组成？
2. 简要阐述全面预算的管理流程。
3. 什么是固定预算和弹性预算？他们各有什么特点和适用性？
4. 什么是增量预算和零基预算？请简述它们各自的优缺点和适用性。
5. 什么是定期预算和滚动预算？请简述它们各自的优缺点。

二、计算分析题

1. 已知：A 公司生产经营甲产品，在预算年度 202×年内预计各季度销售量分别为 1 900 件、2 400 件、2 600 件和 2 900 件；其销售单价均为 50 元。假定该公司在当季收到货款 60%，其余部分在下季收讫，年初的应收账款余额为 42 000 元。适用的增值税税率为 17%。

第八章　全面预算
管理计算分析题
答案

要求：编制销售预算和预计现金收入计算表。

2. 某公司 202×年 10 月份的现金收支情况如下。

（1）第三季度末的现金余额为 4 500 元。

（2）9 月实际销售收入为 50 000 元，预计 10 月份销售收入为 56 000 元（该公司的收款条件是当月收现 60%，其余下月收讫）。

（3）9 月实际购料为 18 000 元，预计 10 月份购料 16 000 元（该公司的付款条件是当月付现 55%，其余下月付讫）。

（4）该公司预计 10 月份的制造费用和非制造费用总额为 12 000 元（其中包括折旧费 4 000 元）。

（5）预计 10 月份支付直接人工工资为 10 000 元。

（6）预计 10 月份购置固定设备 20 000 元。

（7）预计 10 月份支付所得税 2 000 元。

（8）该公司规定每日最低库存现金限额为 4 000 元，不足之数可向银行申请借款，借款额一般为千元的倍数。

要求：根据上述资料，为该公司编制 10 月份的现金预算。

3. 假设企业期末现金最低库存 15 000 元，现金短缺时主要以银行借款解决，贷款最低起点 1 000 元。企业于期初贷款，于季末归还贷款本息，贷款年利率 5%。年度现金预算部分数据如下表 8-18 所示。

表 8-18　年度现金预算数据（部分）　　　　　　　　　　　　　　单位：元

摘要	一季度	二季度	三季度	四季度	全年
期初现金余额	18 000	（4）	15 691	（10）	18 000
加：现金收入	120 500	140 850	（6）	12 1650	526 250
可动用现金合计	（1）	156 591	158 941	138 802	544 250
减：现金支出					
直接材料	25 424	34 728	34 567	（11）	126 976
直接人工	13 200	15 600	12 900	13 900	55 600
制造费用	6 950	7 910	6 830	7 230	28 920
销售费用	1 310	1 507	1 358	1 075	5 250
管理费用	17 900	17 900	17 900	17 900	71 600
购置设备	48 000	33 280	—	—	81 280
支付所得税	27 125	27 125	27 125	27 125	108 500
支付股利	10 850	10 850	10 850	10 850	43 400
现金支出合计	150 759	148 900	111 539	110 328	521 526
现金结余（不足）	（2）	7 691	47 402	（12）	22 724
现金筹集与运用					
银行借款（期初）	（3）	8 000	—	—	36 000
借款归还	—	—	（7）	（13）	（36 000）
归还本息（期末）	—	—	（8）	（14）	（1 337.5）
现金筹集与运用合计	28 000	8 000	30 250	7 087.5	1 337.5
期末现金余额	15 741	（5）	（9）	21 386.5	（15）

要求：将现金预算表中的空缺项（1）～（15）填列出来。

4. 已知：B 公司根据销售预测，对乙产品预算期内四个季度的销售量预计如表 8-19 所示。该公司预计，为保证供货的连续性，预算期内各季度的期末产品库存量应达到下期销售量的 20%。同时，根据与客户的长期合作关系来看，公司预算年末的产品库存量应维持和年初相一致的水平，大约为 200 件左右能够保证及时为客户供货。

要求：编制 B 公司预算年度的生产预算表。

表 8-19　B 公司对乙产品预算期内四个季度的销售量预计　　　单位：件

摘要	一季度	二季度	三季度	四季度
预计销售量	800	1 100	1 500	1 200

5. 沿用第 4 题相关资料，假定 B 公司生产乙产品主要使用一种合金材料。根据以往的加工经验来看，平均每件产品需用材料 5 千克。这种合金材料一直由公司以每千克 200 元的价格与一位长期合作的供应商定购，并且双方约定，购货款在购货当季和下季各付一半。目

前,B 公司尚欠该供应商货款 400 000 元,预计将在 2021 年第一季度付清。公司为保证生产的连续性,规定预算期内各期末的材料库存量应达到下期生产需要量的 10%,同时规定各年年末的预计材料库存应维持在 600 千克左右。

要求:编制 B 公司预算年度直接材料采购预算表和预计现金支出预算表。

6. 沿用第 4 题和第 5 题的相关资料,假定 B 公司根据以往的加工经验预计,生产一件乙产品大约需要 7 小时,依据公司与工人签订的劳动合同规定,每小时需要支付工人工资 10 元。

要求:编制 B 公司预算年度直接人工预算表。

第九章
标准成本法

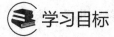 学习目标

专业目标：
了解标准成本的概念、作用和分类。
掌握标准成本的制定方法。
掌握标准成本差异的分析。
职业素养目标：
引导学生自我体验与感悟，在自我教育、自我管理、自我服务中将个人价值与社会价值有机结合，将个人命运与国家命运紧密联系，帮助学生树立主人翁意识，为中华民族伟大复兴、中国梦的实现培养中坚力量。

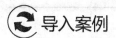 导入案例

标准成本制度在 ABC 公司的应用

ABC 公司 1995 年着手推进标准成本制度，1996 年正式采用标准成本制度，包括标准成本的核算体系及管理体系。根据 ABC 公司实践，标准成本应依据各生产流程的操作规范，利用健全的生产、工程和技术测定（包括时间及动作研究、统计分析、工程实验等方法），对各成本中心及产品制定合适的数量化标准，再将该数量化标准金额化，作为成本绩效衡量与标准产品成本计算的基础。具体做法如下。

在成本中心的制定方面，对于某种产品在其生产过程中所经过的并且有投入、产出的单元都为成本中心，一级成本中心一般为一个厂，二级成本中心为分厂，三级成本中心为作业区。成本中心按其功能又区分为生产性成本中心、服务性成本中心、辅助性成本中心和生产管理性成本中心。这样既可衡量一级成本中心的绩效，也可根据需要来衡量二级成本中心、三级成本中心的绩效。

在成本标准的制定与修订方面，成本标准是针对明细产品（产品大类＋材质＋规格）在各成本中心而制定的，它分为消耗标准和价格标准。而消耗标准又分原料消耗标准、辅料消耗标准、直接燃动力标准、直接人工标准和制造费用标准；价格标准分为物料价格标准、半成品价格标准、能源价格标准和人工价格标准。消耗标准制定的依据为工艺技术规程、生产操作规程、计划值指标、历史消耗资料，而价格标准制定的依据为成本补偿。具体方法如下。

（1）原料消耗标准是指明细产品在各成本中心的单耗，即投入/产出，它应由成本中心

的工程师、工程技术人员一道参与技术规程制定。

（2）辅料消耗标准的制定应考虑历史消耗资料及生产操作规程、计划值。

（3）对于直接燃动力、直接人工、制造费用标准的制定，则可按产品的生产难易程度（即机时能力）制定，某产品的机时能力指1小时可生产多少吨。

（4）价格标准可按成本补偿的原则制定。

ABC公司的员工认为，成本标准不能光由财务部门、生产厂及财务人员制定，而一定要有一个权威机构制定和修订标准，制定标准的人员应包括工程技术方、生产方、财务方。

在成本差异的揭示及分析方面，对于三级成本中心（作业区）的差异，由于定好了价格标准，因而在此不揭示价格差异，只揭示消耗差异。二级成本中心、一级成本中心的差异揭示格式与三级成本中心类似。价格差异由一级成本中心上交至总公司进行统一处理，按一定规则分摊。

ABC公司正是运用标准成本制度，并且把财务人员定位于组织者，把作业长定位于降低现场成本的主要责任者，所以在降低成本方面取得了显著的成绩，效益显著提高。

根据上述资料，思考并回答以下问题。

（1）什么样的成本才是企业应该依据的标准成本？

（2）管理会计中的标准成本制度在ABC公司是如何灵活运用的？

（3）根据《中华人民共和国会计法》和管理会计职业道德的要求，分析总会计师应如何处理，并简要说明理由。

（4）如果是您将来遇到薪酬待遇和公司类似"需要"的问题时，您将会如何处理？

第一节　标准成本及标准成本法概述

一、标准成本法的产生

标准成本法，也称标准成本制，是在泰勒的生产过程标准化思想影响下，于20世纪20年代产生于美国。刚开始时，它只是一种比较简单的统计分析方法，以后才逐步发展和完善起来，并纳入了复式簿记。今天已相当普遍地为西方企业所采用。

需要强调的是，标准成本法并不单纯是一种成本计算方法，而是一个包括制定标准成本，计算和分析成本差异，以及处理成本差异三个环节的完整系统。它不仅是会计信息系统的一个分支，而且也是成本控制系统的一个分支。它不仅被用来计算产品成本，更重要的是被用来加强成本控制。

标准成本法既可以同全部成本法结合使用，也可以同变动成本法结合使用。西方企业一般将它同全部成本法结合使用。

二、标准成本的概念及特点

标准成本是经过仔细调查、分析和技术测定而制定的，在正常生产经营条件下应该实现的，因而是可以作为控制成本开支、评价实际成本、衡量工作效率的依据和尺度的一种目标成本，也称应该成本。

标准成本是将成本分析，成本控制和成本确定集合起来的一种成本计算方法，包括制定标准成本、成本差异分析和成本差异处理三个有机组成部分。在成本标准的制定阶段，需要对产品的生产工艺、技术流程以及生产和供销的各个方面进行分析研究，从而进行成本事前控制。在生产过程中,要将发生的实际成本同标准成本进行比较,揭示成本差异并对差异进行分析,使成本在生产过程中得到控制。期末,要将标准成本差异重新组合,最终确定产品的实际成本。

标准成本是根据对实际情况的调查,用科学方法制定的,所以具有客观性和科学性。标准成本是按正常条件制定的,并未考虑不能预测的异常变动,因而具有正常性。标准成本一经制定,只要制定的依据不变,不必重新修订,所以具有相对的稳定性。标准成本是成本控制的目标和衡量实际成本的尺度,所以具有目标性和尺度性。这些就是标准成本的特点。

三、标准成本的作用

标准成本与实际成本相比,标准成本将事前成本计划,日常成本控制和最终产品成本确定有机结合起来,形成一个完整的成本控制体系,这对企业加强成本管理,全面提高生产经营成果具有重要意义。

1. 有利于控制成本,提高成本管理水平

标准成本是衡量实际成本水平的尺度,通过事前的成本确定,能使成本水平得到事前控制;通过差异分析,能及时发现问题,采取措施加以控制和纠正,从而降低成本水平,提高经济效益。同时,以标准成本与实际成本进行比较产生的差异,是企业进行例外管理的必要信息。

2. 有利于简化成本计算,为对外财务报表的编制提供依据

在标准成本用于产品成本计算的会计系统的情况下,原材料、在产品和产成品的成本均以标准成本计价,所产生的差异另行记录,这样在成本计算方面可以大大减少核算的工作量。在需要编制以实际成本为基础的对外财务报表时,可以根据标准成本和成本差异,将存货成本和产品销售成本调整为实际成本,体现了标准成本系统下内部管理和对外财务报表的结合。

3. 有利于进行预算控制,便于企业经营决策

标准成本本身就是单位成本预算,比如,在编制直接人工成本预算时,先确定每生产一个单位产品所需耗费的工时数以及每小时的工资率,然后用它乘以预算的产品产量,就可以确定总人工成本预算数。因此,标准成本资料可以直接作为编制预算的基础,从而为预算编制提供了极大的方便,并提高了预算的有效性。

另外,由于在制定标准成本时进行了多方面的分析,剔除了许多不合理的因素,因此实际成本更为客观,它可以帮助企业进行产品的价格决策和预测,也为是否接受特别订单等专门决策提供了依据。

4. 有利于激发员工热情,正确评价工作绩效

标准成本是在事前经过科学分析所确定的、在正常的生产经营条件下应该发生的成本。它是衡量成本水平的尺度,也是评价和考核员工工作绩效的基础和依据。在实际生产过程中,通过比较实际成本和标准成本,进行差异分析,可以区分经济责任,正确评价员工绩效,从而激发其工作积极性,主动关心、参与成本控制和管理,挖掘潜力,提高效益。

课堂讨论

一张纸的使命

某打印店的老板发现地上有一张没用过的白纸,就捡了起来,并且训斥店里的员工说:"每一张纸都有它的使命。"一张普普通通的纸,价格可能不到一分钱,打印店的老板却把它

看成了有使命、有价值的存在。一张纸利用好了确实可以做很多有价值的事情。一张张纸的节约，积少成多，节约下来的钱可以扩大规模，或者增加员工的福利待遇等。

讨论：（1）请续写这位老板的故事。（2）思考企业还可以从哪些方面进行成本的控制？（3）生活中节约能源的行为还有哪些？

四、标准成本的种类

西方会计学界对于应制定怎样的标准成本，众说纷纭。这里只介绍其中的理想标准成本、正常标准成本和现实标准成本三种。

1. 理想标准成本

理想标准成本是处于最佳状态下可以达到的成本水平，它排除一切失误、浪费和机器的闲置等因素，根据理论上的生产要素耗用量、最理想的生产要素价格和最高的生产经营能力利用程度制定标准成本。这种标准成本要求过高，会因达不到而影响员工的积极性，同时也让管理层感到没有改进的余地。

2. 正常标准成本

正常标准成本是根据正常的耗用水平、正常的价格和正常的生产经营能力利用程度制定的标准成本；也就是根据以往一段时期实际成本的平均值，剔除其中生产经营活动中的异常因素，并考虑今后的变动趋势而制定的标准成本。这是一种经过努力可以达到的成本，而且生产技术和经营管理条件如无较大变动，可以不必修订而继续使用；因此在国内外经济形势稳定的条件下，得到广泛的应用。

3. 现实标准成本

现实标准成本是在现有生产技术条件下应达到的成本水平，它是根据现在所采用的价格水平、生产耗用量以及生产经营能力利用程度而制定的标准成本。

这种标准成本最接近实际成本，最切实可行，通常认为它能激励员工达到所制定的标准并未管理层提供衡量的标准。它与正常标准成本不同的是，需要根据现实情况的变化而不断进行修改，而正常的标准成本则可一直保持一段较长时间不变。

第二节　标准成本的制定

标准成本的制定通常只针对产品的制造成本，不针对期间成本。对管理成本和销售成本采用编制预算的方法进行控制，不制定标准成本。由于产品的制造成本是由直接材料、直接人工和制造费用三部分组成，与此相适应，产品的标准成本也就由上述三部分组成。实际制定时，首先按用量标准乘以价格标准分别计算三个成本项目的标准成本，然后将其相加确定产品的标准成本，其基本公式如下：

$$标准成本 = 用量标准 \times 价格标准$$

一、标准成本的制定原则

这里要讲的，实际上是制定单位产品标准成本（即成本标准）及其各项依据的原则。这些原则有以下几项：

1. 平均先进，水涨船高

标准成本应该制定在平均先进的水平上，以便只要努力就能达到，甚至超过。这样可以鼓励职工满怀信心地挖掘降低成本的潜力。过高或过低的要求，均不能激发职工的积极性。

等到大多数人都能轻易地达到时，就应适当提高要求。如果长期不加调整，先进的标准也会变成落后的。

2. 根据过去，考虑未来

制定标准成本必须依据历史成本资料。但是所谓标准，毕竟不是反映"曾经如何"，而是要表达"应该如何"。因此还应预测经济形势的动向，供需市场的变动，职工熟练程度的提高，改革技术和改进某些规章制度的预计效果等因素，在历史水平的基础上适当调整。

3. 专业人员草拟，执行人员参与，管理者拍板

标准成本基本上是生产要素的耗用量与单价相乘之积，因此在制定标准成本时，除了需要管理会计人员收集和整理历史资料，并参与整个制定过程以外，材料和工时耗用量的确定离不开工程技术人员的研究和测定，材料价格和工资率的确定离不开采购人员和劳动工资管理人员的调查和预测。制定标准成本时，应该让标准成本的执行者，即直接控制成本的人员参与，才能制定得切合实际，并充分发挥其应有的激励作用，但他们往往有要求从宽的偏向，所以通过同他们的反复商议，最后由上级管理者拍板定案，也是十分必要的。

二、直接材料标准成本的制定

直接材料标准成本是由直接材料用量标准和直接材料价格标准决定的。

材料用量标准是指生产单位产品所耗用的原料及主要材料的数量，即材料消耗定额。它包括构成产品实体和有助于产品形成的材料，以及必要的损耗和不可避免地形成废品所耗用的材料。制定材料用量标准时，应按各种材料分别计算，各种材料的规格由产品设计部门制定，用量标准由生产部门制定。

材料价格标准是指采购某种材料的计划单价。它以订货合同价格为基础，并考虑各种变动因素的影响（如供求情况、价格动向、购买政策以及现金折扣等），包括买价、采购费用和正常损耗等成本。制定材料价格标准时，也应按各种材料分别计算，各种材料价格标准通常由财会部门根据供应采购部门提供的计划单价分析制定。

根据上述确定的各种材料用量标准和价格标准，按下列公式计算出单位产品的直接材料标准成本。

$$\text{单位产品直接材料标准成本} = \Sigma \left[\text{该产品耗用某种材料的用量标准} \times \text{该产品耗用某种材料的价格标准} \right]$$

例 9-1 某企业生产甲产品耗用材料 A、B 的资料如表 9-1 所示。要求确定甲产品直接材料的标准成本。

表 9-1 甲产品耗用材料明细表

项目	材料 A	材料 B
预计正常用量/(千克/件)	2.5	3
预计损耗量/(千克/件)	0.5	1
用量标准/(千克/件)①	3	4
预计购买单价/(元/千克)	5	6
预计采购费用/(元/千克)	1.5	2.5
预计正常损耗/(元/千克)	0.5	1.5
价格标准/(元/千克)②	7	10
各种材料标准成本/(元/件)①×②	21	40
甲产品单位直接材料标准成本/元		61

三、直接人工标准成本的制定

直接人工标准成本是由直接人工用量标准和直接人工价格标准决定的。

人工用量标准即工时用量标准,它是指在现有工艺方法和生产技术水平条件下,生产单位产品所耗用的生产工人工时数,也称为工时消耗定额。它包括直接加工工时、必要的休息和停工工时,以及难以避免地形成废品所耗用的工时。制定工时用量标准时,应按产品的加工工序和生产部门分别计算,各工序工时用量标准由生产技术部门制定。

人工价格标准即小时工资率标准,它是指每一标准工时应分配的标准工资。它可按下列公式计算:

$$\text{小时工资率标准} = \frac{\text{预计支付生产工人工资总额}}{\text{标准工时总数}}$$

其中"标准工时总数"是指企业在现有的生产技术条件下能够完成的最大的生产能力,也称"产能标准",通常用直接人工工时数和机器小时数来表示。

根据上述确定的各工序工时用量标准和小时工资率标准,按下列公式计算出单位产品的直接人工标准成本。

$$\text{单位产品直接人工标准成本} = \sum \left(\text{该产品各工序的工时用量标准} \times \text{该产品各工序的小时工资率标准} \right)$$

例 9-2 某企业生产甲产品需由第一、第二车间连续加工,其有关资料如表 9-2 所示。要求确定甲产品直接人工的标准成本。

表 9-2　甲产品两个车间耗用人工成本明细表

项目	第一车间	第二车间
直接加工工时/(小时/件)	2	3
休息工时/(小时/件)	0.5	0.3
停工工时/(小时/件)	0.4	0.6
废品耗用工时/(小时/件)	0.1	0.1
工时用量标准/(小时/件)	3	4
直接生产工人人数/人	50	60
每人每月标准工时/小时	180	180
每月标准工时/小时	9000	10800
每月生产工人工资总额/元	27000	43200
小时工资率标准/(元/小时)	3	4
各车间直接人工标准成本/(元/件)	9	16
甲产品单位直接人工标准成本/元	25	

四、制造费用标准成本的制定

制造费用标准成本是由制造费用用量标准和制造费用价格标准决定的。

制造费用用量标准即工时用量标准,它与上述直接人工用量标准的制定相同。

制造费用价格标准即制造费用分配率标准,它是指每一标准工时应分配的制造费用预算总额。它可按下列公式计算:

$$制造费用分配率标准 = \frac{制造费用预算总额}{标准工时总数}$$

其中"制造费用预算总额"是指在力求节约、合理支配的条件下，制造费用各明细项目的最低发生数额之和。由于制造费用预算是按照变动制造费用和固定制造费用分别编制的，因此，制造费用标准成本也应区别变动制造费用和固定制造费用进行计算。

$$变动制造费用分配率标准 = \frac{变动制造费用预算总额}{标准工时总数}$$

$$固定制造费用分配率标准 = \frac{固定制造费用预算总额}{标准工时总数}$$

根据上述确定的各工序工时用量标准和制造费用分配率标准，按下列公式计算出单位产品的制造费用标准成本。

$$\begin{aligned}单位产品制造费用标准成本 &= \sum \left(\begin{array}{c}各工序的工\\时用量标准\end{array} \times \begin{array}{c}各工序的制造\\费用分配率标准\end{array}\right)\\ &= \sum \left(\begin{array}{c}各工序的工\\时用量标准\end{array} \times \begin{array}{c}该工序变动制造\\费用分配率标准\end{array}\right)\\ &\quad + \begin{array}{c}各工序的工\\时用量标准\end{array} \times \begin{array}{c}该工序固定制造\\费用分配率标准\end{array}\\ &= \sum \left(\begin{array}{c}各工序变动制\\造费用标准成本\end{array} \times \begin{array}{c}各工序固定制\\造费用标准成本\end{array}\right)\end{aligned}$$

例 9-3 某企业生产甲产品需由第一、第二车间连续加工，其有关资料如表 9-3 所示。要求确定甲产品制造费用的标准成本。

表 9-3 甲产品两个车间耗用制造费用明细表

项目	第一车间	第二车间	合计
工时用量标准/(小时/件)	3	4	
标准工时总数/小时	9 000	10 800	
变动制造费用预算总额/元	5 400	7 560	
变动制造费用分配率标准/(元/小时)	0.6	0.7	
变动制造费用标准成本/(元/件)	1.8	2.8	4.6
固定制造费用预算总额/元	2 700	4 320	
固定制造费用分配率标准/(元/小时)	0.3	0.4	
固定制造费用标准成本/(元/件)	0.9	1.6	2.5
甲产品单位制造费用标准成本/元			7.1

五、单位产品标准成本的制定

在某种产品的直接材料标准成本、直接人工标准成本和制造费用标准成本确定后，就可以直接汇总计算单位产品标准成本。汇总时，企业通常要按各种产品设置"产品标准成本卡"，列明各成本项目的用量标准、价格标准和标准成本。

另外，采用变动成本法计算时，单位产品标准成本由直接材料、直接人工和变动性制造费用三个成本项目组成；而采用完全成本法计算时，单位产品标准成本除上述三个成本项目外，还应包括固定性制造费用。标准成本通常采用完全成本法制定，每半年或一年重新修订。

例 9-4 接上述例 9-3，甲产品标准成本卡如表 9-4 所示。

表 9-4 产品标准成本卡

产品名称：甲产品　　　　　　　　　　　　　　　　　　　　　编制日期　年　月　日

项目	用量标准	价格标准	标准成本
直接材料			
A 材料	3 千克/件	7 元/千克	21
B 材料	4 千克/件	10 元/千克	40
小计	—	—	61
直接人工			
第一车间	3 小时/件	3 元/小时	9
第二车间	4 小时/件	4 元/小时	16
小计	—	—	25
变动制造费用			
第一车间	3 小时/件	0.6 元/小时	1.8
第二车间	4 小时/件	0.7 元/小时	2.8
小计	—	—	4.6
固定制造费用			
第一车间	3 小时/件	0.3 元/小时	0.9
第二车间	4 小时/件	0.4 元/小时	1.6
小计	—	—	2.5
单位产品标准成本			93.1

第三节　标准成本的差异分析

产品的标准成本是一种预定的成本目标，产品的实际成本由于种种原因可能与预定的目标不符，其间的差额称为成本差异。如实际成本超过标准成本，所形成的差异反映在有关差异账户的借方，这种差异称为不利的差异；反之，如实际成本低于标准成本，所形成的差异反映在有关差异账户的贷方，这种差异称为有利的差异。

成本差异分析的目的就在于找出差异形成的原因和责任，采取相应的措施，以消除不利的差异，发展有利的差异，实现对成本的有效控制，促进成本的不断降低。

成本差异的名目繁多，归纳起来如下图 9-1 所示。

成本差异是指标准价格、数量与实际价格、数量的差额，所谓价格差异和所谓数量差异，可就材料、人工及变动费用等三个成本项目分别计算，虽然有时它们的名字不同，但价格差异和数量差异的计算方式总是一致的，成本差异可用图 9-2 这种通用模式来表示。

一、直接材料差异分析

1. 直接材料成本差异的计算

直接材料成本差异是指直接材料实际成本与标准成本之间的差额，包括用量差异和价格

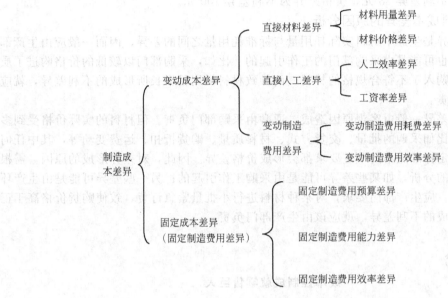

图 9-1 成本差异归纳

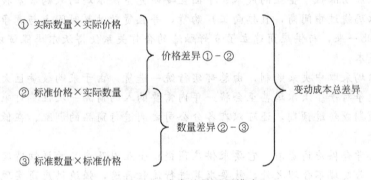

图 9-2 成本差异通用模式

差异,计算公式如下:

材料用量差异=(实际用量-标准用量)×标准价格

材料价格差异=(实际价格-标准价格)×实际用量

直接材料成本总差异=实际用量×实际价格-标准用量×标准价格

首先应该注意的是:在上面用量和价格差异的计算当中,当计算用量差异时,是以标准价格相乘;而计算价格差异时,是以实际用量相乘。不能同时用标准或实际的数值,否则会形成重复计算或漏算。

例 9-5 A 种材料实际单价为 1.5 元,标准单价为 1.4 元,实际用量为 1 000 千克,标准用量为 980 千克。

要求:计算 A 材料成本差异。

解:A 材料成本总差异额=1 000×1.5-980×1.4=1 500-1 372=128(元)(不利差异)

其中: 材料用量差异=(1 000-980)×1.4=28(元)(不利差异)

材料价格差异=(1.5-1.4)×1 000=100(元)(不利差异)

上述计算表明,直接材料成本总差异为不利差异 128 元,即实际成本比标准成本多 128 元,其中用量差异为不利差异 28 元，价格差异为不利差异 100 元。

2. 直接材料成本差异的原因分析

材料数量差异是生产中材料实际耗用量与标准耗用量之间的差异，因而一般应由生产部门负责，但有时也可能是由采购部门的工作引起的。比如，采购部门以较低的价格购进了质量较差的材料或购入了不符合规格的材料，而导致材料耗用量增长所形成的不利差异，就应该由采购部门负责。

材料的价格差异一般由客观原因造成，通常由采购部门负责。但材料的实际价格受到多种因素的影响，比如采购的批量、交货方式、材料质量、购货折扣、运费变动等，其中任何一个方面脱离制定标准成本的预定要求都会形成价格差异。因此，对差异形成的原因，需根据情况作进一步的分析，如某些差异可能是由采购工作引起的；另一些差异可能是由生产环节造成的。比如，应生产部门要求，对某种材料进行小批量紧急订货，致使购货价格高于正常采购价格而形成的不利差异，就应该由生产部门负责。

课堂讨论

成本控制成就零售巨人

纵观沃尔玛多年的发展，之所以能成为零售业的巨人，其中一个重要的原因，就是很强的成本控制意识成功降低了企业的成本。下面主要研究下沃尔玛的采购成本控制。

首先，沃尔玛绕过中间商，直接向工厂购货，并且货款结算时间上与竞争对手相比也快了近 20 天。如此一来，与供应商建立了友好融洽的合作关系使得沃尔玛保证以最优惠进价，大大降低购货成本。

其次，沃尔玛采取中央采购制，由总部实行统一进货。由于采购数量巨大，其获得的价格远远低于其竞争对手。沃尔玛甚至会将一年内需要购入的商品一次性签订采购合同。如果销售量达不到预期或超过预期，还可以在各分公司之间进行商品的调配，在低成本的同时更有效减少了风险。

最后，严格考查供应商资质。它要求供应商提供企业以及产品的详细情况，并接受其严格的资质考核。若发现不合理之处，就要求其进行流程再造，强迫供应商实现最低成本。如果对方不接受，沃尔玛就拒绝与他们合作。沃尔玛使得供应商与他们站在同样的角度，极大降低了产品成本。

零售业作为微利行业，但沃尔玛有效的成本控制，使得企业利润不断提高。成本控制不仅仅限于节约，企业管理者运用科学的方法来降低成本，同样为企业创造利润。

讨论：（1）通过上面的故事，你有什么启示？（2）你认为单位产品的材料消耗量应该如何控制？

二、直接人工差异分析

1. 直接人工成本差异的计算

直接人工成本差异是指生产一定产量产品的直接人工实际成本与直接人工标准成本之间的差额，包括人工效率差异和工资率差异。计算公式如下：

直接人工效率差异＝（实际工时－标准工时）×标准工资率

直接人工工资率差异＝（实际工资率－标准工资率）×实际工时

其中，直接人工效率差异是指因生产单位产品实际耗用的直接人工工时偏离其预定的标准工时而形成的差异；直接人工工资率差异是指因直接人工实际工资率偏离其预定的标准工资率而形成的差异。

例 9-6 如某车间某月份标准工时数为 1 800 小时，实际工时为 2 000 小时，标准工资率为 0.45 元/工时，实际工资率为 0.52 元/工时，则计算人工成本差异金额如表 9-5 所示。

表 9-5 直接人工差异计算表

部门	实际工资率①/(元/工时)	标准工资率②/(元/工时)	实际工作时数③/小时	标准工作时数④/小时	总差异⑤=(①×③-②×④)/元	人工效率差异⑥=(③-④)×②/元	工资率差异⑦=(①-②)×③/元
××	0.52	0.45	2 000	1 800	230	90	140

上述计算表明，直接人工成本总差异为不利差异 230 元，即实际成本比标准成本多 230 元，其中人工效率差异为不利差异 90 元，工资率差异为不利差异 140 元。

2. 直接人工成本差异的原因分析

直接人工效率差异产生的原因主要是劳动生产率的变化、生产工艺的改变、生产工人配备的合理程度以及劳动的积极性变化等。人工效率差异一般是由生产部门负责，但也可能是由于调整薪酬或引进的机器、工具不匹配等其他部门的原因造成的，这时就需要找其他部门负责。

直接人工工资率差异往往是由于工种的调配、不同工资级别工人实际工时比例的变化、工人工资级别的调整等引起的。这种差异一般由生产部门或人事部门负责。

三、制造费用差异分析

引起制造费用差异的因素包括费用预算的执行、产量的变化和效率的改变等。为了分析制造费用差异，固定的和变动的制造费用差异均应单独计算。

（一）变动制造费用差异

1. 变动制造费用的计算

变动制造费用差异是指在实际产量下，变动制造费用的实际发生额与标准发生额之间的差额，包括耗费差异和效率差异两种，相当于材料、人工方面的价格差异和用量差异。其计算公式为：

$$变动制造费用耗费差异 = 实际工时 \times (实际分配率 - 标准分配率)$$
$$变动制造费用效率差异 = 标准分配率 \times (实际工时 - 标准工时)$$

其中，耗费差异即"价格差异"，是指因变动制造费用实际分配率偏离其标准分配率而形成的差异部分；效率差异即"数量"差异，是指因变动制造费用实际耗用的直接人工小时（或机器工时）偏离预定的标准工时（或标准机器工时）而形成的差异部分。

例 9-7 某月份变动制造费用实际总额为 600 元，标准费用限额为 640 元，标准产量应耗标准工时为 1 600 工时，标准分摊率为 0.40 元，实际产量为 700 件，标准产量为 800 件，实际产量所耗实际工时为 1 540 工时，用列表法可表示如下表 9-6 所示。

表 9-6 变动制造费用差异计算表 单位：元

生产部门①	实际费用总额②	标准费用限额③=④×⑤	标准产量应耗标准工时/小时④	标准分摊率⑤	实际产量所耗实际工时/小时⑥	实际产量应耗标准工时/小时⑦	总差异⑧=②-⑦×⑤	耗费差异⑨=②-⑥×⑤	效率差异⑩=(⑥-⑦)×⑤
××	600	640	800×2=1 600	0.40	700×2.2=1 540	700×2=1 400	600−560=40	600−616=−16	140×0.4=56

上述计算表明,变动制造费用总差异为不利差异 40 元,即实际成本比标准成本多 40 元,其中耗费差异为有利差异 16 元,效率差异为不利差异 56 元。

2. 变动制造费用差异的原因分析

引起变动制造费用差异的原因是多方面的。比如,构成变动制造费用各要素价格与制定的标准价格的偏离,间接材料和人工使用的偏离,动力和设备使用的偏离等。变动制造费用的效率差异是同变动制造费用的分配基础紧密相关的,因此,负责控制分配基础水平的部门应对变动制造费用的效率差异承担责任。这里,变动制造费用差异是与直接人工效率联系在一起的。

(二) 固定制造费用差异

固定制造费用差异的计算,比较复杂,它涉及标准成本、预算成本和实际成本三类数据。在使用全部成本计算的标准成本制度中,一般先要确定一种基本活动单位,如直接人工小时、生产单位标准小时等为基础,然后对会计期内完成的基本活动单位数和预计的固定费用率计算应分配的固定制造费用。因此,有关固定制造费用的标准成本和实际成本之间的差异,按两类划分的称为两差异法,按三类划分的称为三差异法。

1. 两差异法

两差异法,是将固定制造费用总差异分为预算差异和能量差异两类,其计算公式如下:

固定制造费用总差异=实际固定制造费用-实际产量下标准固定制造费用

其中,固定制造费用预算差异=实际产量下实际固定制造费用(即实际总额)-预算产量下标准固定制造费用(即预算总额)

固定制造费用能量差异=固定制造费用标准分配率×(预算产量标准工时-实际产量标准工时)

例 9-8 某月标准限额固定费用为 520 元,实际固定费用总额为 480 元,标准分摊率为 0.60 元,实际产量应耗工时为 720 元,则用列表 9-7 可得。

表 9-7 固定制造费用两差异法计算表　　　　　　　单位:元

生产部门①	实际固定费用总额②	标准费用限额③	标准分摊率④	实际产量应耗标准工时/小时⑤	总差异⑥=②-⑤×④	预算差异⑦=②-③	能量差异⑧=③-⑤×④
××	480	520	0.60	360×2=720	480-720×0.6=48	480-520=-40	520-720×0.6=88

上述计算表明,固定制造费用总差异为不利差异 48 元,即实际费用比标准费用多 40 元,其中预算差异为有利差异 40 元,能量差异为不利差异 88 元。

2. 三差异法

三差异法,是将固定制造费用总差异分为预算差异、能力差异和效率差异三类,预算差异是固定制造费用实际发生额与其预算金额之间的差额;能力差异是因为生产能力的实际利用程度偏离预定的标准生产能力形成的固定制造费用差异;效率差异是因为生产单位产品实际耗用工时偏离其标准工时所形成的固定制造费用差异。其计算公式如下:

固定制造费用预算差异=固定制造费用实际支付数-固定制造费用预算数

固定制造费用能力差异=固定制造费用标准分配率×(预算工时-实际工时)

固定制造费用效率差异=固定制造费用标准分配率×(实际工时-标准工时)

固定制造费用差异=实际固定制造费用-(实际产量下)标准固定制造费用

或固定制造费用差异=预算差异+能力差异+效率差异

其中，固定制造费用预算数即为预算产量下标准固定制造费用。

例 9-9 某公司本月发生固定制造费用 35 800 元，实际产量 2 000 件，实际工时 2 400 小时。企业生产能量 3 000 小时，每件产品标准工时 1 小时，固定制造费用标准分配率 10 元/小时。

要求：用三差异法计算固定制造费用的差异。

解：
$$固定制造费用预算差异 = 35\ 800 - 10 \times 3\ 000 = 5\ 800(元)$$
$$固定制造费用能力差异 = 10 \times (3\ 000 - 2\ 400) = 6\ 000(元)$$
$$固定制造费用效率差异 = 10 \times (2\ 400 - 2\ 000 \times 1) = 4\ 000(元)$$
$$固定制造费用总差异 = 实际固定制造费用 - 标准固定制造费用$$
$$= 35\ 800 - 2\ 000 \times 1 \times 10 = 15\ 800(元)$$

第四节　成本差异的账务处理

一、成本差异核算使用的账户

日常计算出来的各类成本差异除了可据以编报有关差异分析报告单之外，还应分别归集登记有关成本差异明细分类账或登记表，使差异能在账户系统中得以记录，以便期末汇总每类差异的合计数并统一进行处理。

成本差异核算所使用的账户既可以按大的成本项目设置，又可按具体成本差异的内容设置。在完全成本法下，按大的成本项目设置的核算成本差异的会计科目包括："直接材料成本差异"科目、"直接人工成本差异"科目、"变动制造费用成本差异"科目和"固定制造费用成本差异"科目，每个科目下再按差异形成的原因分设明细科目。在变动成本法下，可以不设置"固定制造费用成本差异"科目。

按具体差异设置的科目应包括："直接材料用量差异""直接材料价格差异""直接人工用量（效率）差异""直接人工工资率差异""变动制造费用耗费差异""变动制造费用效率差异""固定制造费用预算差异""固定制造费用能量差异"（或"固定制造费用预算差异""固定制造费用能力差异""固定制造费用效率差异"）等。

二、期末成本差异的账务处理

会计期末对本期发生的各类成本差异可按以下方法进行会计处理。

1. 直接处理法

所谓差异的直接处理法，即将本期发生的各种差异全部计入损益表，由本期收入补偿，视同于销货成本的一种差异处理方法。此法的根据在于：本期差异应体现本期成本控制的业绩，要在本期利润上予以反映。这种方法比较简单，使当期经营成果与成本控制的业绩直接挂钩。但当成本标准过于陈旧或实际成本水平波动幅度过大时，就会因差异额过高而导致当期净收益失实，同时会使存货成本水平失实。西方应用标准成本制度的企业多数采用直接处理法。

2. 递延法

所谓递延法亦称为分配法，即把本期的各类差异按标准成本的比例在期末存货和本期销货之间进行分配，从而将存货成本和销货成本调整为实际成本的一种成本差异处理方法。该法强调成本差异的产生与存货、销货都有联系，不能只由本期销货负担，应该有一部分差异随期末存货递延到下期去。这种方法可以确定产品的实际成本，但分配差异工作过于繁琐。

3. 稳健法

在实务中还有一些变通方法，如折中法，即将各类差异按主客观原因分别处理：对客观差异（一般指价格差异）按递延法处理，对主观差异（一般指用量差异）按直接处理法处理。这种方法既能在一定程度上通过利润来反映成本控制的业绩，又可以将非主观努力可以控制的差异合理地分配给有关对象。但缺点是不符合一致性原则。另外还有一种处理差异的方法，差异的年末一次处理法，即各月末只汇总各类差异，到年末才一次性处理。这样不仅可简化各月处理差异的手续，而且在正常情况下，各月差异正负相抵后，年末一次处理额并不大，可避免各月利润因直接负担差异而波动。但是如果年内某种差异只有一种变动趋势，那么年末一次处理时，累计差异过大会歪曲财务状况与经营成本。所以，在后一种情况下就不宜采用此法。

本章小结

标准成本为控制成本开支、评价实际成本、衡量工作效率的依据和尺度。

首先，需要学生理解标准成本的概念、特点和作用，并能正确把握标准成本的分类。

其次，从成本的构成内容，分别讲述了直接材料、直接人工、变动制造费用和固定制造费用的制定方法和相关公式，这部分内容需要学生掌握原理并会运用到企业实际中。

最后，从价格和数量两个因素分析了直接材料、直接人工和变动制造费用的差异，分别运用两分法和三分法分析了固定制造费用的差异。要求学生不仅能正确计算差异额，还能分析出差异的原因，并给公司提出成本控制的建议。

拓展阅读

1. 《管理会计应用指引第 300 号——成本管理》。
2. 《管理会计应用指引第 302 号——标准成本法》。

即测即评

第九章 标准成本法
即测即评习题

第九章 标准成本法
即测即评答案

思考与练习

一、思考题

1. 什么是标准成本？标准成本有哪些类型？
2. 如何制定直接材料、直接人工和制造费用的标准成本？
3. 什么是有利差异？什么是不利差异？为什么通常把差异分为价格差异和数量差异？如何计算？
4. 材料成本差异是否由车间主任负责？举例说明。

5. 固定制造费用差异可分解为哪几项差异？各项差异说明什么？
6. 成本差异的处理通常有哪几种方式？

二、计算分析题

1. 某企业生产甲产品，单位产品耗用的直接材料标准成本资料如下表 9-8 所示。

第九章　标准成本法
计算分析题答案

表 9-8　甲产品单位产品耗用的直接材料标准成本资料

成本项目	价格标准	用量标准	标准成本
直接材料	0.5元/公斤	6公斤/件	3元/件

直接材料实际购进量是 4 000 公斤，单价 0.55 元/公斤；本月生产产品 400 件，使用材料 2 500 公斤。

要求：(1) 计算该企业生产甲产品所耗用直接材料的实际成本与标准成本的差异。(2) 将差异总额进行分解。

2. 某企业月固定制造费用预算总额为 100 000 元，固定制造费用标准分配率为 10 元/小时，本月制造费用实际开支额为 88 000 元，生产 A 产品 4 000 个，其单位产品标准工时为 2 小时/个，实际用工 7 400 小时。

要求：用两差异分析法和三差异分析法进行固定制造费用差异分析。

第十章
作业成本法

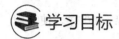 学习目标

专业目标：
了解作业成本法的基本原理。
理解作业成本法的相关概念。
掌握作业成本法的计算方法。
职业素养目标：
文化自信是一个国家、一个民族发展中更基本、更深沉、更持久的力量。企业的发展壮大离不开文化滋养、文化自信和文化自觉。学生也应传承民族优秀文化，承袭文化底蕴，巩固文化自信，努力成为德才兼备、全面发展的人才。

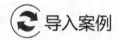 导入案例

甲公司对作业成本法的运用

甲公司是生产高级毛巾制品的企业，产成品以外销为主。面临纺织行业的危机与挑战，甲公司在不断发展技术，开拓国内市场的同时，高度重视成本核算。在成本核算和成本管理方面大致经过以下三个阶段：第一阶段，无控制阶段；第二阶段，传统成本核算阶段；第三阶段，作业成本核算阶段。目前该公司成本核算的具体情况如下。

（一）确定作业及作业中心，选择成本动因

根据甲公司的工艺流程划分了原纱处理、织布、后加工、质量检验、生产协调五个作业。原纱处理作业是把原纱处理成标准团线，可直接用于织布机上，包括卷线、染色、浆纱、整经四个步骤。织布作业基本上是由普通毛巾织机、雪里绒织机自动生成产品的过程，分为两个班组。后加工作业，是对产品作进一步的处理过程，包括缝纫、刺绣两个步骤，分别为二个班组；质量检验分为一检、二检两个步骤。原纱处理、织布、后加工作业的成本动因是机器小时、人工工时；质量检验作业的成本动因是生产批次、人工工时；车间管理人员工资及福利、办公费、差旅费、办公设备折旧费等归结为生产协调作业。

（二）将资源成本分配到产品和各作业中心上

1. 将直接资源费用直接分配到产品上

甲公司直接资源费用主要包括直接材料和直接人工费用，直接材料费用按实际使用数量直接计入，直接人工费用根据月发放记录直接计入。

2. 将间接费用分配至各个作业中心，形成作业成本库

(1) 机器设备折旧费用分配。根据各个作业中心所包括的组将各个作业中心的机器设备折旧费用进行汇总，从而得到各个作业中心的折旧费。

(2) 车间人员的工资和福利费分配。根据各个作业中心所包括的组将各个作业中心的工资进行汇总，从而得到各个作业中心的工资总额和职工福利费用。

(3) 特种辅助材料费用分配。根据后加工作业中心所包括的组将各个作业的特种辅助材料费用进行汇总，从而得到后加工作业中心的特种辅助材料费用。

(4) 其他间接费用的分配。其他间接费用包括：一般辅助材料、维护修理费、机物料消耗、低值易耗品摊销、取暖费、水电费、运输费、保险费、劳动保护费。

3. 将作业成本库费用分配到产品中

将成本库中的费用在公司的主要产品普通毛巾和雪里绒之间进行分配。根据上步计算，已经被确定的成本库中的费用，除以该作业中心代表成本动因的总数量得到该作业成本库的成本动因分配率。某种产品消耗为代表成本动因的数量乘以相应成本动因分配率，可得该产品耗用某作业成本库的费用额。此步骤分别将机器设备折旧费用、工资、福利费、特种辅助材料、专有技术费用及其他费用分配到产品中。

根据上述资料，思考并回答以下问题。

(1) 与传统的制造成本法相比较，甲公司选择采用作业成本法计算产品成本的理由是什么？

(2) 同一企业、同一时期、同一产品分别采用传统成本法与作业成本法进行成本核算，是否会得出同样的结论，为什么？

(3) 你认为教育的成本动因有哪些？教育成本是否可以采用作业成本法进行计算？

(4) 利用作业成本法分析民族成本，树立民族自信心。

第一节 作业成本法基本原理

一、作业成本法概述

(一) 作业成本法的产生

作业成本法（Activity-Based Costing，ABC）是以作业为基础，通过对作业成本的确认、计量而计算产品成本的一种方法。作业成本法于20世纪80年代末在西方国家开始研究，20世纪90年代首先在机械化程度高的先进制造企业应用，后来逐步在金融保险业、医疗卫生业等其他行业也得到了应用，该方法是一种全新的企业管理理论和方法。

1. 科技进步要求成本计算更加准确，是作业成本法产生的直接动力

随着科学技术的飞速发展，我国企业的生产组织和生产技术条件正在发生着深刻变化，企业用于产品开发、技术研究和生产准备等方面的间接费用大幅度上升，产品成本中的直接人工成本比重日益降低。在这种情况下，按照传统的成本计算方法，则会造成产品成本信息的失真。例如，传统的成本计算方法是以机器工时或直接工人工时为标准来分配制造费用的，而制造费用其实与这种分配标准之间的联系并不密切，例如，制造费用中的产品检验费用，它的多少主要取决于检验工作人员的工资和有关检验设备的消耗，而与机器工时或直接工人工时并无直接关系。若按照机器工时或直接工人工时来分配检验费用，在检验费用数额不大，在全部成本中所占比例较小时，这样的分配结果尚

可以接受。但在检验费用数额较大或在全部成本中所占比例较高时，这样的分配结果会导致产品成本信息的严重失真。时代的变革导致经营环境的变化，经营环境的变化要求企业在激烈的市场竞争中努力改进和完善管理技术与方法，努力降低成本，提高生产效率和效益。随着企业对成本计算的准确度要求，作业成本法慢慢地走入了企业成本管理者的视野中，该方法就是在此背景下应运而生。

2. 管理观念和管理技术的变革为作业成本法的实施提供了条件

随着高科技的蓬勃发展，在电子技术革命的基础上，既产生了高度自动化的先进制造企业，同时带来管理观念和管理技术的重大变革，形成了以高科技为基础的新的企业观。所谓新的企业观，就是把企业看作最终满足顾客需要而设计的"一系列作业"的集合体，形成一个由此及彼、由内到外的作业链。若要完成一项工作就要消耗一定的资源，而作业的产出又形成一定的价值，转移到下一个作业，依此类推，直到最终把产品提供给企业外部的顾客，以满足他们的需要。作业的转移同时伴随价值的转移，最终产品是全部作业的集合，同时也表现为全部作业的价值集合。因此作业链的形成过程，也就是价值链的形成过程。作业形成价值，并不是所有的作业都增加转移给顾客的价值，可以增加转移给顾客价值的作业叫做增加价值的作业；不能增加转移给顾客的价值的作业叫做不增加价值的作业或浪费作业。企业管理就是要以作业管理为核心，尽最大努力消除不增加价值的作业。尽可能提高增加价值的作业的运作效率，减少其资源消耗。后来适时制生产方式的提出和全面质量管理的出现，使企业的生产过程更加注重对"增值"作业的管理和对"非增值"作业的控制。

因此，生产力的提高、新技术的引进和企业经营管理环境的改变，要求企业产品成本的计算方法必须改革。于是，产生了以作业量为成本分配基础，以作业为成本计算的基本对象，旨在为企业作业管理提供更为相关、相对准确的成本信息的成本计算方法——作业成本计算法。

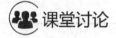 **课堂讨论**

作业成本法的应用

随着世界经济步入一体化进程，企业所面临的市场竞争更加剧烈。制造企业的生产环境的改变，带来了全面质量管理、适时生产制度等管理观念的创新，其成本结构发生了巨大的转变，制造费用的比重大幅度提升，如何有效降低成本成为企业面临的重大问题。作业成本管理作为解决这一系列问题的基本方法，在我国部分企业中进行了探索和应用。

讨论：收集作业成本法在我国的应用案例，并探讨作业成本法在这些企业中应用的理由。

（二）与作业成本法有关的概念

作业成本法既是一种先进的成本计算方法，也是成本计算与成本控制相结合的全面成本管理制度。与作业成本法有关的概念具体如下。

1. 作业

作业是指企业提供产品或劳务过程中的各个工作程序或工作环节。作业贯穿产品生产经营的全过程，从产品设计、原料采购、生产加工，直至产品的发运销售。在这一过程中，每个环节、每道工序都可以视为一项作业。

通常情况下，可以将企业发生的作业划分为以下四类：

（1）单位作业。单位作业是指单位产品受益的作业。这类作业的特点是具有重复性。每生产一单位的产品，就需要一定量的作业，所消耗的成本是随着产品的产量而变动的，与产品的产量成正比例。

（2）批量作业。批量作业是指一批产品受益的作业。这些成本与某批产品的生产批次呈正比例变动。

（3）产品作业。产品作业是指某种产品每个单位都受益的作业。它与产品的产量和批次无关，而与产品项目成正比例变动。

（4）维持（能力）作业。维持（能力）作业是指使某个机构或部门受益的作业。它与机构或部门是否存在相关，而与产品的多少无关。

2．作业中心与作业成本库

作业中心是指一系列相关联系、能够实现某种特定功能的作业集合。作业中心是成本归集和分配的基本单位，由性质相同或相似的作业组成。

作业成本库是指把相关的一系列作业消耗的资源费用归集到作业中心，构成这个作业中心的作业成本库，作业成本库是作业中心的货币表现形式。

3．资源

资源是指作业所消耗的各种成本资源，是支持作业的成本和费用的来源，是企业生产耗费的原始形态。企业作业活动系统所涉及的人力、物力、财力都属于资源。

4．成本动因

成本动因，亦称成本驱动因素，是指导致成本发生的因素，即成本的诱因。成本动因通常以作业活动耗费的资源来进行度量，如质量检查次数、用电度数等。在作业成本法下，成本动因是成本分配的依据。成本动因又可以分为资源动因和作业动因。

（1）资源动因。资源动因是指资源被各种作业消耗的方式和原因，是引起作业成本变动的因素，也是把资源成本分配到作业的基本依据。资源动因是表示作业、成本对象对于资源需求的强度和频率的最恰当的单一数量度量标准，它用来把资源的成本分配到作业、成本对象。

（2）作业动因。作业动因是指作业被最终产品消耗的方式和原因。作业动因被用来计量各项产品对作业的耗用，运用作业动因可以将成本分配给各具体产品。

（三）作业成本法的特点

与传统的成本计算方法相比较，作业成本法计算产品成本有如下特点。

1．将成本计算深入到了作业水平，对制造费用的分配更趋合理

作业成本法认为，作业耗用资源，产品耗用作业，作业成为沟通企业资源与最终产品之间的桥梁。因而当企业每完成一项作业，就会有一定量的资源被消耗，同时又有一定价值量的产出转移到下一项作业，照此逐步下去，直至最终形成产品。由此可见，作业成本法扩大了成本计算面，把成本计算的重心转移到耗费资源的作业成本上，有利于提高成本分析的清晰度，发现和消除对企业经济效益无贡献的耗费。

2．设置成本库归集成本

成本库是指把相关的一系列作业消耗的资源费用归集到作业中心，构成这个作业中心的作业成本库，作业成本库是作业中心的货币表现形式。例如，一个生产车间所发生的动力费用、准备调整费用、检验费用等受不同的成本驱动因素影响，应分别设置成本库进行归集。又如检验费用，也可再按材料检验、在产品检验和产成品检验分设若干个成本库归案。不同质的制造费用，通过不同的成本库归集，有利于发现和分析成本升降的原因，有的放矢地进

行成本控制。

3. 按多标准分配成本

将不同质的费用设立不同的成本库进行归集，也有利于按引起费用发生的成本动因进行分配。例如，动力费用与产品产量有关，可选择与产品产量有关的成本动因，如机器小时作为分配基础；产品检验费用与检验数量有关，可按检验数量进行分配；准备调整费用与产品准备次数有关，可按准备次数进行分配。按多标准分配不同质的制造费用，能够为成本控制提供更准确的信息。

在作业成本法下，分配间接费用的基础，除了财务方面的指标外，大量的是非财务方面的指标，如质量检验数量、材料订购次数等。

二、作业成本法的一般适用条件

概括起来，一般认为作业成本法适用于具有下列特征的企业。

1. 制造费用占产品成本比重大

制造费用在产品成本中的比重越高，按传统成本法计算的产品成本失真现象愈严重，但运用作业成本法就能改善此现象，因此制造费用比重大的企业更适合作业成本法。

2. 产品种类繁多、生产工艺复杂多变

这些企业的特点是资源动因、作业动因多而杂，若采用传统成本法，容易造成成本信息的扭曲。

3. 企业生产经营的作业环节较多

作业成本法把作业、作业中心、顾客和市场纳入成本核算的范围，形成了以作业为核心的成本核算对象体系，不仅核算产品成本，而且核算作业成本和动因成本。

4. 会计电算化程度高

作业成本法需要处理许多详细的信息，对于电算化水平高的企业，处理和传递信息变得容易，实施作业成本法的成本也会降低。

5. 提供准确成本信息的现行成本管理模式还不成熟

作业成本计算分配基础的广泛化，使间接费用的分配更具精确性和合理性，克服了传统成本计算法按照单一的分配标准分配间接费用所造成的对成本信息的严重扭曲，提供相对准确的成本信息。

三、作业成本法的发展

作为一种决策支持工具，它比传统成本法有着面向未来的适应性和优越性。即使在成本效益原则的限制下，作业成本法也至少可以在以下四个方面取得进展和突破。

(1) 多个间接成本分配基础的广泛采用。企业分配间接制造费用，将不再简单地只按直接工时或机器工时来进行。

(2) 强调产品成本的战略管理。企业不仅关注其制造环节，还重视研究与开发、设计、采购、推销、销售、售后服务等环节。

(3) 业绩的非财务计量和财务计量并存。作业成本法可产生非财务信息，结合各类信息，进行业绩的评价和考核，将是未来的一种趋势。

(4) 增值性分析、因果联系分析的深入开展。企业面临的将是买方市场，唯有生产高质量、低成本且适销对路的产品才能生存、发展。因此，增值性及成本与产品、服务、顾客的因果联系，将备受关注。

我国现行会计制度要求采用制造成本法,因此,在实践中还较少应用作业成本法。但随着社会主义市场经济的逐步建立和完善,现代企业制度改革的深入进行,我国企业面临的竞争将趋于激烈,新信息技术将不断引入、应用到企业中来。

第二节 作业成本法计算

一、作业成本法的计算程序

1. 作业分析

作业分析,是指分析生产产品和提供劳务服务所发生的各项活动,将同质的活动确认为作业项目(或作业中心)的过程。作业分析的目的就是将企业的生产经营活动分解或集合为一个个计算成本和评价效果的基本单位——作业,描述有关资源是如何被消耗的,说明各项作业的投入和产出。作业项目不一定正好与企业的传统职能部门相一致。有时候,一项作业是跨部门进行的;但有时候,一个部门就完成若干项作业。作业分析可以通过编制作业流程图来完成。

2. 确定资源动因,建立作业成本库

根据作业对资源的耗费,按作业项目记录和归集费用,建立作业成本库。

3. 确定作业动因,分配作业成本

确定作业动因,根据产品或劳务消耗特定作业的数量,将作业成本分配到各成本目标(产品或劳务)中。

4. 计算汇总各成本目标的成本

作业成本法基本原理如图 10-1。

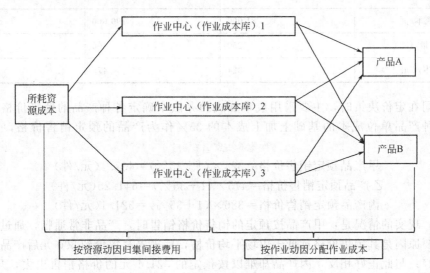

图 10-1 作业成本法的基本原理

二、作业成本法计算示例

例 10-1 A 公司在 20××年度生产和销售甲、乙、丙三种产品,其中,甲产品工艺程序非常复杂、乙产品工艺程序一般、丙产品工艺程序最为简单，有关记录如表 10-1。

表 10-1　A 公司 20××年产品生产成本记录

项目	甲产品	乙产品	丙产品	合计
年产量/件	250	400	1 000	
年直接材料/元	10 000	30 000	80 000	120 000
年直接人工/元	35 000	52 000	90 000	180 000
年制造费用/元				360 000
年工时消耗/小时	1 000	3 000	6 000	10 000

根据以上资料，按照传统的成本计算法，各产品成本的计算如下。

制造费用分配率＝360 000÷10 000＝36(元/小时)

则：　　甲产品应负担的制造费用＝1 000×36＝36 000(元)

乙产品应负担的制造费用＝3 000×36＝108 000(元)

丙产品应负担的制造费用＝6 000×36＝216 000(元)

各产品制造成本的计算如表 10-2 所示。

表 10-2　A 公司 20××年制造成本计算法下各产品成本的计算

项目	甲产品	乙产品	丙产品
直接材料/元	10 000	30 000	80 000
直接人工/元	35 000	52 000	90 000
制造费用/元	36 000	108 000	216 000
总成本/元	81 000	190 000	386 000
产量/件	250	400	1 000
单位成本/(元/件)	324	475	386

A 公司在定价决策时，主要采用成本加成的办法来确定各种产品的销售价格，即在计算出的各种产品单位成本的基础上加上成本的 35% 作为产品的预定销售价格，在这种思路下：

甲产品预定销售价格＝324×(1＋35%)＝437.4(元/件)

乙产品预定销售价格＝475×(1＋35%)＝641.25(元/件)

丙产品预定销售价格＝386×(1＋35%)＝521.1(元/件)

然而，现实的情况是：甲产品按预定的销售价格销售时，产品非常通畅，通过市场调查分析，主要原因是其销售价格远低于市场平均价格，后来提高售价到 500 元后产品的销售势头仍然很好；与此正好相反，丙产品却难以按预定的 521.1 元的价格销售出去，几经周折，降价 10% 以后，销售仍然不太理想，而且价格仍然高于市场平均价格。

A 公司在广泛的调查基础之上，认定其定价模式基本符合目前企业普遍存在营销费用较大的特点，符合公认的定价策略。在这种情况下，公司经理层对其成本的真实性产生了怀疑，决定采用作业成本法重新进行成本计算。

A 公司首先将生产经营过程划分为若干个作业中心，建立作业成本库；然后将非直接性成本费用归集到各作业成本库中；最后将各作业成本库的成本费用分配给甲、乙、丙三种产品。具体资料如表10-3所示。

表10-3 A公司20××年生产过程各作业中心资源耗费及作业量

作业中心	资源耗费/元	作业动因	作业量			
			甲产品	乙产品	丙产品	合计
车间日常管理	80 000	生产工时/小时	1 000	3 000	6 000	10 000
生产现场管理	50 000	产量/件	200	400	1 000	1 600
设备维护	72 000	机器工时/小时	5 000	5 000	8 000	18 000
实物管理	40 000	移动次数/次	60	30	10	100
验收与质检	48 000	检验小时/小时	700	700	600	2 000
生产调试准备	36 000	调试准备次数/次	1 000	500	300	1 800
合计	326 000					

根据以上资料，计算各作业中心的单位作业成本如下：

车间日常管理作业中心的单位作业成本＝80 000÷10 000＝8(元/小时)
生产现场管理作业中心的单位作业成本＝50 000÷1 600＝31.25(元/件)
设备维护作业中心的单位作业成本＝72 000÷18 000＝4(元/小时)
实物管理作业中心的单位作业成本＝40 000÷100＝400(元/次)
验收与质检作业中心的单位作业成本＝48 000÷2 000＝24(元/小时)
生产调试作业中心的单位作业成本＝36 000÷1 800＝20(元/次)

根据以上资料，计算出各产品的制造费用如表10-4所示。

表10-4 A公司20××年各产品应分配制造费用

作业中心	单位作业成本/(元/小时)	甲产品作业量/小时	甲产品制造费用/元	乙产品作业量/小时	乙产品制造费用/元	丙产品作业量/小时	丙产品制造费用/元
车间日常管理	8	1 000	8 000	3 000	24 000	6 000	48 000
生产现场管理	31.25	200	6 250	400	12 500	1 000	31 250
设备维护	4	5 000	20 000	5 000	20 000	8 000	32 000
实物管理	400	60	24 000	30	12 000	10	4 000
验收与质检	24	700	16 800	700	16 800	600	14 400
生产调试准备	20	1 000	20 000	500	10 000	300	6 000
合计			95 050		95 300		135 650

根据以上资料及计算，计算各产品的成本如表10-5所示。

表10-5 A公司20××年作业成本计算法下各产品成本

项目	甲产品	乙产品	丙产品
直接材料/元	10 000	30 000	80 000
直接人工/元	35 000	52 000	90 000

续表

项目	甲产品	乙产品	丙产品
制造费用/元	95 050	95 300	135 650
成本合计/元	140 050	177 300	305 650
产量/件	250	400	1 000
单位成本/(元/件)	560.2	443.25	305.65

从以上的计算中可以发现，采用作业成本计算与传统的成本计算方法相比，甲产品和丙产品的单位成本发生了惊人的变化，从而按既定的定价模式确定的预计手机也将发生较大的变化，具体对比情况见表 10-6。

表 10-6　A 公司 20××年各产品单位成本和预算售价对比表

对比项目	作业成本法	制造成本法
甲产品单位成本/(元/件)	560.2	324
乙产品单位成本/(元/件)	443.25	475
丙产品单位成本/(元/件)	305.65	386
甲产品预算售价/元	756.27	437.4
乙产品预算售价/元	598.39	641.25
丙产品预算售价/元	412.63	521.1

三、作业成本法的优点与局限性

（一）作业成本法的优点

作业成本法与传统的成本计算方法相比较，具有以下五个方面的优点。

1. 提供相对准确的成本信息

采用作业成本法计算产品成本，除了直接材料、直接人工可直接归集于产品外，制造费用也分别按各项作业活动归集到同质的成本库中，然后分别选择合理的作业分配标准，将成本库中的制造费用分摊于产品中，使间接费用的分配更具精确性和合理性，避免了传统成本计算法按照单一的分配标准分配间接费用所造成的对成本信息的严重扭曲，进而为成本控制提供更加准确的信息。

2. 有助于控制成本

采用作业成本法能够将作业、作业中心、顾客和市场纳入了成本核算的范围，形成了以作业为核心的成本核算对象体系，通过对作业成本的确认、计量，尽可能消除"不增加价值的作业"，改进"可增加价值的作业"，以更好地控制成本，促进企业战略目标的有效实现。

3. 能够提高产品的竞争力

我国传统的成本管理模式只注重商品投产后与生产过程相关的成本管理，往往忽视投产前商品开发与设计的成本管理，这不仅会违背当代社会经济发展的需要，而且也会极大地阻碍企业商品市场竞争能力的提高。但作业成本法能很好适应现代企业在激烈的市场竞争中的发展需要，从一开始就特别重视商品设计、研究开发和质量成本管理，力求按照技术与经济相统一的原则，科学合理地配置相对有限的企业资源，不断改进商品设计、工艺设计以及企业价值链的构成，减少浪费，降低资源的消耗水平，从而提高企业产品的市场竞争力。

4. 有助于管理者进行决策

作业成本法提供了更真实、更丰富的作业驱动成本的信息，有助于管理者做出更好的产品设计决策，以及改进产品定价决策，并为是否停产老产品、引进新产品提供准确的信息等，使管理者较容易利用相关成本进行有关经营决策。

5. 便于企业绩效考核

在作业成本观念下，按作业设立责任中心，使用更为合理的分配基础，易于区分责任。通过各作业层所提供的有价值的成本信息，能明确增值作业与非增值作业、高效作业与低效作业，以评价个人或作业中心的责任履行情况。

（二）作业成本法的局限性

作业成本法仍存在着许多方面的局限性，主要表现在以下四个方面。

1. 成本动因的选择具有主观性

作业成本法在确认资源和作业，以及为资源库和作业库选择最佳的成本动因等方面，难免具有主观性和一定程度的武断性，这些不仅为作业成本法的有效实施增加了难度，也为管理者操纵成本提供了可能，这与现行会计准则的要求相比还存在一定的差距。例如，厂房租赁费用和车间的一些维持性成本，就很难选择合适的成本动因。

2. 工作量大，费用较高

作业成本法将企业在生产经营中发生的全部资源耗费逐项分配到作业中，形成作业成本库，再将作业成本库的成本按作业动因分配到最终产品，核算工作十分繁琐，对于企业来说无疑是一项相当庞大的系统工程。而且企业要想在激烈的竞争中求胜，就要不断进行技术革新及产品结构的调整，这样就要重新进行作业划分，也就增加了采用作业成本法的耗费。

3. 作业成本计算的实施将会降低（或失去）成本信息的纵向和横向可比性

作业成本计算法与传统的成本计算法相比较，无论在产品成本所包括的内容上，还是费用的分配原理上都存在很大的差别。就产品成本所包括的内容来说，传统的产品成本计算只包括直接材料、直接人工和制造费用；而作业成本计算法下的产品成本，其内涵要广泛得多，可以包括一切为生产该产品而发生的费用，即产品成本是"全部成本"的概念。至于在费用分配原理上的差别，则不必多说。因此，在两种成本核算系统下，不仅同一个企业（或车间）所取得的成本信息会有重大差别，而且同一种产品的成本信息也会大不相同。不言而喻，这种成本信息上的差别，必然会使企业有关资产价值的计量以及企业损益的计算发生变化。而成本信息变化以及由此而带来的有关资产价值和企业损益的变化使企业前后期的会计信息，以及与其他企业有关的会计信息失去可比性。

4. 作业成本法并不适用于所有企业

作业成本法有其适用范围，其选择必须考虑到企业的成本构成和技术条件。对于产品多样化、生产批量小以及人员费用、制造费用较高的制造业而言，应用作业成本法可能会取得较好的运用效果。但对非制造企业，如商品流通企业、餐饮卫生、休闲娱乐行业来讲，成本结构中人工成本比重大、技术条件有限，传统的成本计算方法依然有较大的适用空间。

本章小结

作业成本法既是一种先进的成本计算方法,也是成本计算与成本控制相结合的全面成本管理制度。

首先,介绍了作业成本法的基本原理,包括作业成本法的含义、作用和相关的概念,需要学生了解并能总结和展望作业成本法的发展。

其次,介绍了作业成本法的计算程序和计算方法,需要学生掌握其计算方法并能利用作业成本法解决企业实际问题。

最后,对作业成本法的优点与局限性进行展开说明,希望学生能客观地看待该方法,并能根据企业的实际经营特点设计作业成本控制程序。

拓展阅读

1. 《管理会计应用指引第 304 号——作业成本法》。
2. 《基于〈企业产品成本核算制度〉下的作业成本法应用之思考》。
3. 《作业成本法在我国企业中的应用探讨》。

即测即评

思考与练习

一、思考题

1. 作业成本法产生的社会背景是什么?
2. 作业成本法的基本步骤包括哪些?
3. 作业成本计算法下分配间接费用遵循的原则是什么?
4. 作业成本法与传统的成本计算方法相比较,具有哪些优点?
5. 作业成本法的局限性主要体现在哪些方面?

二、计算分析题

ABC 企业 20×× 年 1 月生产甲、乙两产品。甲产品产量 20 000 件,人工工时 48 000 小时,单位直接材料成本为 40 元,单位人工成本为 26 元。乙产品产量为 4 000 件,人工工时为 8 000 小时,单位材料成本为 24 元,单位人工成本为 40 元。其余有关资料如下表 10-7 所示。

表 10-7 ABC 企业甲、乙两产品相关资料

作业成本库	可追溯成本/元	成本动因	作业量/次			成本动因分配率
			甲产品	乙产品	合计	
生产准备	120 000	准备次数	560	400	960	125
质量检修	72 000	检验次数	300	60	360	200
设备维修	60 000	维修工时	400	200	600	100
生产订单	112 000	订单份数	360	200	560	200
材料订单	44 000	订单份数	300	140	440	100
生产协调	40 000	协调次数	100	100	200	200
合计	448 000					

要求：分别按照传统的成本计算方法和作业成本法计算甲、乙两产品的单位成本。

第十一章
责任会计

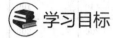
学习目标

专业目标：
了解责任会计的意义，责任中心设置的原则。
掌握各责任中心的业绩评价指标的设计和衡量方法。
理解内部转移价格的制定原则和类型。

职业素养目标：
大学生应该拥有爱国主义思想，自觉维护国家利益；树立正确的人生观、价值观和世界观；培养社会责任感，成为一个有爱心、有良心和有责任心的社会人。

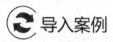
导入案例

JH 公司责任会计的产生

一年前，JH 公司因业务发展的需要，将原有的公司拆成三个子公司，并将财务管理权下放到各子公司，徐欢也由原来的总公司归到了现在的 JH 电子公司，任财务部总经理。

JH 电子公司是原 JH 公司的一个事业部，当时并没有独立的财务部，只有一个经营管理部负责报表分析和预算工作。应该说，这是一个很好的发展机会。"终于可以独当一面了！"徐欢有些暗自庆幸。JH 电子公司显然对他也很重视，公司老总亲自找他谈话，欢迎他加入电子公司，并谦逊地表示：电子公司没有财务上的经验，也没有财务方面的专业人才，希望徐欢能带着所有分到电子公司的原总公司财务部人员搭建一个运作良好的财务平台，为电子公司的二次创业提供决策信息保障。

财务部的职责是及时、准确地提供经营决策信息，具体点说，就是在保证核算准确的基础上，于每月 8 日出具报表，并作分析。这些在徐欢看来，可以使他在相应的责权范围内，充分发挥其特长，并调动其部门人员的积极性，为总公司服务。

现代企业的规模相当庞大，管理层次繁多，组织机构复杂，企业领导为了有效地管理这种庞大的经济组织，有必要将自己的一部分权限下放，以调动各级管理人员的积极性和主动性，于是纷纷实行分权管理。在分权管理体制下，就必须及时了解、评价和考核各级、各部门的工作情况。责任会计正是为了解决这个问题而产生的，并成为实行分权管理的必要条件。

根据上述资料，思考并回答以下问题。

（1）你认为责任会计产生的条件都有哪些？

（2）你认为一个公司如何建立责任中心？责任中心都包括哪些类别？
（3）作为一个企业的会计，你认为应该承担哪些责任？
（4）当代大学生应该履行哪些社会责任？

第一节　责任会计概述

一、责任会计的产生

20世纪30年代以来，随着科学技术的迅速发展，为经济发展创造了更多的机遇，也带来了巨大的风险。发达国家相继出现了一批大规模的集团型企业。企业规模的迅速扩大，一方面有效地提高了企业的竞争能力，但另一方面由于组织机构复杂、经营业务所涉行业多元、商品品种浩繁、跨国间的关系复杂等，也使企业内部的经营管理日趋复杂，大量的信息在传递和甄别问题上出现了越来越多的困难。在这种情况下，传统的集中管理模式由于其决策集中、应变能力差、管理效率降低，无法满足迅速变化的市场需求而逐渐被分权管理模式所取代。

分权管理是将企业决策权根据企业整体经营目标的分解在不同层次和不同地区的管理人员之间进行分配，使这些内部单位拥有与其职责相适应的权力，能够根据竞争环境的变化及时作出有效的决策，以迅速适应市场变化的需求，并据此调动各级管理人员的积极性、主动性和创造性。分权管理的主要表现形式是事业部制，即在企业中建立一种具有半自主权的组织结构，通过由企业管理中心向下或向外的层层授权，使各个部门拥有一定的权力和职责。

在分权管理的形式下，根据授予责任单位的权利和责任及对其业绩的计算、评价方式，将企业划分为不同形式的责任中心，并建立起以各责任中心为主体，责、权、利相统一的机制为基础，通过信息的积累、加工和反馈而形成的内部严密的控制系统就是责任会计。其目的是适应企业内部管理的需要，将企业经济责任与会计的职能方法有机结合起来，从而充分调动各责任主体的能动性和创造性，为控制企业的资金占用和成本费用耗费，改善企业内部经营管理，提高经济效益服务。

二、责任会计的含义

责任会计作为现代管理会计的一个重要分支，是指为适应企业内部经济责任制的要求，对企业内部各责任中心的经济业务进行规划与控制，以实现业绩考核与评价的一种内部会计控制制度。具体来说：就是按照企业内部经济责任制的原则，按照责任归属，确定车间、技术、经营、管理部门等责任单位，明确资金、成本费用、利润等责任指标，以各责任单位为主体按责任指标进行核算、控制、监督、实行统分结合、双层核算的会计管理制度。

责任会计是为企业的内部经营管理服务的，它对企业组织的结构或体制以及企业所面临的市场环境具有依附性。这样，企业本身及所面临的外部环境的变化，必将推动责任会计的发展。特别是随着现代企业制度的建立和完善，企业所有权和经营权相分离，委托必须采取一定的措施以保证受托人采取适当的行为以最大限度地增加委托人的效益。其中，就必须借助于现代会计，尤其是需要通过其中的责任会计进行分析、评价及考核。因此，在企业广泛建立责任会计制度将有助于建立有效的激励与约束机制，有助于现代企业制度中"代理问题"的解决。

三、责任会计的内容

设立责任会计，明确责任内容是为了把经济管理的会计数据与责任者联系起来，将他们的责权利结合起来，迫使他们负起责任，鼓励他们积极工作，以便将庞大的经济组织分而治之，充分发挥群众的积极作用。其具体内容归纳起来有以下五个方面。

1. 合理划分责任中心

根据企业管理的需要，按照分工明确、责任易辨的原则，把所属各单位、各部门划分为若干责任中心，然后明确其权、责范围，授予他们独立自主地履行职责的权力。科学地分解企业生产经营的整体目标，使各个责任中心在完成企业总目标中明确各自的目标和任务，实现整体与局部的统一。

2. 编制责任预算

为了顺利推行责任会计，需要把全面预算所确定的目标和任务进行层层分解，区分可控和不可控费用，为每个责任中心编制责任预算，以其作为今后控制和评价他们经济活动的主要依据。责任预算是以责任中心为主体，以其可控成本、收入、利润和投资等为对象编制的预算，可作为企业总预算的补充和具体化。

3. 合理确定内部转让价格

为明确各责任中心的职责，便于正确评价各责任中心的工作业绩，需要对各中心之间相互提供的产品或劳务进行合理的结算，必然要求确定其内部转让价格。

4. 建立严密的信息跟踪系统

为各个责任中心建立一套责任预算执行情况的跟踪系统，它包括日常记录、计算和积累有关数据，并在规定时间编制"业绩报告"，将实际数与预算数进行对比，借以评价和考核各该责任中心的工作成绩，并分别揭示他们取得的成绩和存在的问题。

5. 进行反馈控制

根据各责任中心的业绩报告，需要分析实际数与预算数发生差异的原因，并及时通过信息反馈，控制和调节它们的经济活动，以督促责任单位及时采取有效措施，纠正缺点，巩固成绩，借以扩大利润，提高经济效益。

四、责任会计的原则

责任会计原则是指从事责任会计工作应遵循的标准或规范。主要体现以下三个基本原则。

1. 责任原则

在对各责任中心进行业绩考核时，要明确责任指标，使企业内部的各个单位都有定量的经济责任指标，企业的总指标都能分解落实到责任单位。

2. 定价结算原则

在具体指标的设置时，能够按一定价格对各个责任单位进行核算，包括各单位之间往来结算和各责任单位的责任指标完成情况的核算。

3. 目标一致性原则

对各责任单位指标完成情况要进行考核，在考核的基础上进行奖罚。但可能会出现各中心为了自己的利益，可能会损害其他中心的权益，这就要求各责任中心目标的实现要以企业总体目标实现为前提，并使各中心的局部目标服从于总体目标。

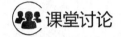

课堂讨论

曹操"马惊麦田，割发代首"

曹操的士兵不懂得爱护庄稼，常在庄稼地里乱跑，踩坏庄稼。曹操知道后很生气，他下令全军将士，一律不得践踏庄稼，违令者斩！有一次，曹操率领士兵们去打仗。正当曹操骑在马上边走边想问题的时候，突然从路旁窜出几只野鸡，从曹操的马头上飞过。马没有防备，被这突如其来的情况惊到了，嘶叫着奔进了附近的麦子地。待曹操勒住惊马，地里的麦子已被踩倒了一大片。

曹操执意要执法官按照军法治罪。执法官想了想说："丞相，您是全军的主帅，如果按军令从事，那谁来指挥打仗呢？"众将官见执法官这样说，也纷纷上前哀求。

曹操见大家求情，就用头发来代替首级，说完他拔出了宝剑，割下了自己的一把头发。

讨论：这个故事对你有什么启示？你认为在以后的工作中，应该履行哪些社会责任？

第二节　责任中心的业绩评价

一、责任中心概述

（一）责任中心的定义

责任中心是指承担一定经济责任，并拥有相应管理权限和享受相应利益的企业内部责任单位的统称。责任中心就是将企业总体分割成拥有独自产品或市场的几个绩效责任单位，然后将总体的管理责任授权给予这些单位之后，对企业的财务指标或非财务指标承担一定的责任。

（二）责任中心的设置标准

责任中心的合理设置必须遵循以下标准。

1. 明确权责与划分绩效

没有实施责任中心制度的单位常会面临重叠或归属不清问题。例如：一种产品的生产不仅牵涉到生产计划的安排、多个加工过程，还会牵涉到采购备料与销售部门所下的预测。当出现了缺货时，如果没有权责划分的话，可能就会出现以上部门互相指责的局面，问题的归属也难以划分。因此，责任中心的划分，能够使其独立完成工作，各司其职。

2. 局部利益服从企业整体利益

这与第一点相辅相成。虽然责任中心的目标是公司总体目标的一个分解，但在实际执行中总会有所偏差，各责任中心的目标也可能会偏离公司整体目标。比如一个公司的质量控制中心需要把产品的合格率控制在98%以上，但一味追求合格率的提高的同时，也意味着巨额质量成本的支出，对企业整体来看可能得不偿失。所以，为了避免这种情况的发生，在设置该中心的考核指标时，应以企业整体利益为前提，这样才能维护企业整体绩效的实现。

3. 设置明确的考核指标

由于每个责任中心的权限和职责范围不同，为企业做的贡献也不同，各责任中心的业务流程和组织安排也各具特点。所以，在对各中心进行经营业绩考核时，应设置不同的相关会计指标，并使各中心能够根据下达的任务完成各自的指标。

（三）责任中心的类型

企业内部怎样设置责任中心，应设置多少责任中心，完全取决于企业内部控制和业绩考核的需要。不同的内部单位，因生产经营的特点和控制范围的不同，可以分为不同的责任中心。所以，可以按照上述标准，将企业的车间、班组、销售、采购、财务、人力等各部门根据其控制的成本、费用和收益划分为不同的责任中心。通常情况下，按照责任对象的特点和责任范围的大小，责任中心可分为成本中心、利润中心和投资中心。下文将对其进行详细分析。

二、成本中心的业绩评价

（一）成本中心的含义

成本中心是指只对其成本或费用承担责任，无需对收入、利润和投资负责的责任中心，它处于企业的基础责任层次。成本中心一般包括负责产品生产的生产部门、劳务提供部门以及给予一定费用指标的管理部门。

在企业内部单位中，一些单位是直接从事生产产品和提供劳务的，如生产车间、维修车间等，这些单位称为生产单位。如按经济责任制的要求需要生产单位对其发生的成本负责，则该生产单位可以建立成本中心。另一些单位并不直接从事生产经营活动而只提供一些专门性的服务，如财会部门、人事部门、经理办公室等，这些单位是非生产单位，非生产单位开展工作也要发生一定的费用支出，如要求这些非生产单位对其发生的费用负责，则非生产单位可以建立为费用中心。

实际上，任何只发生成本而无收入来源的责任领域都可以确定为成本中心。成本中心的大小差异较大，一个大的成本中心通常可以进一步划分为更小的成本中心，形成多层次的成本中心，因而从工厂、车间、工段到班组，甚至个人都可划分为成本中心。由于成本中心的规模大小不一，因此各成本中心的控制、考核的内容也不相同。

（二）成本中心的特点

成本中心只衡量成本费用，不衡量收益。一般而言，成本中心没有经营权和销售权，其工作成果不会形成可以用货币计量的收入。例如，一个生产车间，由于其所生产的产品仅为企业生产过程的一个组成部分，不能单独出售，因而不可能计算货币收入；有的成本中心可能有少量的收入，但不是主要的考核内容，因而没有必要计算货币收入。由于这些原因，企业中大多数单个生产部门和大多数职能部门仅仅是成本（费用）中心，它们仅提供成本（费用）信息，而不提供收入信息。总之，只以货币形式衡量投入，而不以货币形式衡量产出是成本中心的基本特点。

（三）成本中心的分类

成本中心是应用最广泛的责任中心，通常可以按以下标准分类。

1. 按管理范围划分

企业内部的各个单位分别负责着不同的业务，因而拥有着各自的管理范围，具体可以分为以下几种。

（1）生产车间或分厂。根据管理要求不同，生产车间有不同的设置原则，通常可以分为基本生产车间和辅助生产车间。它们拥有供、产、销等方面不同的管理权限，但它们都只发生资源的消耗，不取得收入，因而一般被确定为成本中心。

（2）仓库或仓储中心。包括材料仓库、半成品库和成品库，它们分别各自物品的收、发、存及保管等。既会占用一定的资金，也会发生一定的费用如占用资金的利息费用、各仓库的管理经费以及因保管不善造成的损失等。通常被定义为成本中心。

（3）管理部门。一般指企业的大多数职能部门，包括供应部门、生产部门和会计部门等。其共同特点为既要对履行职能的结果负责，又要对自身经费的支出负责。从考核的角度分析，一般其费用的支出数额进行，因而通常被称为费用中心。

2．按对其成本的可控性划分

为了划分并核算责任中心的责任成本，必须将成本按其控制性分为可控成本和不可控成本两大类。

（1）可控成本是相对于不可控成本而言的。凡是责任中心能够控制的各种耗费，皆称为可控成本。具体而言，可控成本应同时符合以下三个条件：一是责任中心能通过一定的方式事先知道将要发生的成本；二是责任中心能够对发生的成本进行确切的计量；三是责任中心能够对所发生的成本进行调节与控制。凡不符合以上条件的，即为不可控成本。

（2）成本的可控性是相对的。一项成本是否为可控成本，不是由成本本身确定的，而是以特定的责任中心、特定的期间和特定的范围为前提的，具体表现在以下几点。

① 某项成本从某一个责任中心看是不可控制的，而从另一个责任中心看则是可控制的。例如，在材料供应正常的情况下，由于材料质量不好而造成的超过消耗定额的材料成本，就生产部门来说，是不可控制成本，而对供应部门来说则是可控成本。

② 一项成本是否具有可控性并非一成不变，从短期来看是不可控的，从长期看却是可控的。如直线法下的固定资产折旧、长期租赁费等，从较短期间看属于不可控成本，而从较长的期间看，各责任中心在涉及固定资产购置、融资租赁决策、折旧方法选择等又成为可控成本。

③ 成本的可控性与责任中心所处管理层次的高低和控制范围大小直接相关。对企业整体而言，所有成本都可视为可控成本，而各个责任中心，则有其不可控制的成本；上层次的可控成本不一定是下层次的可控成本，下层次的可控成本则一定是上层次的可控成本。例如，设备租金往往不为生产车间下属班组所控制，但为该生产车间所控制。

因此，区分可控成本与不可控成本是极为重要的。在评价成本中心业绩时，应以其可控成本为主要依据，而不可控成本只能作为参考。通常某成本中心的责任成本，就是该中心各项可控成本之和，所以对于一个成本中心考核的内容并非所有成本，而是该成本中心的责任成本，它与产品成本既有区别又有联系。

（四）责任成本与产品成本

责任成本与产品成本就其区别而言，主要有以下几点。

① 归集对象不同，责任成本是以责任中心为对象归集的生产或经营管理的耗费，产品成本是以产品为对象归集产品的生产耗费。

② 归集原则不同，责任成本是谁负责，谁承担，而产品成本归集的原则是谁受益，谁承担。

③ 核算目的不同，责任成本核算的目的是反映责任预算执行情况，为企业内部经济责任制服务；而产品成本核算的目的是为了确定不同产品的生产耗费水平，为考核产品的营利性以及控制和降低各产品的消耗提供依据。

责任成本与产品成本虽有区别，但两者也有一定的联系，两者在性质上是相同的，同为企业在生产经营过程中的资金耗费，并就某一时期来说，全厂的产品总成本与全厂的责任成本总和是相等的，现举例说明这两者之间的区别和联系。

例 11-1 某公司生产甲、乙两种产品，设有两个生产车间，两个服务部门。该公司本期共发生成本 100 000 元，产品成本和责任成本计算如表 11-1 和表 11-2 所示。

表 11-1　20××年 8 月产品成本

成本项目	成本发生额/元	产品成本			
		产品甲(2 000 件)		产品乙(1 000 件)	
		总成本/元	单位成本/(元/件)	总成本/元	单位成本/(元/件)
直接材料	40 000	26 000	13	14 000	14
直接人工	28 000	18 000	9	10 000	10
制造费用	32 000	20 000	10	12 000	12
合计	100 000	64 000	32	47 000	36

表 11-2　20××年 8 月责任成本　　　　　　　　　　　　　　　　单位：元

成本项目	成本发生额	责任成本			
		一车间 A	二车间 B	一服务部门 C	二服务部门 D
直接材料	40 000	26 000	14 000	—	—
直接人工	28 000	18 000	10 000	—	—
间接材料	10 000	4 000	3 000	1 500	1 500
间接人工	12 000	3 000	3 500	2 500	3 000
折旧费	6 000	2 500	2 000	800	700
其他	4 000	800	1 000	900	1 300
合计	100 000	54 300	33 500	5 700	6 500

表 11-1 说明了一定时期内制造甲、乙两种产品的总成本，没有反映出各个部门的责任成本。表 11-2 并没有反映出甲、乙两种产品的成本，而是按部门反映的责任成本。但两张表反映的该公司产品总成本与公司的全部责任成本之和是相等的。

（五）成本中心的评价与考核

1. 标准成本中心的评价与考核

成本中心的评价与考核在贯彻可控性原则的前提下，以可控成本作为评价和考核的主要依据，不可控成本作为参考，以便让成本中心负责人全面了解与其有关的所有成本。成本中心评价与考核的形式是成本中心的业绩报告，即计量责任成本的实际数、预算数和成本差异数，并分析研究其发生差异的原因，充分发挥信息的反馈作用，以帮助各成本中心积极有效地采取措施、巩固成绩、纠正缺点，使其可控成本不断降低。若实际数小于预算数即为节约，称为有利差异；若实际数大于预算数即为超支，称为不利差异。评价指标主要为预算成本节约额和节约率，其计算公式如下：

$$预算成本节约额 = 预算成本 - 实际成本$$

$$预算成本节约率 = \left(\frac{预算成本节约额}{预算成本}\right) \times 100\%$$

例 11-2 根据表 11-2 可知 A、B、C、D 四个责任中心的实际成本分别为 54 300 元、33 500 元、5 700 元和 6 500 元，又知它们的成本预算数分别为 55 000 元、33 000 元、5 500 元和 7 000 元。要求：计算这四个中心的预算成本节约额和预算成本节约率。

解： A 预算成本节约额＝55 000－54 300＝700（元）

$$A 预算成本节约率 = \left(\frac{700}{55\ 000}\right) \times 100\% = 1.27\%$$

B 预算成本节约额＝33 000－33 500＝－500（元）

$$B 预算成本节约率 = \left(\frac{-500}{33\ 000}\right) \times 100\% = -1.52\%$$

C 预算成本节约额＝5 500－5 700＝－200（元）

$$C 预算成本节约率 = \left(\frac{-200}{5\ 500}\right) \times 100\% = -3.64\%$$

D 预算成本节约额＝7 000－6 500＝500（元）

$$D 预算成本节约率 = \left(\frac{500}{7\ 000}\right) \times 100\% = 7.14\%$$

上式中正数为节约额（率），负数为超支额（率）。可见，A、D 责任中心实际成本比预算成本节约了一部分，说明成本控制得好；B、C 责任中心实际成本比预算成本超支了一部分，说明成本控制不够理想，责任中心的负责人应分析其原因，找出成本控制的途径。

2．费用中心的评价与考核

确定费用中心的评价指标是一件较困难的工作。因为，费用中心的业绩不仅涉及预算、还涉及工作质量和服务水平，特别是后两者难以量化但与费用的支出关系又十分密切。这也是费用中心与成本的区别。所以，对费用中心，一般以一定的业务量为基础，事先按期编制费用弹性预算来评价其成本控制业绩。

三、利润中心的业绩评价

（一）利润中心的含义

利润中心是指对利润负责的责任中心，它常被称为战略经营单位。由于利润是收入扣除成本费用之差，所以利润中心不但要对成本、收入负责，而且还要对收入与成本的差额即利润负责。利润中心是比成本中心更高一级的责任中心，有权决定原材料的来源，决定产品的生产和销售。

（二）利润中心的特点

每一个利润中心同时也是成本中心，不同点在于利润中心除了要发生成本费用支出外，还会形成独立的收入，要对其实现利润额向上一级责任中心负责。例如，一个集团公司中的分公司、分厂或有独立经营权的各部门等。各利润中心在保证与企业整体目标一致的前提下，自主经营，通过扩大销售、节约成本，进行有效的决策，努力实现自己的利润目标，促使企业有限的资金得到最有效的利用。

（三）利润中心的分类

利润中心可以分为两类：以对外销售产品取得实际收入为特征的自然利润中心；以对内提供产品取得收入为特征的人为利润中心。

1．自然利润中心

自然利润中心主要是指责任中心拥有产品销售权，能够根据市场需求决定销售什么产品，销售多少产品，在哪个区域销售以及以什么样的方式销售等。为了保证自然利润中心对其实现利润的可控性，还应赋予产品定价权、材料采购权和生产决策权，这样它才能对市场的供求变化做出灵敏反应，才是完全的自然利润中心。若只有部分价格制定权或只有价格执行权的，就是不完全的自然利润中心。一般来说，只有独立核算的企业才能具备作为完全自然利润中心的条件，企业内部的自然利润中心应属于不完全的自然利润中心。

2. 人为利润中心

如果责任中心不能直接对外销售产品，而只是提供给企业内部的其他单位，以获取内部销售收入或产品成本差异取得的收入而形成的利润。由于这种内部利润并非现实的利润，因而创造内部利润的这种利润中心就称为人为利润中心。当然以获取产品成本差异而形成的利润，按照责任中心的严格划分以及为了使责任中心能够更明确地体现其特点，我们通常将其称为成本中心。比如，工业企业内部的各个生产车间是否成为人为利润中心，应根据车间是否拥有独立进行经营管理的权力而确定，也就是说人为利润中心的负责人应拥有诸如决定本利润中心的产品品种、产品产量、作业方法、人员调配、资金使用、与其他责任中心签订"供销合同"以及向上级部门提出建议或正当要求等权力。

（四）责任利润

利润中心的利润是按照利润中心所能影响和控制的可控收入和可控成本来计算决定的，因而利润中心的收入和成本对利润中心而言必须是可控的。一般来说，企业内部的各个单位都有自己的可控成本，所以成为利润中心的关键在于是否存在可控收入。那些在其经营活动范围内发生或取得但不直接有关或不可控的收入和成本必须排除在外。如人为的利润中心是按其对内部其他单位或部门提供的产品或劳务数量与一定的内部结算价格计算的，并不构成企业的实际收入，因此，得出相应的利润也不是企业的财务成果。责任利润才是利润中心评价与考核的主要指标，其总和并不一定与整个企业实际取得的利润总额相等。但可通过一定期间实现的利润与责任预算所确定的预计利润进行比较，考核利润中心责任利润预算的完成情况，并将完成情况与对利润中心的奖惩结合起来，从而进一步调动利润中心积极性，以实现利润的增长。

（五）利润中心的评价与考核

考核与评价利润中心的业绩，主要是通过对一定期间实现的利润与责任预算所确定的预计利润数进行比较，并进一步分析存在差异的原因及其相应的责任，以此对其经营上的得失和有关人员的业绩进行全面而准确的评价，从而实现对利润中心的评价与考核。通常以边际贡献作为利润中心评价与考核的主要指标，还可引申可控边际贡献、部门边际贡献和税前利润等指标。具体含义与计算公式如下：

1. 边际贡献

边际贡献是指销售收入减去变动成本后的余额，又称为"边际利润"或"贡献边际"等。其计算公式为：

$$边际贡献 = 销售收入总额 - 变动成本总额$$

根据责任会计的可控性原则，为了对利润中心经理人员的经营业绩进行评价与考核，必须进一步区分部门经理的可控成本和不可控成本，因而根据边际贡献在利润中心业绩评价中的延伸，边际贡献可引申出可控边际贡献和部门边际贡献两个指标。

2. 可控边际贡献

可控边际贡献，也称为经理边际贡献或经理业绩毛益（performance margin），其计算公式为：

$$可控边际贡献 = 边际贡献 - 可控固定成本总额$$
$$= 销售收入总额 - 变动成本总额 - 可控固定成本总额$$

该公式主要用于评价利润中心经理人员的经营业绩，通过对部门经理可控收入、变动成本以及可控固定成本进行评价与考核，从而反映部门经理在其权限和控制范围内有效使用资源的能力。

3．部门边际贡献

部门边际贡献，又称为分部毛益（segment margin）。其计算公式如下：

$$部门边际贡献 = 可控边际贡献 - 不可控固定成本总额$$

该公式适合于评价该部门对企业利润和管理费用的贡献，即主要用于对利润中心的业绩进行评价与考核，以反映部门补偿共同性固定成本及提供企业利润所作的贡献。

公式中的不可控固定成本总额是指部门经理不可控而高层管理部门可控的可追溯固定成本，即无法与特定部门联系额成本，如办公楼的折旧。有些固定费用虽然可以和部门联系起来，如广告费用和保险费，但发生额也不受经理的控制。

4．税前利润

税前利润为各分部毛益之和扣除公司不可分固定成本即公司各种管理费用、财务费用等以后的余额。其计算公式如下：

$$税前利润 = 各部门边际贡献之和 - 公司不可分固定成本$$

该公式是在考虑公司经营过程中发生的管理费用、财务费用等在部门一级是不可控的，并且即使有的公司按照一定的方法如销售百分比、资产百分比等分配，也会随着分配基数的变化，使分配的结果变得不科学，所以，直接将这部分不可分的固定成本直接扣除，以避免部门之间相互推诿责任，有利于整个公司业绩的考核。

利润中心的业绩一般通过编制利润中心业绩报告来反映，其具体格式如表 11-3 所示。

表 11-3　20××年 8 月利润中心业绩报告　　　　　　　　　　　　单位：元

项目	A 部门	B 部门	合计
销售收入	250 000	300 000	550 000
减：变动成本	150 000	210 000	360 000
边际贡献	100 000	90 000	190 000
减：可控固定成本	30 000	30 000	60 000
可控边际贡献	70 000	60 000	130 000
减：不可控固定成本	15 000	24 000	39 000
部门边际贡献	55 000	36 000	91 000
减：公司不可分固定成本			5 000
税前利润			86 000

四、投资中心的业绩评价

（一）投资中心的含义

投资中心是指除了能控制成本和收益以外，还能对投入的资金进行控制的责任中心。它既要对成本、收入和利润负责，又对资金的合理运用和投资效果负责。这类中心不仅在产品和销售上享有较大的经营自主权，而且能够相对独立地运用其所掌握的资金。通常适用于企业内更高级的管理，可以是一个总公司、一个地区机构，也可以是一个分公司或一个工厂。

（二）投资中心的特点

由于投资的目的是获取利润，所以投资中心同时也是利润中心，但两者存在明显的区别：一是权利不同，利润中心没有投资决策权，它只是在企业投资形成后进行具体的经营；而投资中心则不仅在产品生产和销售上享有较大的自主权，而且能够对相对独立地运用所掌握的资产，有权购建或处理固定资产，扩大或缩减现有的生产能力。二是考核办法不同，对利润中心业绩进行考核时，主要是通过对一定期间实现的利润与责任预算所确定的预计利润数进行比较，不进行投入产出的比较；而对投资中心业绩进行考核时，必须将所获得的利润与所占用的资产进行比较。三是组织形式不同，利润中心可以是也可以不是独立法人，而投资中心一般都是独立法人。

成本中心、利润中心和投资中心之间的关系是，成本中心对其可控成本向利润中心负责，利润中心就其利润向投资中心负责，而投资中心就其投资和利润向总经理或董事会负责。

（三）投资中心的评价与考核

根据投资中心生产经营活动的特点，企业应从努力程度和完成任务的能力两方面评估投资中心经理的表现。既要考虑该部门的盈利性，也要考虑该部门对投入资源的使用状况。常用的评价投资中心经营成果的业绩指标是投资收益率（Return on Investment，ROI）和剩余收益（Residual Income，RI）。

1. 投资收益率

投资收益率又称投资利润率、投资报酬率，是指投资中心所获得的利润与投资额之间的比率，可用于评价和考核由投资中心掌握、使用的全部净资产的获利能力。其计算公式为：

$$投资收益率 = \frac{利润}{投资额} \times 100\%$$

在这一公式中，投资额可以有两种含义：第一种是投资总额，包括投资者投入的资本加上借入的资本，它反映投资中心的生产规模，往往用投资中心资产总额来反映。第二种是所有者权益，即投入资本加上经营过程中形成的留存收益，它反映投资中心的投资者在该投资中心中拥有的权益（股本和保留盈余）。根据对"利润""投资额"的不同理解，投资利润率可以有以下两种表现形式。

（1）资产利润率。

资产利润率是指投资中心所获得的息税前利润与资产总额的比率。资产利润率能反映投资中心资产的利用率。其计算公式为：

$$资产利润率 = \frac{息税前利润}{资产总额} \times 100\%$$

公式中，以资产总额作为投资额来计算投资收益率，主要是评价和考核由投资中心掌握、使用的全部资产总体的盈利能力。而之所以用息税前利润（税后利润加上利息费用和所得税）这一指标，是因为利息是由筹资决策决定的，对于投资中心来说是不可控因素，而且企业所得税往往受很多因素的影响，如折旧方法等，这些都属于不可控因素。并且由于利润是在整个预算执行期内取得的，而资产总额是期初或期末这一时点的数字，因此应使用预算期内的平均资产总额来计算资产利润率，通常采用年初、年末的平均数来计算。

例 11-3 某公司下属 A、B 两个分公司均为投资中心，报告期 A 分公司的资产平均余额为 300 万元，息税前利润为 60 万元；B 分公司的资产平均余额为 200 万元，息税前利润为 50 万元。

从利润的绝对数看，A 分公司的利润高于 B 分公司，但这并不能真正说明 A 分公司的业绩优于 B 分公司。因为他们的投资额即经营规模不同，所以，需要用相对数指标来进一步评价与分析。

$$A 分公司的投资报酬率 = \frac{60}{300} \times 100\% = 20\%$$

$$B 分公司的投资报酬率 = \frac{50}{200} \times 100\% = 25\%$$

（2）所有者权益利润率。

所有者权益利润率是指投资中心所获得的净利润与所有者权益的比率。其计算公式为：

$$所有者权益利润率 = \frac{净利润}{所有者权益} \times 100\%$$

上式中是以投资中心的总资产扣除负债后的余额，即投资中心的净资产作为投资额来计算投资收益率。所以，该指标也可称为净资产利润率。它主要说明投资中心对所有者权益的贡献程度。

例 11-4 假设上例中，报告期 A 分公司的负债平均余额为 80 万元，息税前利润为 60 万元；B 分公司的负债平均余额为 40 万元，息税前利润为 50 万元。

$$A 分公司的投资报酬率 = \frac{60}{300 - 80} \times 100\% = 27.27\%$$

$$B 分公司的投资报酬率 = \frac{50}{200 - 40} \times 100\% = 31.25\%$$

（3）对投资利润率指标的分解。

为进一步说明影响投资收益率这个指标的相关因素，该公式可进一步扩展为：

$$投资收益率 = \frac{销售收入}{投资额} \times \frac{利润}{销售收入} = \frac{销售收入}{资产总额} \times \frac{息税前利润}{销售收入}$$

$$= 总资产周转率 \times 销售利润率$$

从上述公式可以看出，投资中心不仅重视盈利水平，同样重视资产使用的效率。以投资收益率作为投资中心经理的业绩评价指标，可以激励经理在控制成本的同时控制资产的投资额。一方面通过适当削减广告费、职工培训费、改进工艺技术等降低成本；另一方面要经济、有效地使用经营资产，努力提高资产利用率，从而提高投资收益率。

（4）对投资收益率指标的评价。

投资收益率作为投资中心业绩评价与考核的主要指标，能够促使各投资中心盘活闲置资产，减少不合理资产占用，及时处理过时、变质、毁损资产等，从而使管理者像控制费用一样控制资产占用或投资额的多少，综合反映一个投资中心的全部经营成果。

但是该指标也有其局限性：一是世界性的通货膨胀，使企业资产账面价值失真，以致相应的折旧少计，利润多计，使计算的投资利润率无法揭示投资中心的实际经营能力；二是使用投资利润率往往会使投资中心只顾本身利益而放弃整个企业有利的投资机会，造成投资中心的近期目标与整个企业的长远目标相背离；三是投资利润率的计算与资本支出预算所用的现金流量分析方法不一致，不便于投资项目建成投产后与原定目标的比较；最后，从控制角度看，由于一些共同费用无法为投资中心所控制，投资利润率的计量不全是投资中心所能控制的。为了克服投资利润率的缺陷，应采用剩余收益作为评价指标。

2．剩余收益

（1）剩余收益的含义。剩余收益是为了弥补投资报酬率指标的缺陷而产生的一种计量企业经营业绩的新指标。它是指投资中心获得的利润扣减其经营资产或投资额按规定或预期的最低报酬率计算的最低投资收益后的余额。其计算公式如下：

剩余收益＝利润－投资额×预期最低投资报酬率

如果预期指标是总资产创造的息税前利润时，则剩余收益的计算公式应作相应调整，具体如下：

剩余收益＝息税前利润－总资产占用额×预期总资产息税前利润率

上述公式中的预期最低报酬率或总资产息税前利润率通常是指企业为保证生产经营活动的正常、持续进行所必须达到的最低报酬水平，一般指各投资中心的最低预期报酬率，通常用加权平均资本成本来衡量。

例 11-5 假定某公司 A 分公司为投资中心，若预期的最低报酬率为 15％，根据该公司有关资料编制的业绩报告如表 11-4 所示。

表 11-4 20××年 8 月 A 分公司投资中心业绩报告 单位：元

项目	实际数	预算数	差异（实际数－预算数）
销售收入	150 000	130 000	20 000
销售成本	135 000	120 000	15 000
经营利润	15 000	10 000	5 000
投资额（资产总额）	60 000	50 000	10 000
销售利润率/％	10	6	4
资产周转率/次	5	5.2	(0.2)
投资利润率/％（销售利润率×资产周转率）	50	31.2	18.8
按最低报酬率 15％计算的报酬额（投资额×15％）	9 000	7 500	1 500
剩余收益	6 000	2 500	3 500

（2）对剩余收益指标的评价。以剩余收益作为评价经营成果的尺度，其优点为：①能够全面对投资中心的业绩进行评价与考核，能够防止各投资中心受本位主义的影响，引导企业经营者采纳高于企业资本成本的决策，从而实现部门目标与整个企业的总体目标相一致，同时也能实现投资中心收益最大化；②可以消除利用投资收益率进行业绩评价带来的错误信号，促使管理者重视对剩余收益指标的运用；③在运用最低报酬率时运用加权平均资本成本，体现了对权益成本的补偿，也弥补了会计收益指标的不足。

剩余收益指标在运用过程中也存在以下缺点：①剩余收益是绝对数指标，不便于不同部门之间的比较，规模大的部门容易获得较大的剩余收益，而他们的投资报酬率并不一定很高。尤其在各投资中心规模不相同时，利用剩余收益进行评价和考核时，很难做到准确、公平。②基于第一个缺点，该指标只利于投资中心的内部决策，不利于不同投资中心之间的比较。③剩余收益计算公式中含有利润或息税前利润，因此，同样具有会计收益指标易于被操纵的固有缺点。④在运用加权平均资本成本时，权益资本的确认和计量有一定的难度，若计算不准确，也达不到衡量业绩的预期效果。

综上所述，成本中心、利润中心和投资中心不是孤立存在的，每个责任中心承担各自的经营管理责任。最基层的成本中心应就其经营的可控成本向其上层成本中心负责；上层的成本中心应就其本身的可控成本和下层转来的责任成本一并向利润中心负责；利润中心应就其本身经营的收入、成本（含上层转来成本）和利润（或边际贡献）向投资中心负责；投资中心最终就其经营管理的投资利润率和剩余收益向总经理和董事会负责。所以，企业各种类型和层次的责任中心形成一个"连锁责任"网络，这就促使每个责任中心为保证企业总体的经营目标一致而协调运转。

课堂讨论

企业的责任与担当

企业发展好不好，不仅取决于经营管理的能力高低，更重要的是取决于企业的价值观，经营宗旨是否正确，特别是取决于社会责任是否担当。

某企业家曾经谈到，社会责任重于泰山，企业的责任就是既要做好企业又要做好公益，更要担当社会责任。企业的担当决定了企业的命运，纵观中外古今，成功企业都是具有社会责任的企业，只有这样一个企业才能做得大、活得好。

讨论：你认为企业承担社会责任的具体表现有哪些？如何评价企业承担的社会责任？

第三节 内部转移价格

一、内部转移价格的含义

在分权管理体制下，为了有效地对企业内部单位进行控制，并充分调动其积极性，将整个企业逐级划分为若干个责任中心，并赋予其相关的管理权限。为了公平、公正地评价和考核各责任中心的经营业绩以及对整个企业的贡献程度，就必须严格地划分各责任中心的收入、成本和利润。企业发生的各项收入、成本和费用，虽然大部分都可以根据各责任中心的关系进行规划，但由于企业内部各责任中心之间存在大量内部产品和劳务的交易，即存在频繁的内部往来，使得有一部分费用、成本和收入的归属不太清楚。既然各责任中心都是相互"独立"的责任主体，则他们之间的内部往来必须按照企业确定的内部转移价格进行内部结算。建立内部结算中心，是实施责任会计，考核责任中心业绩的重要环节。

内部转移价格又称内部结算价格，是企业内部有关责任中心对中间产品或劳务内部转让计价结算的一种标准。其使用目的是正确地评价和考核内部责任中心的经营成果。在企业内部建立责任中心，合理确定内部结算价格，是实行责任会计的重要前提，也是利润中心得以存在和发挥功效的基础。

二、内部转移价格的作用

合理制定内部转移价格具有十分重要的作用，主要表现在以下几方面。

1. 有利于合理确定各责任中心的经济责任

明确划分各责任中心的经济责任是实行责任会计的前提，而制定合理的内部转移价格又是划分经济责任的重要手段。内部转移价格为"买卖"双方确定了一个计量标准，它不仅可以衡量卖方的经营成果，也可以用来反应买方的成本费用。如果内部转移价格制定得不合理，一方面可能会导致由于卖方责任中心的过失或不良业绩造成的后果直接转嫁给买方责任中心；另一方面可能会导致买卖双方经常产生纠纷，若企业高层过分干预，则会使各责任中心失去了独立自主的决策权力，违背责任会计的初衷并且损害各责任中心的经济利益。

2. 有利于合理评价和考核各责任中心的业绩

合理的内部转移算价格为企业各责任中心的经营业绩提供了一个客观的标准，是评价和考核各责任中心工作业绩的重要依据。只有制定合理的内部结算价格，才能准确地计量和考核各责任中心责任预算的实际执行情况，充分调动了各责任中心工作的积极性，使企业的生产经营进入良性循环状态。

3. 有助于制定正确的经营决策

公平合理的内部结算价格，可以把各责任中心的经济责任和经营业绩加以数量化，为企业管理部门决定业务的发展或收缩，产品或劳务的自制或外购，制定新产品价格和调整产成品销售价格等经营决策提供必要的会计信息，以便使企业整体利益最大化。

4. 有利于引导责任中心与企业总体目标的一致性

在分权管理体制下，企业内部的各责任中心都是相互"独立"的责任主体，如果内部结算价格制定得不合理，可能会导致各责任中心受本位主义的影响，作出与整个企业长远目标不相一致的经营决策，从而损害企业的整体利益。因而制定合理的内部结算价格，有利于引导责任中心与企业保持目标一致，使得各责任中心利益的最大化与整个企业利益最大化保持一致。

三、制定内部转移价格的原则

制定内部转移价格是一项十分重要、细致的工作，应根据各责任中心经济活动的特点，采用合理科学的计量方法来制定，故应遵循以下原则：

1. 一致性原则

一致性原则要求内部转移价格不仅对"买卖"双方责任中心有利，还必须符合企业整体利益，必须使部门目标同企业总体目标保持一致。当各责任中心利益发生冲突时，应本着企业利润最大化或企业价值最大化的要求，各责任中心的利益服从于企业整体利益。

2. 公平性原则

公平性原则要求内部结算价格的制定应公平、合理，应充分体现各责任中心的经营业绩，防止某些责任中心因价格优势而获得额外的利益，某些责任中心因价格劣势而遭受额外损失。

3. 自主性原则

自主性原则是指在确保企业整体利益的前提下，应尽可能通过各责任中心的自主竞争或讨价还价来确定内部结算价格，必须为"买卖"双方自愿接受，必须维护各责任中心的经营决策权，这样才能真正在企业内部实现模拟市场。

4. 重要性原则

重要性原则要求内部转移价格的制定应充分体现"大宗细，零星简"的原则，即对原材料、半成品、产成品等重要物资的内部结算价格制定从细，而对劳保用品、修理用备件等数量繁多、价值低廉的物资，其内部结算价格制定从简。

5. 激励性原则

激励性原则要求内部转移价格应当具有激励作用，有利于调动各责任中心的工作积极性，提高工作效率，不仅实现自身部门的局部目标，也有利于企业整体目标的实现。

四、内部转移价格的类型

内部转让价格的制定，除了遵守上述的原则之外，通常还要考虑以下两方面的原则：

第一，凡是成本中心之间提供产品或劳务，以及有关成本中心的责任成本转账，一般应按标准成本或预计分配率作为内部转让价格。其优点是简便易行，责任易分，不会把卖方的浪费或无效劳动转嫁给买方去承担，能激励双方降低成本的积极性。

第二，凡企业内部产品或劳务的转让以及责任成本的转账，涉及利润中心或投资中心，则应尽可能采用成本转移价格、市场价格或协商价格等作为内部转让价格制定的基础。

1. 成本转移价格

成本转移价格是以产品或劳务的成本为基础制定的转让价格，在企业具体实践中经常使用。特别适用于以下情况：①转让的产品没有外部市场；②虽然有外部市场但却存在不完全竞争，比如外部市场需求有限，导致销售数量不足供参考；③产品涉及到商业机密，公司防止外部泄露。若存在上述三种情况之一，企业就没有指定转让价格的市场基础。又由于成本的概念不同，核算的依据不同，成本转移价格也就有多种不同形式，主要包括：标准成本加成、完全成本加成、变动成本加成三种形式。

（1）标准成本加成，即按产品（半成品）或劳务的标准成本加计一定的合理利润作为计价基础。其优点是能分清卖方单位与买方单位的经济责任，但该方法的关键是加成利润率确定的合理性。在确定加成利润率时，应根据企业内部各单位的工作难度、深度及一般通用的盈利率来综合考虑计算，反复协商、权衡利得和损失来制定，以达到公允合理的原则。

（2）完全成本加成，是按产品单位成本加上一定比例的利润制定产品价格的方法。大多数企业是按成本利润率来确定所加利润的大小的。销售利润可以是行业的平均利润，也可以是企业的目标利润。成本利润率是销售利润与制造成本的比率，即加成比例，这是成本加成法的关键。其优点是产品价格能保证企业的制造成本和期间费用得到补偿后还有一定利润，产品价格水平在一定时期内较为稳定，定价方法简便易行。其缺点是忽视了市场供求和竞争因素的影响，忽略了产品寿命周期的变化，缺乏适应市场变化的灵活性，不利于企业参与竞争，容易掩盖企业经营中非正常费用的支出，不利于企业提高经济效益。

（3）变动成本加成，是以变动成本作为内部转移价格的方法。这种转移价格要求"买方"准确地确定本中心有关产品的全部变动成本。在不能对机会成本进行准确衡量时，变动成本就是最有效的内部转移价格的选择了，它反映了由于生产上一件产品而放弃的资源的价值。变动成本法确定的较低的价格使"买方"拥有从企业内部购买中间产品或劳务的激励，避免企业生产能力的闲置。它能够明确揭示成本与产量的关系，便于正确评价各责任中心的工作业绩，有利于各责任中心及时作出某些短期经营决策。同时，当中间产品或劳务存在外部竞争市场时，且"卖方"存在剩余生产能力时，变动成本可以比较真实地代表机会成本。

2. 市场价格

市场价格是指根据产品或劳务的市场价格作为基价的价格。以市场价格定价相当于在企业内部引入市场机制，能够较为客观地评价各个利润中心或投资中心的经营成果。在责任会计制定下，有些责任中心具有产品销售权，能够直接对外销售产品，并且兼有产品定价、材料采购权和生产决策权，可以自由决定从内部或者外界进行购销，因而对这类责任中心，可以市场价格作为内部结算价格。

以正常的市场价格作为内部结算价格主要适宜于利润中心和投资中心组织，优点：买方责任中心可以同向外界购入相比较，如内部转移价格高于现行的市价，它可舍内而求外，不必为此而支付更多的代价；卖方的责任中心也是如此，应使它不能从内部单位比向外界出售得到更多的收入。这是正确评价各个利润中心经营成果的一个重要条件。换言之，也就是在企业内部引进市场机制，使其中每个利润中心实质上都成为独立机构，各自经营，促使其更好地发挥生产经营主动性，最终再通过利润指标来评价与考核它们的经营成果。

但是在企业内部直接以市场价格作为内部结算价格也存在很多缺陷，比如：责任单位之间提供的中间产品经常难以确定其市场价格，且市场价格往往变化较大或者市场价格无代表性。从业绩评价来说，用市场价格作为内部结算价格，往往对产品销售方极为有利，因为其产品供应于企业内部，可节省许多销售广告、商业信用等费用，这些节约的费用便直接成为其工作成果，而产品购入方却得不到任何好处，容易引起不满。

3. 协商价格

协商价格是以正常的市场价格基础，定期进行协商，确定一个双方可以接受的价格，称为协商的市场价格，它可以解决直接以市场价格作为内部结算价格的缺陷。通常，存在市场价格的情况下，协商价格要比市场价格略低，但高于中间产品单位变动成本。主要原因在于，卖方向企业内部销售可以节省广告费、包装费和运输费等多项费用。另外，当卖方责任中心有剩余生产能力时，单位中间产品的内部结算价格只要在单位变动成本之上即可接受。这时中间产品的内部转移，适宜采用协商价格。

协商价格可以使部门经理如同独立公司的经理那样从事管理，从而保留了部门经理的自主权，对其买卖双方以及企业整体来说都是有利的，但也存在一定的缺陷：①在协商过程中可能会浪费经理人员的大量精力，而衡量业绩的最终价格也许取决于经理的协商能力，而不是从对公司最有利的角度考虑，从而达不到目标的一致性。②采用协商的转移价格可能发生公司的最高管理者直接干预转移价格的定价情况。这将使部门经理丧失自主权，削弱分权管理的优势。不过，当转移价格的定价问题不经常发生时，直接干预的好处也许会超过其成本。因而这种方法主要用于在中间产品有非竞争市场、生产单位有闲置的生产能力及变动成本低于市场价格、责任单位有自主决策的情况下。

4. 双重价格

双重价格，是指对产品（半成品）的供应和耗用单位分别采用不同的内部转移价格作为计价基础。当转移价格的定价在交易过程中没有给卖方部门带来利润时，转移价格的定价将起不到鼓励卖方部门从事内部交易的作用。因此，为了较好地满足买卖双方在不同方面的需要，激励双方在生产经营方面充分发挥其主动性和积极性，可以采用双重的内部转移价格来取代单一的内部转移价格。

双重价格有两种形式：一是双重市场价格，就是当某种产品或劳务在市场上出现几种不同价格时，供应方采用最高市价，使用方采用最低市价。二是双重转移价格，就是供应方按市场价格或协议价格作为基础，而使用方按供应方的单位变动成本作为计价的基础。

采取双重转移价格定价方法的优点：能够使卖方部门获利而买方部门仅负担成本，或者卖方部门以成本加一定的利润作为内部转移价格，而买方部门只支付该产品的成本部分，差额可以记录在一个专门的集中核算的账户中。这种方法为买方部门留下成本数据，且通过转移价格向卖方部门提供了利润，这就会鼓励内部交易活动。

本章小结

本章讲述了责任会计产生的背景、责任会计的内容和责任中心的建立。

责任中心可以分为成本中心、利润中心和投资中心，其责任对象的特点和责任范围的大小不同，业绩评价方法也不同。

为了正确评价和考核内部中心的经营成果，本章介绍了内部转移价格的作用、制定原则及类型，企业可以根据需要制定不同的内部转移价格机制。

拓展阅读

1. 《管理会计应用指引第 404 号——内部转移定价》。
2. 《管理会计应用指引第 602 号——经济增加值法》。

即测即评

思考与练习

一、思考题

1. 什么是责任中心，如何进行分类？
2. 成本中心的考核对象和考核指标是什么？
3. 利润中心的考核对象和考核指标是什么？
4. 投资中心的考核对象和考核指标是什么？
5. 如何理解内部转移价格？具体包括哪些类型？

二、计算分析题

1. 已知：某投资中心投资额为 100 000 元，年净利润额为 18 000 元，企业为该投资中心规定的投资利润率为 15％。

要求：计算该投资中心的投资利润率和剩余收益。

2. 已知：D 公司某投资中心 A 原投资利润率为 18％，营业资产为 500 000 元，营业利润为 100 000 元。现有一项业务，需要借入资金 200 000 元，可获利 68 000 元。

要求：

（1）若以投资利润率作为评价和考核投资中心 A 的依据，作出 A 投资中心是否愿意投资于这项新的业务的决策。

（2）若以剩余收益作为评价和考核投资中心 A 工作成果的依据，新项目要求的最低收益率为 15％，作出 A 投资中心是否愿意投资于这个新项目决策。

第十二章
新领域的管理会计

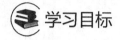 学习目标

专业目标:
了解战略管理会计的发展和内涵,及其与传统管理会计的区别。
掌握战略管理会计的分析、抉择、执行及评价四个循环阶段。
掌握战略会计的主要内容,理解战略会计的运用。
了解管理会计的神经网络、管理会计信息系统的概念和特点。
掌握基于神经网络的管理会计信息系统构建。
职业素养目标:
树立正确的价值观,良好的职场心态,胜不骄,败不馁;得志了不骄纵,失意了不颓废;永远都有一种"行到水穷处,坐看云起时"的好心态。

 导入案例

华为的战略管理助力化危为机

在华为的发展历程中,遇到过诸多突发事件,从供应商的断货、思科的知识产权诉讼,到美国的断供,华为从不缺少挑战。

1990年前后,为华为供货的企业被收购了,开始不给华为公司供货。在这样的情况下,任正非做出了自我研发的决策。于是,华为开始自己组装、研制了第1代产品,到了第二年华为就开发了自有知识产权的用户交换机,产品型号命名为BH03。是断货,让华为走上了自我研发之路。到了1993年,在公司总工程师郑宝用的带领下,华为开发了第一代面向邮电系统的数字程控交换机,产品型号命名为CC08。这也决定了华为公司的发展道路从农村逐步走向城市。1994年年底,华为首次参加在北京举办的国际通讯展。第二年,华为就开始了海外拓展之路。到2000年,华为在海外的业务已经取得了一定的突破。

到了2003年,华为已经开始对思科形成了一定的威胁。2003年元旦后,思科在美国发起了对华为的知识产权诉讼,这对华为是一个巨大的打击。但是,2004年,这场官司被华为成功化解。商场如战场,谁能够帮助你呢?毛主席曾在其文章中说:"谁是我们的敌人,谁是我们的朋友,这个问题是革命的首要问题。"当华为面对思科的诉讼时,华为的第一反应就是,思科的敌人是谁?最后,华为成功跟思科的最大的竞争对手——3Com走到了一起。仅仅历时一年半,这场官司就被华为化解了。思科的总裁钱伯斯说:"我要去看一下,华为凭什么跟我思科握手言和?当年的思科是业界的巨无霸,华为公司还非常的弱小。"但

是钱伯斯离开华为展台前的最后一句话是："华为是最强硬的竞争对手，我非常尊敬华为。"

任正非的压力非常大，当国外的企业不足以抗衡中国企业的时候，外国的政府会做什么呢？2011年，任正非就认识到这个问题：华为即将成为行业的老大，在这样的背景下，如何能够更长远地生存下去？于是，华为开始建造自己的"诺亚方舟"——2012实验室。"2012实验室"规模非常大，从此，华为公司把研究和开发分离。研究是花钱把不知道的变成知道的，开发是想办法把知识变成钱，既然不一样，从组织上就要进行分离。"2012实验室"就是华为公司打造面向未来的"诺亚方舟"，公司要创新，创新得有目标。2012年，任正非在跟"2012实验室"的干部、专家进行座谈时，有人就提出来了：现在的手机操作系统已经三分天下了，我们华为公司哪有机会再进入操作系统这个领域呢？任正非说："正常情况下，我们是没有必要这样做的，进去这个市场也非常难。但是，一旦哪一天安卓系统不让你使用了，或者让你使用，但是每一台手机收费100美元的时候，该怎么办呢？"这件事情，真的像他预测的那样，2018年安卓就在欧洲开始收费了，这就是任正非的远见。后来，华为的操作系统做出来后，有人又提出："我们现在做出来了，为什么不投入商用呢？"任正非说："现在还没有必要商用，安卓免费的，我们为什么要用自己的东西呢？"

1991年，华为就开始了芯片的开发之路，到了2004年，正式成立了华为海思，聚焦芯片的开发。在芯片开发上重要的战略控制点也是容灾，对于一个企业来说，一定要想到你的战略控制点究竟是什么，如果没有战略控制点，你就会被别人死死地掐住脖子。2019年华为的心声社区专门评选的华为热词中有一个是——补洞。任正非说："华为有4000多个洞，早年开发产品时，我们都没有想过美国不供货的时候是什么样子。从2019年年初开始，摆在华为面前的一个重要任务就是补洞"任正非在誓师大会上发表了一个讲话，他说："极端困难的外部条件，把我们逼向世界第一。敢战方有前途，善战才有胜利。面对困难要有心有惊雷而面不改色的定力。"到了下半年，华为运营商的补洞工作终于完成了。

2019年，华为公司一季度的业绩同比增长39%。上半年同比增长了23%，全年同比增长了18%，达到了8500亿元。在美国动用国家的力量遏制华为发展的背景下，华为仍然能同比增长18%。危与机是并存的，关键是如何提升化危为机的能力。华为公司为了"过冬"，有不少的准备动作。

《华为基本法》就是准备动作之一。《华为基本法》总结、提升了公司成功的管理经验。《华为基本法》第82条有一段描述：华为在成本费用控制方面，主要关注五个方面：设计成本、采购成本和外协成本、质量成本、库存成本、期间费用，其中的重点是控制设计成本、质量成本。

如果产品质量有问题，必然会导致退换货，维修运输等成本相应增高。如果产品直接面向消费者，产品质量问题还有可能导致公司整体形象受损，甚至给公司带来毁灭性灾难。所以质量成本一直是华为成本控制的重点。

要求：根据上述思政案例内容，思考以下问题。

（1）中文里的危机有两个解释，"危"是"危险"的意思，"机"是"机遇"的意思。危险中包含着机遇，机遇中蕴含着危险。作为一名大学生，你有哪些可能会面对的危机，应该如何应对呢？

（2）毛主席说："谁是我们的敌人，谁是我们的朋友，这个问题是革命的首要问题。"华为是如何利用这句话解决思科知识产权诉讼案的？

（3）查找华为相关资料，结合案例，谈谈华为采用了哪些战略管理会计的方法？

（4）华为的"补洞"属于企业战略管理的哪个过程？

第一节 战略管理会计概述

一、战略及战略管理的定义

1. 战略的定义

战略,原为军事用语,顾名思义就是作战的谋略。"战略"一词来源于希腊语"strategos",原意是"将军指挥军队的艺术"。我国自古也有这个概念,大意是指"将帅的智谋、筹划以及军事力量的运用"。通俗地讲,战略是要实现的目标以及实现目标的方法的统一体,其基本性质包括全局性、长远性和抗争性等。

《辞海》中对战略一词的定义是:"筹划和指导战争及武装力量建设与运用全局的方略。"战略应用于企业管理领域的时间并不长,1938 年,美国经济学家切斯特·巴纳德首次使用战略概念来阐释企业发展的各种要素及企业组织决策机制,但此后直到 20 世纪 60 年代,战略一词才开始在企业管理领域流行起来,这得益于经济学家伊戈尔·安索夫的贡献,他因此被奉为企业战略管理的鼻祖。

2. 战略管理

战略管理是管理者确立企业长期目标,在综合分析所有内外部相关因素的基础上,制定达到目标的战略,并执行和控制整个战略的实施过程。进入 20 世纪 80 年代,行为科学、竞争对手分析、购并战略、全球化战略、信息技术和生产技术的发展,拓展了战略管理的范围,完善了战略管理的理论,丰富了战略管理的内容。

企业战略管理的过程一般包括三个阶段:即战略的制定、战略的实施、战略的评价和控制。

可见,企业管理过程包括了从企业内部和外部环境因素的分析到对企业战略管理的结果进行评价和控制的一系列活动。为了制定企业战略,高层管理者必须分析企业的内外环境,明确企业的优势、劣势、机会和威胁。

二、战略管理会计的内涵

1. 战略管理会计的定义

随着战略管理理论的发展和完善,英国学者西蒙斯于 1981 年首次提出了"战略管理会计"一词。他认为战略管理会计应该侧重于本企业与竞争对手的对比,收集竞争对手关于市场份额、定价、成本、产量等方面的信息。

战略管理会计(Strategic Management Accounting,SMA)是指从战略的高度进行分析和思考,既提供顾客和竞争对手具有战略相关性的外向型信息,也提供本企业与战略相关的内部信息,协助高层领导制定竞争战略、在战略的层面上从会计的角度应用相应的工具与方法并予以战略评价和调整,充分利用企业内外部资源与优势以达到企业长期良性发展的一个会计分支。

战略管理会计是企业战略管理和管理会计的融合,是为了适应企业整体战略管理的需要而逐渐形成的,它服从于企业的整体战略选择,通过报告战略的成功与否来对战略管理产生影响。主要内容应包括:市场份额的评估,战略预算的编制(把本企业和竞争对手的信息按多栏式预算格式加以对比反映),竞争地位的变化研究(以企业现有状态为起点,改变资本结构或定价策略将会给企业竞争地位造成的影响)等。

因此,战略管理会计是为企业"战略管理"服务的会计,它从战略的高度,围绕企业、顾客和竞争对手组成的"战略三角",既提供顾客和竞争对手具有战略相关性的外向型信息,也对企业的内部信息进行战略审视,帮助企业的领导者了解情况,进行战略思考,进而据以进行竞争战略的制定和实施,借以最大限度地促进企业"价值链"的改进与完善,保持并不断创新其长期竞争优势,以促进企业长期、健康地向前发展。由此可见,配合企业战略管理的兴起而形成和发展起来的战略管理会计,是一种具有真正创新意义的新型管理会计。

2. 战略管理会计与传统管理会计的关系

战略管理会计与原有的传统管理会计不同,在于后者只着重服务于企业内部的管理职能,基本上并不涉及"战略三角"中的顾客和竞争对手的相关信息,因而是一种内向型的管理会计,当企业之间的竞争尚处于较低层次的产品营销性竞争阶段,它提供的信息对于促进企业正确地进行经营决策、改善经营管理职能发挥重大作用。但随着现代市场经济体系全球化的迅速发展,企业之间的竞争已从低层次的产品营销性的竞争发展到高层次的全球性战略竞争,竞争战略上的成功已成为企业在全球性激烈竞争中求生存、谋发展的关键所在。基于社会经济发展的新形势,"企业战略管理"及为其提供信息与智力支持的"战略管理会计"的兴起,就成为历史的必然。据此可以看到,基础性内向型管理会计与战略管理会计的不同,是源于它们据以形成的社会经济发展的阶段性不同;但是,无论从全球的各个国家看,或同一个国家的各个地区看,社会经济发展的不平衡性(非同步性)是普遍存在的。因此,不能认为战略管理会计的兴起是对原有基础性管理会计的否定或取代,而应把前者视为适应社会经济环境条件的变化对后者的丰富和发展。后者在与其相适应的经济大环境中以及现代农业在竞争战略已定条件下的基础性内部管理方面仍具有广泛的适用性。因此,不应把它们之间的关系看作是非此即彼、相互排斥的关系,而应把它们看作是不同层次(战略、战术层次)的互补关系。

近几年国外对战略管理会计的研究,主要有以下几个方面。

(1)价值链分析。美国学者波特(Porter)将企业行为分成相关的九种活动,包括一般管理、人力资源管理、技术发展、采购、内勤、经营、外勤、营销和服务。通过分析企业价值链上所有活动的累计总成本与竞争对手的相应指标比较,判断企业是否具有竞争优势。波特还将企业所处的整个行业进行价值链分析,判断企业是否有必要沿价值链向前延伸或向后来提高整体的盈利水平。

(2)市场战略对利润影响的研究。简称PIMS研究。该研究认为,竞争地位(以市场份额与相对产品质量表示)、生产结构(指投资强度与生产能力)及市场吸引力(即增长率与顾客特性)影响一个企业的盈利能力,投资收益率随市场份额的增加而稳步增长。具有相当大市场份额的企业,易于有一个超过平均水平的投资收益率,其营销费用与销售收入之比也较低。

(3)西蒙德斯(Simmonds)方法。此法强调企业竞争水平、竞争地位的重要性,认为竞争地位是未来利润与企业价值的基本决定因素。传统管理会计重视数据,而战略管理会计必须重视"信息导向",因此工作重心应从成本分析转移到信息的利用价值上来。需要有一系列的战略性业绩指标来帮助决策者了解自身及其竞争对手的地位、状况,包括成本优势、价格优势、市场份额大小等。不仅要进行本企业的本—量—利分析,还要对竞争对手进行同样的财务资源分析。

西蒙斯(Simons)方法。此法突出强调战略管理与管理控制,它把战略管理分为三种类型:①预期者——市场供给物(market offerings)随时改变,不断寻求新的市场机会以保持领先于竞争对手;②防守者——市场供给物相对稳定,竞争基于成本优势、质量与服务；③分析者——以上二者的混合型。西蒙斯认为，企业的控制系统应与战略一致。因此，防守者强调成本控制和监控的有效性；而预期者更依赖于扫视环境，寻找机会，采用综合计划及相对主观的经营措施。所以预期者总是有限地利用会计控制，尽管会计控制在防守者那里很重要。业绩好的预期者（企业）很重视预测数据，严格的预算及其执行，经常性地提供报告；而防守者倾向于采用控制系统，所以有必要深入研究战略与控制之间的联系。

从以上已有的战略管理会计研究成果来看，战略管理会计是由传统管理会计发展而来，前者克服了后者的一些缺陷，是后者的补充与延伸。但是，传统管理会计仍有存在的必要。它们两者一个是战略，一个是战术，相辅相成，缺一不可。战略离不开战术来实现预定的目标，没有战略的战术只是缺乏远大理想的行动。一些会计方法，如本—量—利分析、定价策略、成本控制等是两者共同的方法，既应用于传统管理会计，又运用于战略管理会计。传统管理会计与战略管理会计都服务于企业管理决策者。

三、战略管理会计的目标

战略管理会计的目标对战略管理会计系统的运行也具有同样意义。战略管理会计的目标可以分为最终目标和具体目标两个层次。

战略管理会计的最终目标应立足于企业的长远发展，权衡风险与报酬之间的关系。自21世纪中期以来，多数企业把价值最大化作为自己的总目标，因为它克服了利润最大化的缺点，考虑了货币时间价值和风险因素，有利于社会财富的稳定增长。企业价值是企业现实与未来收益、有形与无形资产等的综合表现。因此，企业价值最大化也就是战略管理会计的最终目标。

战略管理会计的具体目标主要包括以下四个方面：
（1）协助管理者确定战略目标；
（2）协助管理者编制战略规划；
（3）协助管理者实施战略规划；
（4）协助管理者评价战略管理业绩。

四、战略管理会计的循环阶段

战略管理会计主要包括战略管理会计分析、战略管理会计选择、战略管理会计执行与战略管理会计评价4个阶段，各阶段循环见图12-1。

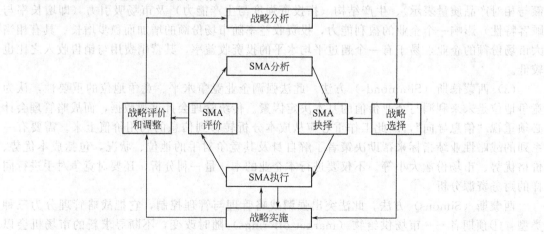

图12-1 战略管理会计循环图

1. 战略管理会计分析

运用价值链分析等工具，了解企业在行业价值链中的地位，比较与竞争对手的优劣势，分析影响企业价值链成本发生的各种驱动因素，明确宗旨，树立目标，构建企业的战略。

2. 战略管理会计抉择

根据企业整体战略明确自身定位，运用成本动因分析等方法选择符合企业长期利益的战略。

3. 战略管理会计执行

根据确定的战略选择，运用作业成本法、战略预算管理等方法来确保战略目标的实现。

4. 战略管理会计评价

采用平衡计分卡或标杆瞄准法等方法对公司战略执行情况进行评价考核。

五、战略管理会计的内容

1. 战略目标的制定

战略管理会计首先要协助高层管理者制定战略目标。企业的战略目标可以分为三个层次，即公司战略目标、竞争战略目标和职能战略目标。公司战略目标主要是确定经营方向和业务范围方面的目标。竞争战略目标主要研究的是产品和服务在市场上竞争的目标问题，需要回答以下几个基本问题：企业应在哪些市场竞争？要与哪些产品竞争？如何实现可持续的竞争优势？其竞争目标是成本领先还是差异化？是保持较高的竞争地位还是可持续的竞争优势？职能战略目标所要明确的是，在实施竞争战略过程中，公司各个部门或各种职能应该发挥什么作用，达到什么目标。战略管理会计要从企业外部与内部搜集各种信息，提出各种可行的战略目标，供高层管理者选择。

2. 战略成本管理

成本管理是管理会计的重要内容之一。它是一个对投资立项、研究开发与设计、生产、销售进行全方位监控的过程。战略成本管理主要是从战略的角度来研究影响成本的各个环节，从而进一步找出降低成本的途径。作业影响动因，动因影响成本。成本动因可以分为两大类：一类是与企业生产作业有关的成本动因，如存货搬运次数；另一类是与企业战略有关的成本动因，如规模、技术、经营多元化、全面质量管理以及人力资本的投入。相对于作业成本动因而言，战略成本动因对成本的影响更大。因此，从战略成本动因来进行成本管理，可以避免企业日后经营中可能出现的大量成本浪费问题。一般来说，企业可以通过采取适度的投资规模、市场调研、合理的研究开发策略等途径来降低战略成本。

3. 经营投资决策

战略管理会计是为企业战略管理提供各种相关、可靠信息的。因此，它在提供与经营投资决策有关的信息的过程中，应克服传统管理会计所存在的短期性和简单化的缺陷。它应以战略的眼光提供全局性和长远性的与决策相关的有用信息。为此，战略管理会计在经营决策方面应摒弃建立在划分变动成本和固定成本基础上的本—量—利分析模式，采用长期本—量—利分析模式。长期本—量—利分析是以企业的产品成本、收入与销售量呈非线性关系，在固定成本变动及产销量不平衡等客观条件下，来研究成本、业务量与利润之间的关系。其关键是应用高等数学、逻辑学建立成本、业务量与利润之间的数学模型与关系图，从而确定保本点、安全边际等相关指标，进行利润敏感性分析。在长期投资决策方面，应突破传统的长期投资决策模型中的两个假定：一是资本性投资集中在建设期内，项目经营期间不再追加投资；二是流动资金在期初一次垫付，期末一次收回。

把资本性投资与流动资金在项目经营期间随着产品销量的变化而变动的部分也考虑在内，此时的现金流量与传统的现金流量有所不同，其计算公式为：

第 t 年的现金流量＝第 $t-1$ 年销售收入×(1＋第 t 年销售增长率)×第 t 年销售利润率×(1－第 t 年所得税率)＋第 t 年折旧额－(第 t 年销售收入－第 $t-1$ 年销售收入)×(第 t 年边际固定资产投资率＋第 t 年流动资金投资率)

将上述现金流量折现就可得出企业长期投资的预期净现值。战略管理会计以现实的现金流量为基础，更能反映企业投资的实际业绩，为企业注重持续发展提供有用的信息。

4. 人力资源管理

人力资源管理是企业战略管理的重要组成部分，也是战略管理会计的重要内容。它包括为提高企业和个人绩效而进行的人事战略规划、日常人事管理以及一年一度的员工绩效评价。前者主要是人员招聘和员工培训方面的规划。战略管理会计的核心是以人为本，通过一定的方法和技能来激励员工以获取最大的人力资源价值，并采用一定的方法来确认和计量人力资源的价值与成本，进行人力资源的投资分析。

5. 风险管理

企业的任何一项行为都带有一定的风险。企业可能因冒风险而获取超额利润，也可能会招致巨额损失。一般而言，报酬与风险是共存的，报酬越大，风险也越大。风险增加到一定程度，就会威胁企业的生存。由于战略管理会计着重研究全局的、长远的战略性问题，因此，它必须经常考虑风险因素。经营与投资管理中采用一定的方法，如投资组合、资产重组、并购与联营等方式分散风险。

第二节　战略管理会计的方法及运用

一、战略成本管理

20 世纪 80 年代以来，为了适应制造环境的变化，作业成本法应运而生。它是一个以作业为基础的信息加工系统，着眼于成本发生的原因成本——动因，依据资源耗费的因果关系进行成本分析。即先按作业对资源的耗费情况将成本分配到作业，再按成本对象所消耗的作业情况将作业分配到成本对象。这就改善了传统成本计算系统下间接费用责任不清的缺陷，使以前许多不可控的间接费用，在作业成本系统中变成可控。同时，作业成本法大大拓展了成本核算的范围，改进了成本分摊方法，及时提供了相对准确的成本信息，优化了业绩评价标准。

关于战略成本的计算与定价方法包括以下七个方面。

1. 产品属性成本计算

产品属性成本化是将吸引顾客特定产品属性成本化的过程。可以进行成本化的产品属性包括：经营行为的多样性，产品的可靠性，担保的安排、完工和齐备的程度，供应的保障及售后服务等。产品是由大量的属性构成的，正是产品的不同属性造成了产品之间的区别，而产品属性对消费者品位的迎合程度恰恰决定了企业的市场份额。

2. 产品生命周期成本计算

它是指基于产品或劳务生命周期中各阶段的长度进行的成本评估。在此，我们不再以年度为基准评估成本，生命周期成本化的时间框架基于产品生命周期中各个阶段的长度。这些阶段包括设计、推广、发展、成熟、衰落直至废弃。对这种方法的评述一致认为，该方法能够避免短期行为的管理倾向。在产品设计阶段积累下来的年度亏损用传统财务会计方法加以确认，由此产生的压力会促进产品成熟之前的市场推广。如果管理者相信生命周期成本化理论，他们就能够认识到，为了产品整个生命周期内的盈利能力，有必要实施一个全面的研究和设计阶段。

3. 质量成本分析

全面质量管理制度的实施，尤其是近二十年来，电脑化设计和制造系统的建立与使用，带来了管理观念和管理技术的巨大变化，适时制采购与制造系统应运而生。在此系统下，为了使产品达到零缺陷，企业非常重视质量成本分析。质量成本分析是指从产品的研制、开发、设计、制造，一直到售后服务整个寿命周期内的质量成本分析方法。它主要分析质量成本的四个部分，即预防成本、鉴定成本、内部质量损失和外部质量损失。只有全面掌握与质量有关的成本信息，管理者才能进行正确的质量成本预算，借以转变目前重产量轻质量的观念。

4. 战略成本计算

它是根据战略和市场信息，利用成本指标开发并确定能够保持相对优势的最佳战略的过程。为了使成本分析有助于追求竞争优势这一目标，必须仔细考虑战略结局。最初的研究者曾使用案例分析的方法，集中说明一项由使用传统成本化方法（即由相关成本和短期视角出发开展的分析）带来的次佳战略。通过对战略结局的考虑，并利用市场学和竞争战略有关文献提供的概念进行分析，可以看到该战略方案产生的过程。

5. 战略定价

它是指在定价决策中对战略因素的分析。利用竞争导向分析进行战略定价，会带来正确的定价决策。在这些分析中应予评估的因素包括：竞争对手的价格回应、价格弹性、市场的成长、规模的经济性和经验。在此类分析的过程中，市场营销人员发现了会计信息与价格决策存在联系，这种联系在定价中发挥了巨大的潜在作用。

6. 目标成本计算

这是一种用于产品和程序设计阶段的成本估算方法，具体是通过用估计（或基于市场）的价格减去需要的目标利润，以得到所需要的生产、工程或市场成本。然后，该产品按满足该成本的方式设计。目标成本化主要应用于制造程序中的开发和设计阶段。与目标成本化密切相关的是 Kaizen 成本法。该方法也应用于产品的制造阶段，因而将目标成本化引导到设计和开发阶段之外。Kaizen 成本化要求为保证进一步的节约而进行持续不断的努力。这些理论将成本化从追求精确的监督转化为具有前瞻性的成本化理论，从而与追求竞争优势密切联系起来。

7. 价值链成本计算

价值链成本计算首先将企业发生的全部资源耗费分配到价值链的一系列作业上，然后再将各作业成本分配到产品。这种方法是建立在价值链分析基础之上的。该成本被分配到设计、采购、生产、市场、分配和产品或劳务的服务这些必要的作业当中，这种方法建立在价值链分析基础之上。市场上的竞争优势最终来自于以相等的成本提供较高的顾客价值，或来自于以较低的成本提供相同的顾客价值。在产品的设计与分配之间发生的一系列活动，如同链条上的环节，正是这一思路产生了价值链分析。这一研究证实了在企业价值链的各有关部分中，顾客价值可以在哪个环节提高，或成本可以在哪个环节降低。价值链成本化使传统的成本分析得到了有效的延伸。传统管理会计由于仅仅关注增值，缺乏对包含在企业、供应商和顾客三者联系当中潜在的利益和潜在成本节约的探求，因而出现停滞不前的局面。

二、竞争对手分析

竞争对手分析主要是从市场的角度，通过对竞争对手的分析来考察企业的竞争地位，为企业的战略决策提供信息。竞争对手分析主要涉及以下三个方面。

1. 竞争对手成本评估

竞争对手成本评估是基于对竞争者的设计、技术、经济规模等的评估，定期更新对竞争对手的推测。当然，通过竞争对手成本评估得到的具有重大影响的结果，有时可能是因追加技术进步投资而引起的，于是，与这种投资相关的长期影响及投资显现出的竞争对手对提升竞争地位的追求，更助长了企业了解竞争对手成本的需要。竞争对手成本评估的系统性方法是：评估竞争对手的制造设施、经济规模、政府关系和技术产品设计。除这些方法之外，还有一些关于竞争对手信息的非直接来源，如实地观察、共同的供应商、共同的顾客和雇员（特别是竞争对手的前雇员）。

2. 竞争地位监督

竞争地位监督是在行业内部通过评价和监督竞争对手的销售收入、市场份额、销售量、单位成本和销售收益率，分析竞争对手的状况。这一信息可为评估竞争对手的市场战略提供参考。竞争地位监督是竞争对手评估的一种更为权威的方法，它将分析扩大到评价主要竞争对手的销售收入、市场份额、销售量、单位销售成本和收入。这些会计计量是具有广度的，因为它们提供了比仅仅简单地基于市场份额所进行的评估更多的关于竞争对手的情况。竞争对手单位成本的增加可能原本是一个好的征兆，然而，如果这种增加是由追加对广告费用的投入以增强品牌知名度，或是由投资新产品开发造成的，则变动的成本结构则可能意味着竞争对手正在保持较强势的竞争地位。

3. 基于公开财务报表的竞争对手评价

它是指对竞争对手公开的财务报表进行的数字性分析，作为对竞争对手竞争优势评估的一部分。实际上，这是基于对公开财务报表的解释而进行的竞争对手业绩评价。与前面的方法不同，对公开财务报表的解释包含了受传统会计教育的会计师所熟知的一切技术，运用这种分析模式评估竞争对手竞争优势的关键来源，可获得具有战略意义的结果。分析的内容包括监测销售趋势、利润水平、资产和负债运作。

三、预警分析

从战略的角度看，在不断变化的竞争环境中，企业能否成功在一定程度上取决于它能否相对准确的预测企业内外部环境的变化，从而采取相应的战略适应未来的挑战。因此能熟练预测内外部环境变化的企业显然易于把握竞争的先机。战略管理会计中的预警分析法便是一种有助于预测这种变化的分析方法，该方法在分析研究企业竞争状况的影响因素的基础上，建立企业竞争状况监测指标，通过对其影响因素的监测来对其采取前馈控制，利用预警结果采取相应的防范措施，将企业的危机或失败的隐患扼杀在萌芽状态，使企业经营状况沿着良好的方向运行。

在预警分析中预警指标的选取是进行预警分析的重要步骤。因为预警指标是建立预警分析方法的基础，选择合理的指标可为预警分析提供全面准确的信息，提高预警分析的准确性、可靠性。反之如果选择了无效的指标则会提供冗余、滞后的信息，或者信息不完备造成预警分析的延迟、误判从而增加预警分析的成本和风险。

对预警指标的定义是进行预警指标选择的关键，也是决定预警分析内容的主要因素。预警指标应是决定企业能否成功的关键因素，这些因素既与外部竞争机遇与问题有关，又与企业内部的生产、技术等方面的优势和劣势密不可分。由于每个企业所处行业及自身的特点不同，其成功所涉及的关键因素也不同，因此预警分析没有通用的计量指标，所选指标应对企业内外环境变化情况能准确、科学、及时地反映，具有较强的敏感性，使其成为反映企业竞争地位的晴雨表。此外，指标的选择应考虑成本效益原则，比较选取某些指标增加的预警精度和其获取成本的高低，以筛选出对企业合理、有效的指标。同时还要注意内外兼顾，长短结合。

一般来说，预警指标应包括财务指标和非财务指标，所反映的内容应涉及对本企业、竞争对手、客户及国内外经济环境的分析、评价及预测的信息。财务指标可选择净资产收益率、销售利润率、投资收益率、成本费用利润率、现金流量净额等具有代表性的指标。非财务指标可包括组织效率、市场份额增长率、客户满意度、员工满意度、产品质量、产品性能价格比、售后服务贡献率、供应与协作能力、技术创新投入率、市场与客户消费趋势等内容。

为了提高预警分析的准确性，应根据预警分析结果与实际情况的相互比较以及企业战略和内外环境的变化，及时对所选取的预警指标的有效性进行检验，对无效的指标进行调整，促进预警指标设置的科学性和合理性。总之，企业在选择预警指标时，应该针对企业的具体特点，具体问题具体分析，通过反复的筛选、检验，从而建立起适合企业自身的预警指标体系。

预警指标的计量多采用比率法，不论是内部和外部的、财务和非财务的指标均可以比率的形式进行计量。比率指标便于进行比较分析和趋势分析。按照战略管理会计的要求投资评价可以采用一种新方法——战略投资评价矩阵，此方法将项目执行过程中的风险和项目对公司总体战略的影响充分考虑在内，克服了传统管理会计的不足。

四、战略投资评价矩阵

战略投资评价矩阵的四个区域中显示出一个接受区域和一个拒绝区域，而处于另外两个区域的方案则有可能因为在财务上或者战略上的原因而被采纳，这由企业的决策者根据具体情况选择。

战略投资评价矩阵的横轴表示风险调整系数，这一系数综合了传统的财务评价和项目的风险因素。首先在计算这一系数之前，必须承认对于不同的项目来说有着不同的风险，因此需要用不同的系数对项目的财务评价进行风险调整，在这里用不同的资金成本作调整显然是不合理的，必须采用一种不同的方法。

对净现值或者内部收益率的风险调整可以采用一种加权的方法，即给项目的不同风险因素赋予不同的权重，这需要将项目的风险做分解，建立风险调整系数，如表 12-1 所示。

表 12-1 建立风险调整系数

风险种类	权重/%	10	20	30	40	50	60	70	80	90	100	风险系数/%
技术	50									√		45
市场	25								√			20
成本	15					√						9
资源	10						√					6
合计	100								风险调整系数			80

为了使项目的评价具有可比性,战略管理会计应对同一企业的不同种类的风险赋予不同的风险权重,而这种权重应该反映企业控制各种风险的能力。如果企业有着行之有效的项目成本管理系统,则可以给企业的成本风险赋予较低的权重;如果企业曾经错误估计竞争对手的反映,则应该给企业的市场风险赋予较高的值。在上表12-1中,技术是问题较多的环节,因此技术的风险的权重最高,为50%,其后是市场、成本和资源风险,分别是25%、15%和10%。这样企业的各种风险权重的总和是100%。

在对企业不同的风险类型赋予不同的权重后,则应对企业不同的项目进行再次加权。方法是:如对项目A来说,如果与企业的其他项目来说,技术风险程度较低,则应给该项目的技术风险以较高权重,如表12-1中,这个权重是90%;而项目A在企业的不同项目中有中等的资源风险,则资源的风险权重为60%,依此类推可以得到项目其他风险类型的权重。这样经过企业和项目两个层次的风险加权后,我们可以得到项目A的风险调整系数,即80%。

风险调整系数的作用是对传统管理会计得到的项目评估结果进行风险调整,例如项目A的内部收益率为20%,而通过风险调整系数的调整,即得到风险调整后的内部收益率16%。值得注意的是,风险调整系数不仅可以对内部收益率这一指标进行调整,还可应用于其他指标,如净现值等。

战略投资评估矩阵的纵轴表示项目的战略符合性系数。战略符合性系数表示待评估项目符合公司的使命和目前的经营战略的程度。企业的战略因企业的不同而各异,但一般来说,很多战略为大多数企业所采纳,如投资于能够带来高附加值的新技术、建立并维持企业的客户群体、发挥核心竞争力、建立长期行业进入障碍、与供应者建立良好关系等。与计算风险调整系数的过程一样,在计算战略符合性系数时我们要用到加权。这一过程如表12-2所示。

表 12-2 计算战略符合性系数

战略类型	权重/%	10	20	30	40	50	60	70	80	90	100	战略符合性系数/%
市场开发	40							√				28
核心竞争力	30				√							12
建立品牌	20									√		18
与供应者关系	10							√				8
合计	100								战略符合性系数			66

与企业的使命和整体战略符合程度较高的项目的权重也较高,如项目A符合企业建立自身品牌,形成长期行业壁垒的经营战略,因此权重也较大为90%,其他可以此类推。如对项目A来说,经过加权所得的战略符合性系数为66%。

战略投资评价矩阵使用中应注意的是,大量的数据需要管理层根据本企业的具体情况和管理层的经验作出主观判断,在此过程中应该防止操纵这些数据。同时,应该改变"投资评价是会计人员的事"这一错误观念。显然在这一方法的使用过程中,需要大量其他方面的人员大力配合,如战略管理人员、技术人员、营销人员、采购人员等。因此在使用这种方法的过程中,应由这些方面的人员组成战略项目投资评价小组,集思广益,作出科学的评价。这也正是战略管理会计特别强调的一种研究方法。

另外,在项目实施以后,还应对项目实施的结果进行回顾,如果项目达到了预期的效果,则应总结经验;如果项目没有达到预期效果,则应检查是在项目执行过程中还是在项目的评估过程中出现问题，如果是在评估过程中出现问题，应对评估过程进行反省，以避免发生类似的问题。

五、平衡计分卡法

平衡计分卡是由美国著名的管理大师罗伯特·卡普兰和复兴全球战略集团总裁戴维·诺顿在总结了12家大型企业的业绩评价体系成功经验的基础上，提出的具有划时代意义的战略管理业绩评价工具。

平衡计分卡的内容主要包括以下四个方面。

1. 财务方面

平衡计分卡仍保留了财务方面的指标作为业绩评价的内容，因为财务指标是对过去业绩的总结和评价，反映了企业的财务状况、经营成果和现金流量，并且财务指标能显示企业的经营战略及其执行是否正在为最终经营成果的改善作出贡献。财务计量的典型指标有利润、现金流量、资本报酬率、销售增长率以及经济增加值等。

2. 顾客方面

平衡计分卡对顾客方面的计量主要针对为企业提供长期盈利能力的顾客群，既包括现有顾客，又包括潜在顾客。评价时主要衡量企业吸引和维持顾客的程度。因为企业只有努力提高顾客价值，才能吸引和保持顾客，获得长期竞争优势；只有顾客满意，才能实现企业的长期成功，并增进企业全体员工及社会的利益。对于顾客的计量指标主要有顾客满意度、顾客保持率、新顾客的获得、顾客盈利性和在目标市场上所占的份额等。

3. 内部经营过程方面

平衡计分卡在内部经营过程方面的计量重视的是对顾客满意程度和实现组织财务目标影响最大的那些内部过程，包括长期革新和短期经营。革新过程着眼于研究现有顾客的潜在需求，或者潜在的顾客和市场，并生产出满足这些需求的产品。革新过程代表了企业价值创造的长波。经营过程是从接受顾客订单开始到交付产品为止的整个过程，是把现有的产品生产出来交给顾客的过程，它代表了企业价值创造的短波。平衡计分卡把革新过程引入到内部经营过程之中，要求企业创造全新的产品和服务，以满足现有和未来的目标客户的需求。这些过程能够创造企业未来的价值，提高企业未来的财务绩效。

4. 学习和成长方面

企业为了实现长期的目标，满足顾客需求，只利用现有的技术和能力是不够的，需要改善。而财务、顾客和内部经营过程的计量，可使企业发现现有能力和要达到的目标之间的差距，这个差距就要依靠不断学习和成长来弥补。学习和成长主要来源于员工的再培训和企业组织程序的改善等方面。对员工的计量包括员工的满意度、员工保持率和员工技能水平等。对企业组织程序的计量主要是检验员工的合作和交流等情况，可以通过内部过程的改善率来衡量。平衡计分卡管理体系使整个公司把焦点集中在战略上，并且以支持战略所需要的团队努力为核心，提供了一种能够引发和指导变化过程的机制。由于平衡计分卡的应用，创造了一种基于战略要求的新型组织形式——"以战略为核心的组织"，其特点是把战略放在变化和管理过程的核心地位。企业通过清晰地定义战略，始终如一地进行组织沟通，并将其与变化驱动因素联系起来，把每个人和每个部门都与战略的独特特征联系起来。

实践表明，平衡计分卡有许多优越性，它是一种能体现知识经济时代特征、更好地促进企业长远发展的业绩评价方法。其优越性体现在以下四个方面。

第一，有利于加强企业的战略管理能力。在知识经济时代，企业的经营环境更加动荡多变，加强企业战略管理变得越来越重要。确定了正确的发展战略之后，在实际工作中能否顺利达到战略目标,关键在于对战略实施的有效管理。平衡计分卡把业绩评价工作纳入战略管理的全过程,通过建立与整体战略密切相关的业绩评价体系,把企业的战略目标转化成可操作的具体执行目标,使企业的长远目标与近期目标紧密结合,并努力使企业的战略目标渗透到整个企业的架构中,成为人们关注的焦点与核心,实现企业行为与战略目标的一致与协调。

第二,能促进经营者追求企业的长期利益和长远发展。知识经济时代,决定企业竞争胜负的关键因素大多是非财务指标。平衡计分卡注重非财务指标的运用,如根据客观需要选择顾客满意度、员工满意度、市场占有率、产品质量、营销网络、团队精神等作为业绩评价指标。同时还将财务指标与非财务指标有机结合,综合评价企业长期发展能力。这有利于把企业现实的业绩与长远发展和长期获利能力联系在一起,增强企业的整体竞争能力和发展后劲,有效避免为了追求短期业绩而出现的短期行为。

第三,有利于增强企业的应变能力。知识经济时代,管理方法要适应不断变化的内外环境,提高企业的适应能力。平衡计分卡就是一种动态的业绩评价方法,它不仅评价过去,而且更强调未来,是一种具有前瞻性的动态评价方法,因此,更符合新时代要求。

第四,有利于提高企业的创新能力。知识经济时代,经济发展的核心特征是不断创新,创新能力是企业核心竞争力的主要内容。平衡计分卡将创新能力纳入业绩评价体系,鼓励经营者在追求短期利益的同时,充分考虑企业的长远发展。为了促使企业获得长期成功,经营者必须不断提高企业的产品创新、服务创新、市场创新及管理创新能力,以更好地满足现实的与潜在的消费需求。创新的过程是创造企业未来价值,提高未来财务绩效的过程。平衡计分卡对传统业绩评价体系的创新,有助于增强企业的核心竞争力,提高企业的价值。

课堂讨论

香港某机械工程有限公司广州销售部在201×年成立,该公司总部设在香港,从事建筑机械的代理销售,最主要的代理产品是法国波坦塔式起重机,业务范围集中在广东地区,尤其是广州市场。该销售部的营销组织架构是一个销售经理和四个销售推广员,四个销售推广员各自负责两个地区,直接向销售经理汇报工作。公司成立后的两年间,该公司只在广州地区销售3台塔式起重机,公司的基本生存受到了严重威胁。面对不利形势,该公司必须采取相对的应变措施去提升自己的竞争优势,战略管理会计重视外部环境和市场,注重整体性以及方法的灵活性等特征,这正符合该公司应变策略的要求。而且,在反映整个公司的经营数据中,会计数据占了60%~70%,因此,该公司决定从会计方面着手,通过运用战略管理会计,帮助分析市场环境和自身优势,制定出符合企业实际情况的营销发展战略,并采取一系列有效措施来落实战略目标。具体做法主要有:分析市场机会;分析客户盈利能力、选择目标市场;分析竞争对手;确立营销组合;对市场营销活动进行计划、编制预算、实施监督与控制等。

该公司的营销策略与战略管理会计的结合,效果较为明显,产品在广州地区市场占有率达18%,顺利完成了任务,并由此获得总公司"销售进步奖"。

讨论:1. 香港某机械工程有限公司广州销售部应用战略管理会计进行营销分析对我们有什么启示?

2. 建立健全市场经济体制,营造一个适合战略管理会计应用的良好外部环境对企业有什么作用?

第三节　神经网络下管理会计信息系统

一、神经网络的概述

从历史上看，电子计算机是从冯·诺依曼模型演变而来的，并通过多个处理器访问内存来执行显式指令来进行操作。另一方面，神经网络的起源是基于对生物系统中信息处理建模的努力。与冯·诺依曼模型不同，神经网络计算并没有将记忆和处理分开。神经网络理论有助于更好地识别大脑中的神经元如何运作，并为创造人工智能的努力提供基础。当代神经网络的初步理论基础是由亚历山大·贝恩（Alexander Bain）和威廉·詹姆斯（William James）独立提出的。在他们的著作中，思想和身体活动都源于大脑内神经元之间的相互作用，即锥体神经元树突分支结构的计算机模拟。对于贝恩来说，每项活动都会导致一组特定神经元的放电。当重复活动时，这些神经元之间的联系会加强。根据他的理论，这种重复导致了记忆的形成。当时的科学界对贝恩的理论持怀疑态度，因为它需要大脑内似乎有过多神经连接。现在很明显，大脑极其复杂，同样的大脑"线路"可以处理多个问题和输入。

二、管理会计信息系统的概述

（一）管理会计信息系统的含义

管理会计系统，是以财务和业务信息为基础，借助计算机、网络通信等现代信息技术手段，对管理会计信息进行收集、整理、加工、分析和报告等操作处理，为企业有效开展管理会计活动提供全面、及时、准确信息支持的各功能模块的有机集合。

（二）管理会计信息系统的一般遵循原则

1. 系统集成原则

管理会计信息系统各功能模块应集成在企业整体信息系统中，与财务和业务信息系统紧密结合，实现信息的集中统一管理及财务和业务信息到管理会计信息的自动生成。

2. 数据共享原则

企业建设管理会计信息系统应实现系统间的无缝对接通过统一的规则和标准，实现数据的一次采集和全程共享，避免产生信息孤岛，有效减少企业内部不同层次决策者对中间数据的收集整理。

3. 规则可配原则

管理会计信息系统各功能模块应提供规则配置功能，实现其他信息系统与管理会计信息系统相关内容的映射和自定义配置。

4. 灵活扩展原则

管理会计信息系统应具备灵活扩展性通过及时补充有关参数或功能模块，对环境、业务、产品、组织和流程等的变化及时作出响应满足企业内部管理需要，体现通过"内部会计信息系统"反馈企业管理所需的有效信息参考。

5. 安全可靠原则

应充分保障管理会计信息系统的设备、网络、应用及数据安全严格权限授权，做好数据备灾建设，具备良好的抵御外部攻击能力，保证系统的正常运行并确保信息的安全、保密完整。

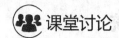 **课堂讨论**

国家电网云平台下的业财融合新模式

据《会计之友》2018年第24期介绍，国家电网提出基于云计算技术创新的智擎云操作系统，搭建基于大数据思维的业财融合管理体系框架，为企业价值增值提供支持。

一是全面实现"横向业务集成、纵向财务贯通"的业财融合。"三朵云"支撑起完善的基础业务平台，包括人资、物资、财务、基建、规划、运行、营销、生产、综合管理、协同办公等业务，实现了设施、数据、服务、应用等IT资源的一体化管理。财务管理信息系统的应用是纵向贯通的。

二是财务与前端业务系统紧密集成，实现会计集中核算和共享服务。集团总部通过与基层业务的信息纵向集成，将基础业务的原始单据通过影印系统直接自动生成会计凭证和会计账簿，从而形成整个集团企业范围内的"一本账"，最后再生成集团报表。

三是建成集团统一资金池，统筹资金使用和监督，规范物资管理制度，推动项目采购的集中管控。国家电网建立了集团公司的"资金池"，通过内部财务公司进行资金集中归集，减少资金沉淀；构建集中支付平台，实现大额资金集中支付，统一结算，减少费用；建立资金监控中心，集团对资金往来实施实时滚动监控；开展内部网上银行或银企互联，加速资金周转；多角度规范采购管理制度，实施以"班车化"批次采购为基础，以"框架协议十二次竞价谈判"为辅助，以应急采购为补充的立体采购策略；建立起供应商质量跟踪体系，积极开展供应商资质业绩核实，促进双方合作共赢。

四是整合市场资源，搭建分布式协同环境，建成覆盖全业务、全员的协同系统。国家电网搭建起分布式协同环境，实现数据的跨系统和跨域协同。

依据上述资料，思考以下问题。

（1）业财融合新模式在云平台的支持下主要体现了管理会计信息系统中哪些系统模块？

（2）思政德育思考：在公司业财融合模式不断发展的同时，管理会计信息系统模块也在不断增加，其信息安全的重要性是否不断提高？如何培养并提高公司员工的信息安全教育意识？

三、基于神经网络的管理会计信息系统构建

大数据时代，管理会计作为核心工具能够有效运用于各方面。战略管理会计、环境管理会计、人力资源管理会计、供应链管理会计等学科概念迎着新经济和大数据时代的到来而诞生。我们基于已经存在的学科进行归纳推理，结合生物学中神经网络的相关概念，总结为基于神经网络的管理会计系统来对企业进行预测和评价。对于企业来说，可以将多年累积下来的数据资源进行筛选、整理和归纳，这些与管理有关的有效数据，可以将其称之为"管理云"，将"管理云"作为系统输入源头进行输入，经过管理会计核心工具系统的核心网络，最后帮助企业做出预测和评价的相关信息。

1. 战略管理和管理会计的融合

战略管理和管理会计的融合是基于对企业内外部数据的充分收集和深入挖掘分析，利用相关工具对企业未来的经营环境、发展趋势进行科学有效的预测，帮助企业决策层确定企业未来的发展方向和战略目标，并对战略的实际执行情况进行有效的控制和评价。具体操作如下。

第一步，外部信息（市场变化、国家政策变化、竞争者信息等）这些外部数据相当于神

经系统中的刺激源，会先刺激神经末梢。

第二步，这些信息或数据源经过大数据的传递，到达细胞核也就是战略管理会计系统。

第三步，战略管理会计系统进行反应。战略管理会计系统结合企业内部相关信息，如近几年综合业绩报告信息（财务会计系统）、生产情况（生产系统）、内部资源（其他相关系统）等信息，采用战略选择分析模型，帮助企业更加智能地进行战略选择和制定活动。

第四步：战略管理会计系统（细胞核）反应结果，即战略管理报告，再通过大数据又传递给神经末梢（企业决策层）。

2．财务会计与管理会计的融合

大数据时代下，大数据和云计算将会促进管理会计与财务会计的融合。它们的结合，可以更准确地实现经营预算、生产经营控制以及财务成本计算等功能。企业能够知道同行业的财务信息比如同行业的成本水平，这要求管理会计在利用财务会计信息进行成本控制时还要结合市场上同行业竞争者的成本水平以及它们的成本管理。通过借助竞争者良好的成本管理来改善企业自身成本管理。具体操作如下。

第一步，经济环境和社会环境（比如同行业竞争者的成本水平）等外部环境力量会先刺激神经末梢。

第二步，这些信息或数据源经过大数据的传递，到达细胞核也就是财务管理会计系统。

第三步，细胞核在收集到外部这些变化信息后与本企业财务共享中心、财务会计系统、生产系统等内部相关数据做出相应的反应。

第四步，财务管理会计做出的反应（即相应成本管理报告）经过大数据又传递给神经末梢，即财务管理会计的功能，由功能实现的变动来适应外部环境。

3．供应链管理和管理会计的融合

企业可以将管理会计和供应链管理整合形成一体化管理。供应链管理会计有利于企业提升竞争能力、降低成本；而从经济价值上来讲，这样的结合有利于企业充分利用资本，实现增值。具体举例：假设企业收集到历史的供应链数据，那么这些供应链数据就会作为神经元反馈系统的刺激源，当系统的神经末梢接收到刺激后，将该刺激通过大数据传递给供应链管理会计，供应链管理会计接收到刺激后，通过大数据重新与相应的价值模型相匹配，做出预算价值分析模型，并将这些信息传递给神经末梢。最后企业根据这些信息做出当天、当月甚至是当年的供应链计划，并运用于实践，最后实际得到的数据再与预测数据加以比较，在接下来的计划中加以适当的调整，从而实现供应链管理与管理会计的有效结合，进而控制并降低供应链成本，提升企业的核心竞争力。

4．人力资源与管理会计的融合

人力资源管理会计可以为企业提供更有效、更全面的人力资源信息，可以帮助企业充分挖掘人员的能力，对企业的持续发展提供保障，人力资源管理会计实际上是将"人"作为企业的一项资产，在经营过程中加以充分利用。因此，考虑到企业的财务和经营状况，企业就应该对"人"这种资产加以评估，并且体现在财务报告中。研究好人力资源管理会计，企业可以完善对人力资源的确认和考核，并且以此建立人力资源管理制度，加强对人力资源的管理。人力资源与管理会计的结合，在大数据环境下员工招募、培训开发以及福利激励等功能的实现将会有所突破。

（1）在传统的人力资源中，测试甄选是因为企业处于信息劣势方，必须设计机制或采取行动以刺探具有私人信息的一方即应聘者的应聘信息。而对于人力资源管理会计来说，拥有丰富的数据资源加上有效的管理会让测试更加客观，甄选更加精确和快速。具体操作如下：假设企业收集到应聘者的个人信息，那么这些个人信息就会作为神经元反馈系统的刺激源，当系统的神经末梢接收到刺激后,将该刺激通过大数据传递给人力资源管理会计,人力资源管理会计接收到刺激后,通过大数据重新与相应的职位匹配,做出预算的测试与甄选,并将这些信息传递给神经末梢。最后企业根据这些信息重新调整对应聘者的测试,接着再进行甄选,从而大大地减少了企业甄选应聘者这一环节的时间,实现效率最大化。

(2) 应聘者经过多重面试之后在公司实习,需要公司对实习生进行培训和开发。对于人力资源管理会计来说,在多年时间的积累下,有许多重复简单的工作实际可以采用标准化的形式来加以规定,甚至可以编制成程序,从而指导实习生更好地完成实习工作。

(3) 在实习生转正之后,薪资的大小主要得看其绩效,于是绩效的多少就显得非常重要。人力资源管理会计就从根本上解决了绩效评价的数据问题,在客观上从一定程度上解决员工不公平的抱怨。

5. 环境管理和管理会计的融合

在大数据时代,企业各种活动对环境影响的信息都能被采集下来,这表明企业已经不能脱离环境影响进行经营决策,因此环境业绩必然要纳入企业整体的绩效评价体系之中。环境管理可以从微观和宏观两个层面来实现。微观环境主要指企业所生存发展的自然环境。具体操作如下:比如,当环境污染加重时,环境污染加重就会作为神经元反馈系统的刺激源,神经末梢接收到刺激后,将该刺激通过大数据传递给环境管理会计,环境管理会计接收到刺激后,通过大数据收集企业排放的污水、废气等数据信息,重新计算环境成本,并将这些信息传递给神经末梢。企业重新计算环境成本是否会增加成本预算,是否会改变企业的投资决策,这些变化都是企业在受到环境污染加重刺激后所做出的反应,目的就是适应环境变化,承担企业的社会责任并维护良好的企业形象。宏观环境则主要是指包括政治、法律监管、经济、市场竞争等多因素在内的外部环境。具体操作如下:例如,在大数据环境下,可以将营销决策与管理会计的预测和价值分析联系在一起,实现营销模式数据化和顾客价值量化的功能。假设企业收集了历史的顾客数据,那么这些顾客数据就会作为神经元反馈系统的刺激源,当系统的神经末梢接收到刺激后,将该刺激通过大数据传递给环境管理会计,环境管理会计通过大数据重新与相应的价值模型进行匹配,做出预测的价值分析模型,企业据此做出当天、当月甚至是当年的市场营销计划并付诸实施,最后实际运行数据再与预测数据进行对比,在接下来的计划中加以适当的调整,从而实现市场营销与管理会计的有效结合。

6. 风险管理和管理会计的融合

目前,风险管理已经发展成为企业管理中一个具有相对独立职能的管理领域,在支持企业的经营和发展目标达成方面,具有十分重要的意义。风险管理模块主要完成对企业面临的各种风险的实时监控、全面识别、准确分析、灵活应对并形成风险管理报告,辅助企业决策。主要分为风险监测、风险识别、风险分析、风险应对和风险管理评价五个子模块。

本章小结

战略管理会计的形成和战略管理的产生有着密切的关系。由于企业管理从传统的注重内部的管理,发展到现代的既重视内部又重视外部的战略管理,企业管理需要的信息发生了变化,传统管理会计无法满足,其向战略管理会计方向的发展便成为必然。

战略管理会计的特点包括:会计主体范围的广泛性、开放性、长远性和整体性、多样性及时性、有效性和风险管理性。战略管理会计研究的主要内容包括:制定战略目标、战略管理会计信息系统、战略投资规划、战略成本管理和战略业绩评价。

在客观应用层面,通过构建神经网络企业管理会计信息系统,形成一种动态反馈系统,能为企业的绩效、管理进行评价和预测,从而使得企业的战略管理、全面预算、供应链管理及风险管控等工作愈加全面、高效率、协同、顺利地展开,加快企业的战略转型以及未来的规划,使得企业更好地适应环境带来的变化。

拓展阅读

1. 《管理会计应用指引第 100 号——战略管理》。
2. 《管理会计应用指引第 802 号——管理信息系统》。
3. 《及时调整战略和预算,加强成本和风险管控》。

即测即评

第十二章 新领域的
管理会计即测
即评习题

第十二章 新领域的
管理会计即测
即评答案

思考与练习

一、思考题

1. 简述战略管理的基本程序。
2. 简述战略管理的基本层次。
3. 简述战略管理会计的特点。
4. 简述战略管理会计的基本内容。
5. 简述战略管理会计的主要方法。

二、案例分析题

请调研一家公司,试利用平衡计分卡进行分析并形成分析报告。

参 考 文 献

[1] 葛家澍，常勋. 管理会 [M]. 沈阳：辽宁人民出版社，2009.
[2] 张华伦. 管理会计 [M]. 西安：西安交通大学出版社，2009.
[3] 余绪缨，汪一凡. 管理会计学 [M]. 北京：中国人民大学出版社，2010.
[4] 吴大军. 管理会计 [M]. 大连：东北财经大学出版社，2010.
[5] 何建国，黄金曦. 财务管理 [M]. 北京：清华大学出版社，2011.
[6] 郭晓梅. 管理会计 [M]. 北京：北京师范大学出版社，2012.
[7] 冯巧根. 管理会计 [M]. 北京：中国人民大学出版社，2013.
[8] 单昭祥，邓雪雅. 新编现代管理会计学 [M]. 大连：东北财经大学出版社，2015.
[9] 陈万江，李来儿. 管理会计 [M]. 成都：西南财经大学出版社，2016.
[10] 孙茂竹. 管理会计学 [M]. 北京：中国人民大学出版社，2018.
[11] 刘俊勇. 管理会计 [M]. 北京：高等教育出版社，2020.
[12] 余恕莲，李相志，吴革. 管理会计 [M]. 3版. 北京：对外经济贸易大学出版社，2013.
[13] 曹惠民. 管理会，[M]. 3版. 上海：立信会计出版社，2013.
[14] 张华. 管理会计 [M]. 上海：立信会计出版社，2021.
[15] 钱文菁. 管理会计 [M]. 2版. 北京：清华大学出版社，2021.
[16] 高樱，徐琪霞. 管理会计 [M]. 北京：清华大学出版社，2021.
[17] 孙茂竹，支晓强，戴路. 管理会计学 [M]. 9版. 北京：中国人民大学出版社，2020.
[18] 孙湛. 管理会计业财融合的桥梁 [M]. 北京：机械工业出版社，2020.
[19] 吴大军，牛彦秀. 管理会计 [M]. 6版. 大连：东北财经大学出版社，2021.
[20] 吴大军，牛彦秀. 管理会计习题与案例 [M]. 6版. 大连：东北财经大学出版社，2021.
[21] 高凯丽，戚啸艳. 管理会计理论与工具方法 [M]. 南京：东南大学出版社，2021.
[22] 中国注册会计师协会. 财务成本管理 [M]. 北京：中国财政经济出版社，2022.